Ángel Aguirre Baztán
Luiz Nilton Corrêa

A PESQUISA ETNOGRÁFICA

Corrêa, Luiz Nilton

A Pesquisa Etnográfica / Ángel Aguirre Baztán / Luiz Nilton Corrêa

Florianópolis, SC: Do Autor, 2015.

3ª edição em junho 2021
Revisão: Vilca Marlene Merísio

Bibliografia

ISBN: 9781521388884 – Amazon.com

1. Antropologia Cultural 2. Antropologia Social 3. Antropologia Social - Brasil 4. Etnologia – Brasil – Pesquisa I. Corrêa, Luiz Nilton. II. Título

Índice para catálogo sistemático:
1.Antropologia Cultural e Social: Ciências Sociais 306

Para el Prof. Dr. Ángel Espina Barrio, con gratitud y amistad.

SUMÁRIO

INTRODUÇÃO

A cultura está em todo lugar, sendo o conceito de cultura um dos dez conceitos mais importantes da atualidade. Precisamente, porque a etnografia é o método por excelência para investigar e conhecer a cultura, podemos considerá-la como uma das metodologias chave das ciências humanas.

Na primeira parte de nosso trabalho, analisamos as diferentes abordagens que a investigação etnográfica teve ao longo da história da antropologia. Começamos por distinguir o significado dos termos etnografia, etnologia e antropologia para, em seguida, apresentar a etnografia como uma metodologia qualitativa que estuda a cultura singular dos povos isolados, em seu espaço e tempo. Nesse sentido, alguns autores dizem que esse isolamento físico afeta não só os chamados "povos primitivos", isolados em ilhas, vales, bosques, desertos etc., mas também toda a cultura marginalizada, do terceiro ao primeiro mundo.

É preciso destacar que, a partir do último terço do século XX, o conceito configurador de isolamento, sobretudo nas culturas urbanas, toma um sentido mais psicológico que físico (isolamento por autoidentificação), já que cada grupo urbano tem sua cultura e todas as culturas devem explicar-se no contexto de seus círculos concêntricos (continente, nação, região, lugar urbano, empresa, subculturas etc.).

Não há grupo sem cultura, nem cultura sem grupo, pelo que a ação etnográfica se estende hoje aos grupos, às organizações e às instituições urbanas. É possível etnografar a cultura dos Mapuche e a de uma empresa aeronáutica, porque ambas as comunidades possuem sua cultura própria.

Para saber o que etnografar, é necessário, antes de mais nada, ter ideia clara do que é cultura e dos elementos fundamentais da cultura. É necessário destacar que, em todo ato etnográfico, há uma cultura *emic* (que é a do etnografado) e uma cultura *etic* (que é a do etnógrafo). Saber conjugar ambas as posições faz com que os nativos possam reconhecer-se na etnografia realizada e que o etnógrafo chegue a compreender, sem distorcer, a cultura estudada.

Temos distinguido no ato etnográfico o processo de investigação (documentação, observação participante, entrevistas em profundidade, codificação) e o produto (categorização, interpretação, diagnóstico e informe).

Na segunda parte deste trabalho, mergulhamos na cultura de duas comunidades distintas, através de um estudo etnográfico de cerca de 18 meses sobre as Festas dedicadas à Santíssima Trindade no Brasil e em Portugal. No Brasil, os estudos fixaram-se na Freguesia de Santo Antônio de Lisboa, na Ilha de Santa Catarina, enquanto em Portugal, os estudos realizaram-se na Freguesia da Relva, Ilha de São Miguel, Açores, comunidades com fortes ligações históricas e culturais, apesar dos mais de 8.000 quilômetros que as distanciam uma da outra.

No caso dos Açores, foi utilizada a observação participativa, quando houve uma familiaridade com a comunidade local que possibilitou a participação nos eventos sem que o etnógrafo fosse considerado um elemento estranho, entrando no íntimo da comunidade, o que permitiu elaborar uma descrição etnográfica mais densa e rica em detalhes sobre manifestações realizadas.

No Brasil, devido ao distanciamento pessoal em relação à comunidade em que a festa é organizada, foi preciso optar por um trabalho etnográfico clássico, recolhendo informações através da observação com um certo distanciamento, aprofundando a pesquisa em documentos, bibliografias e entrevistas com agentes culturais e alguns dos mais destacados investigadores da cultura açoriana local.

A abordagem teve início com um panorama geral sobre a emigração açoriana, desde o descobrimento até as primeiras levas de famílias emigradas para o Sul do Brasil, em meados do século XVIII, e seguiu com o desenvolvimento sobre as origens do culto à Santíssima Trindade e sua formação no cristianismo, com um apanhado sobre os estudos da Festa do Espírito Santo e suas influências nos atuais cultos ao Divino Espírito Santo nos Açores e no Brasil.

Por fim, uma apresentação das comunidades estudas, no caso, a Freguesia da Relva, nos Açores, e a Freguesia de Santo Antônio de Lisboa, em Florianópolis, base importante para a apresentação etnográfica das manifestações realizadas em ambas as comunidades. Finalizando, assim, com um trabalho de campo desenvolvido nos meses de festas nas respectivas comunidades.

O resultado é apresentado em forma de descrição densa sobre a Festa do Espírito Santo nos Açores, e um trabalho etnográfico menos profundo, mas não menos detalhado, sobre a festa realizada em Santo

Antônio de Lisboa, seguido de uma breve abordagem comparativa sobre ambas as manifestações e sua importância na identidade cultural tanto dos Açores quanto do litoral Sul do Brasil.

Ángel Aguirre Baztán
Barcelona - Espanha

Luiz Nilton Corrêa
Florianópolis – Brasil

PRIMEIRA PARTE

Ángel Aguirre Baztán

PESQUISA ETNOGRÁFICA

1 A METODOLOGIA QUALITATIVA ETNOGRÁFICA

1.1 INTRODUÇÃO À METODOLOGIA ETNOGRÁFICA

A etnografia é uma metodologia qualitativa que, especificamente, investiga (descreve e interpreta) a cultura das comunidades, grupos ou organizações. Constitui assim uma fonte primária do conhecimento antropológico e se situa no começo de toda a análise cultural, sendo o trabalho de campo etnográfico o primeiro contato que avaliará as culturas, fundamentalmente através da documentação, da observação participativa e das entrevistas aos informantes.

A medida em que investigamos e avaliamos a cultura das comunidades e das organizações, torna-se necessário que a metodologia utilizada seja a etnográfica, não sendo possível a substituição da mesma por nenhuma outra metodologia, quando falamos em investigar cultura[1].

1.1.1 Etnografia, etnologia, antropologia

Em toda investigação sobre cultura, há três momentos ou etapas específicas:

> [...] etnografia, etnologia e antropologia, as quais não constituem, no entanto, três disciplinas ou concepções distintas dos mesmos estudos. São, na verdade, três etapas ou momentos de uma mesma investigação, e a preferência por um ou outro destes termos, só quer dizer que a atenção está dirigida de forma predominante a um tipo de

---

[1] "Nos últimos anos, entre os investigadores de vários campos, tem crescido o interesse, tanto teórico quanto prático, pela etnografia. Em grande parte, deve-se a desilusão provocada pelos métodos quantitativos, métodos que têm mantido durante muito tempo uma posição dominante na maior parte das ciências sociais. De todas as formas, é próprio da natureza dos movimentos de oposição, que sua coesão seja mais negativa que positiva: todo o mundo está mais ou menos de acordo em que é ao que há que opor-se, porém há menos acordo na concepção de alternativas" (Hamersley; Atkinson, 1994, p.15).

investigação, o que nunca poderá excluir os outros dois.[2]

A **etnografia** comporta a primeira etapa da investigação cultural. Através de um trabalho de campo realizado mediante documentação, observação participativa e entrevistas, podemos descrever e analisar a cultura de uma comunidade, realizando uma reconstrução global sobre si, de tal forma que a torne inteligível aos demais. Trata-se de análises culturais das comunidades ou organizações, consideradas em sua totalidade interna e em sua singularidade diferencial com respeito às demais culturas.

A **etnologia** supõe já um passo a mais, surgindo a comparação das diversas contribuições etnográficas, com o propósito de anunciar frequências e elementos comuns que permitam o enunciado de leis e teorias. Essa síntese tem sido realizada tradicionalmente em três direções: geográfica, histórica e sistemática (próprias das culturas fechadas em um isolamento geográfico e histórico). Hoje, partindo de uma perspectiva que tem em conta a multiculturalidade urbana e a globalização, introduzem-se novas perspectivas na síntese etnográfica.

A **antropologia** (cultural) aponta para um conhecimento do homem, partindo de uma perspectiva cultural (a antropologia, biológica se centrará na biologia), que permita a construção de modelos de interpretação do homem, enquanto ser cultural. Nesse conhecimento, podem participar interdisciplinarmente, todas as ciências humanas, na medida em que são um saber poliédrico sobre o homem[3].

1.1.2 O choque cultural

A etnografia não é só a base empírica do conhecimento antropológico, mas também tem sido considerada como um Ritual de

---

[2] Cfr. C. Lévi-Strauss, *Antropologia estrutural*, 1968, p.317-319.
[3] A antropologia costuma dividir-se em cultural e biológica (física), segundo estudos do homem, partindo da perspectiva da cultura ou da biologia. Poderíamos definir a antropologia cultural como o estudo das comunidades ou das organizações desde a perspectiva de sua cultura. Mais adiante faremos referência à diferenciação entre antropologia cultural e social.

Iniciação de todo antropólogo no estudo da diversidade cultural.

De fato, ninguém pode ser um *expert* cultural se não tiver vivenciado, pelo menos, duas culturas, se não "passou por um choque cultural" de toda análise transcultural, se não reconhece que existem outras culturas e que todos os elementos culturais são relativos e comparáveis.

Explicaremos um pouco mais esses pressupostos:

a) A etnografia é a base empírica do conhecimento antropológico. Os antropólogos sempre desvalorizam os "teóricos de sofá", que fantasiam teorias antropológicas sobre as culturas, sem uma investigação sobre o terreno. O conhecimento antropológico nasce no trabalho de campo, através do contato com a realidade cultural dos agrupamentos humanos.

b) A etnografia tem sido considerada, também, como um Ritual de Iniciação dos Antropólogos. Um exemplo disso eram, na época colonial do Reino Unido, os jovens graduados em antropologia, que abandonavam a ilha historicamente desenvolvida (Inglaterra), para realizar os trabalhos de campo em uma ilha distante no espaço (por exemplo, na Micronésia) e no tempo (com culturas "primitivas" e a-históricas).

Esse choque cultural lhes fazia começar do zero, ao tratar de conhecer a cultura distante, sentindo-se de alguma maneira como crianças que começam a aprender uma cultura (enculturação). Uma vez conhecida e vivenciada a segunda cultura, estavam em condições de relativizar seu etnocentrismo (as duas culturas eram igualmente dignas para responder às necessidades de seus povos); eram capazes de amadurecer como pessoas que sofreram a outra realidade, e também podiam chegar a ser bons "comparadores de culturas" (agregados culturais da administração colonial). Depois de vivenciar as duas culturas, já não se sentiam completamente nem de um lugar nem do outro, tinham se transformado, em certa medida, em "transculturais".

No marco interpretativo que considera a etnografia como um ritual de iniciação, alguns autores consideravam o trabalho de campo como uma mística, como um noviciado, realizado em isolamento cultural[4].

c) Afirmar que as culturas são relativas e comparáveis tem sido um dos questionamentos básicos da etnografia[5].

O **relativismo** afirma a singularidade e a diferencialidade das culturas particulares, já que se formam através de processos históricos diferenciados e em lugares geográficos distantes.

No relativismo, admite-se a realidade absoluta do relativo (perspectiva etnográfica) e a realidade relativa do absoluto (construção etnológica), já que o particular mantém toda a riqueza de sua complexidade, enquanto o abstrato supõe, no fundo, uma simplificação redutora. A isomorfia comparativa dissolve a realidade no benefício dos princípios. Nesse sentido, afirma-se que as culturas são absolutas em si mesmas e relativas para as demais[6].

---

[4] Para os antropólogos, a etnografia tem sido considerada como "mística do trabalho de campo" (Freilich, 1970), como um "ritual de iniciação" de purificação do saber meramente livresco e como um exercício de transculturalidade. Esse clima místico e mágico foi propiciado por B. Malinowski, etnógrafo que, durante décadas, se converteu em referência de trabalho etnográfico.

[5] O relativismo cultural como teoria antropológica teve seu auge nos anos quarenta, principalmente com M. Herskovits (1948 e 1955), inspirado no idealismo histórico de E. Cassirer (1944), que afirma que o homem vive em universo simbólico, continuamente criado por ele mesmo. Afirma a diversidade das culturas, porém mantém a comunicação cultural entre elas, o que pressupõe um substrato cultural comum. Hoje, alguns dos postulados radicais do relativismo cultural estão já ultrapassados.

[6] O etnocêntrico, aquele que se comporta como se não existisse senão sua cultura ou como se as 'outras culturas' fossem 'inferiores'. Pelo contrário, a etnografia descobre as outras culturas, em toda sua grandeza e dignidade. Este relativismo contrário ao etnocentrismo surgiu como resposta à violência geradora do evolucionismo e à seu método comparativo. Eram contra a retirada e a separação dos acontecimentos culturais de seus contextos geográfico-históricos, para, negando as diferenças, poder homologar as culturas, realizando assim construções teóricas. O relativismo colocou em evidência a singularidade e a particularidade dos processos culturais. Cada etnia se formou em um nicho geográfico concreto e através de uma história singular; por isso, cada cultura é única e irrepetível, um particularismo histórico. Esta reação relativista tem gerado, às vezes, um excesso de etnografismo em sua aversão ao comparatismo. Suas conclusões poderiam ser estas: os grupos humanos são diversos em suas adaptações espaço-temporais, e seus sistemas culturais resultantes são únicos e irrepetíveis. Admitir

O **comparatismo** etnológico afirma, por outro lado, que sem generalização não há ciência, e que a mesma etnografia (que só consegue construir microteorias) necessitaria de capacidade de interpretação teórica (perspectiva *etic*), pois, sem comparatismo etnológico não é possível um tratamento acadêmico da etnografia. Ainda que poderíamos dizer que, em toda etnografia, sobressai um comparatismo, já que o etnógrafo analisa a cultura etnografada, partindo de uma comparação implícita com a sua[7].

Porém, como dizem David Kaplan e Robert A. Manners[8]:

> [...] acreditamos, no entanto que, ao se observar mais de perto o problema relativismo/comparatismo em antropologia, notamos que o relativismo implica comparação, o qual requerer uma explicação. [...] Agora, sim, é verdade que, em certo sentido, cada cultura é única, tanto como cada indivíduo, cada folha de uma árvore e cada átomo do universo são únicos. Porém, como se pode saber isso sem antes comparar uma cultura com as outras? [...] Se um fenômeno fosse único por completo, possivelmente não poderíamos compreendê-lo. Podemos compreender qualquer fenômeno somente quando tem algumas semelhanças com o já conhecido.

1.2 ETNOGRAFIA: MARCO HISTÓRICO

Não pretendemos aqui dar uma visão histórica detalhada de como se entende a etnografia, desde seus começos até nossos dias, sem analisar, no entanto, de uma perspectiva diacrônica, as mais importantes formulações teóricas que se tem dado sobre a etnografia,

---

semelhanças de umas culturas com outras não infere princípio algum de universidade. Querer generalizar e universalizar representa uma ansiedade por homologar (unitarismo unificador), nascida da insegurança angustiosa ou de uma paixão inconsciente de poder centralizador. - A generalização comparatista é um reducionismo que empobrece a riqueza plural do real. (Aguirre, 1995, p.43).

[7] O tema do comparatismo entre as culturas requer uma atenção específica, que estudaremos mais adiante (Echevarría, 1990).

[8] D. Kaplan e R. A. Manners, *Introdução crítica à teoria antropológica*. 1979, p. 25. "O relativista se encontra quase exclusivamente interessado nas diferenças, enquanto o comparatista está interessado tanto nas semelhanças como nas diferenças." (Kaplan; Manners, 1990, p. 26).

possibilitando a construção de uma metodologia qualitativa eficaz e atualizada para as investigações da cultura.

1.2.1 Os primeiros passos da etnografia

O surgimento da etnografia acontece no momento do descobrimento de culturas de "outros" povos, pelo que a "ação etnográfica" é tão antiga como tais descobrimentos.

a) Costuma-se afirmar que as primeiras descrições existentes sobre as culturas dos outros povos, começaram com Heródoto (Séc. V a.C.), relatadas em sua *História* e em outros textos de autores greco-romanos. Mais tarde, os relatos descritivos de outras culturas estão também presentes na literatura, às vezes exótica, da Baixa Idade Média, por exemplo, Marco Polo, Bem Batuta ou Ibn Khaldoun (Séc. XIII e XIV).

No entanto, estamos de acordo com Carmelo Lisón[9] de que a etnografia, de fato, nasce com as descrições que os espanhóis realizam sobre as culturas que tiveram ante si, no Novo Mundo recém-descoberto (Séc. XVI-XVIII), ainda que devemos atrasar seu tratamento acadêmico ao século XIX[10], com a aparição do colonialismo inglês.

Ninguém pode duvidar de que os relatos de alguns espanhóis na época do "descobrimento" da América, como os de Alvar Núñez, Bernal Díez del Castillo, Bernardino de Sahagún, José Acosta, Fernández de Oviedo e de outros muitos, são já substancialmente etnográficos, pelo que subscrevemos a tese de Carmelo Lisón, sobre a localização temporal do nascimento da etnografia nessas descrições[11].

---

[9] Cfr. Carmelo Lisón, *Antropologia social em Espanha*, 1971, 95.

[10] De forma geral, os historiadores anglo-saxões da "etnologia" (R. H. Lowie e outros) ignoram a etnografia realizada pelos espanhóis no Descobrimento das Américas, e centram a aparição da etnografia no Iluminismo; não são assim os franceses (Pascal Mercier, Claude Lévi Strauss e outros) que têm uma visão mais acertada sobre os primeiros etnógrafos espanhóis.

[11] "Se perguntamos a Durán, Cieza, Oviedo, Sahagún, Acosta etc., sobre qual disciplina classificariam a sua obra e a si mesmos como autores, provavelmente responderiam de forma unânimes: história, historiadores. O que seria certo, porém, incompleto. E, precisamente, o aspecto de sua obra que deixaria sem assinalar é o mais importante. Porque, nota-se: fazem história às costas da história; os documentos objetivos do passado que podem manejar são mínimos e pouco profundos em temporalidade. Tem que se valer do presente para reconstruir e interpretar o passado; e o presente são ideias e vindas de Cieza

Dentre todos eles, podemos considerar que Bernardino de Sahagún (1499-1590) como o pai da etnografia[12].

b) O iluminismo, sobretudo francês, introduz uma nova perspectiva comparativista no trabalho descritivo das culturas. A obra de Joseph-François Lafitau, *Costumbres de los Salvajes Americanos Comparadas com las Costumbres de los Primeros Tiempos* (1724), possui racionalidade comparativa e inícios de descrições evolucionistas. Outro dos importantes etnógrafos iluministas do século XVIII é Jean-Nicolas Demeunier, com sua obra *El espíritu de los usos y de las costumbres de los diferentes pueblos* (1776).

De outro ponto de vista, o iluminismo promove importantes descobrimentos geográficos que possibilitam uma numerosa literatura etnográfica que busca os paralelismos entre as culturas conhecidas.

c) As obras de Lamarck e Spencer e, sobretudo, de Darwin, situaram a etnografia no contexto dos naturalistas evolucionistas do século XIX. O evolucionismo cultural, por exemplo, entende a etnografia partindo de uma perspectiva assimétrica a respeito das outras culturas não ocidentais, proclamando a supremacia da civilização ocidental diante das culturas primitivas não desenvolvidas. Esse é o caso de autores como Lewis Henry Morgan, Edward Burnett Tylor, James G. Frazer, Johann Jakob Bachofen e Gustav Friedrich Klemm, entre outros.[13] Numa linha próxima dos críticos evolucionistas, entre os difusionistas, sobressaíram Adolf Bastian, Friedrich Ratzel, Leo Frobenius, Fritz Gaebner e Wilhelm Schmidt, entre os quais devemos incluir, Clark Wisler e William Halse Rivers, entre outros, centrados em explicar os núcleos iniciais de difusão dos quais se realizam a evolução cultural. O

---

por Peru, observando-o todo e dialogando sobre suas coisas com caciques e comuns; os anciões e jovens de Sahagún, sua língua e semântica; os índios velhos e pinturas de Durán etc." (Carmelo Lisón, 1971, p.73). Se definimos esses autores como historiadores e não etnógrafos, teríamos que definir quase todos os autores da Escola Britânica de Antropologia Social, como sociólogos.

[12] Já o temos descrito e temos visto como, adiantando-se a seu tempo, sentou as bases da etnologia e a mais moderna ainda etno-história. Com razão tem sido chamado, não só por mexicanos e espanhóis, mas também por outros estudiosos europeus e da América do Norte, *pai da antropologia do Novo Mundo* (León Portilla, 1984, p.149).

[13] Cfr. Julio Caro Baroja, *Os fundamentos do pensamento antropológico moderno*, Madrid: C.S.I.C. (1985).

mesmo Alfred R. Radcliffe-Brown define a antropologia como uma "ciência natural da sociedade".

Os antropólogos evolucionistas, como Morgan e Tylor, as vezes com observações não suficientemente contrastadas, são superados pela etnografia de campo, realizadas por Alfred Cort Haddon, Charles Seligman e, acima de tudo, por William Halse Rivers.

1.2.2 A etnografia acadêmica

A descrição etnográfica[14], durante os séculos XIX e XX, evoluiu gradualmente até um maior rigor no tratamento dos dados, ao contato com a metodologia dos naturalistas e pela progressiva academização da disciplina.

Nas sociedades científicas, criaram-se questionários de recolha de dados, sendo um deles mais utilizados, o das *Notes and Queries on Anthropology* (do Royal Anthropological Institute, seguindo os passos do questionário da Ethnological Society)[15]. Esses questionários foram se aperfeiçoando e serviram de grande ajuda aos etnógrafos.

Outro dos aspectos importantes do movimento etnográfico dessa época foi a insistência na presença do investigador no campo (estive ali) durante alguns meses.

Durante a segunda metade do século XX, torna-se repetitiva a afirmação de que a etnografia acadêmica atual parte de duas figuras mitificadas como pais da etnografia moderna: Franz Boas nos E.U.A e Bronislaw Malinowski na Inglaterra, aos quais nos referimos brevemente para estudar os considerados dois principais pontos de partida dessa disciplina[16].

1.2.3 Franz Boas e a etnografia

---

[14] Cfr. A excelente síntese histórica da história da etnografia, em E. Gómez Pellón, La evolução do conceito de etnografia, em Á. Aguirre, *Etnografia* (1995, p.21-46).

[15] W. H. R. Rivers realizou em 1912 uma versão das *Notes and Queries* na qual se pode ver um maior acento pela entrevista do que pela observação participativa.

[16] É evidente que a referência a esses dois autores quase exclusivamente, poderia considerar-se uma "simplificação docente", já que a paternidade acadêmica dos modos etnográficos não pode reduzir-se à influência desses dois autores.

A contribuição de Franz Boas (1858-1942)[17], à etnografia em geral e à norte americana em particular, tem sido enorme. A lista de seus discípulos é extensa e significativa (Alfred Louis Kroeber, Robert Lowie, Edward Sapir, Ruth Benedit, Margaret Mead, Adamson Hoebel, Melville Herkovits, E. Alexander Goldenweise, e uma longa lista de outros), sobre os quais manteve sempre uma liderança intelectual, ainda que não se possa falar, em sentido estrito, de uma "escola boasiana". Nascido e formado na Alemanha, ao incorporar-se aos E.U.A com toda a sua extraordinária bagagem cultural, chega a liderar a antropologia norte-americana, distinguindo-a do evolucionismo e aproximando-a da ideia do particularismo etnográfico, que surge da investigação dos dados concretos.

a) A obra de Franz Boas

Poderíamos distinguir duas etapas na obra de Boas: ao longo da primeira, emerge toda sua formação alemã de geógrafo e etnólogo[18]; e, na segunda, da enorme importância aos temas da psicologia dos povos e da personalidade, tema também presente em autores alemães[19].

---

[17] F. Boas nasceu e se educou na Alemanha, doutorando-se em Ciências (1881) em Kiel. Em 1883-1884 participou como geógrafo na expedição à Terra de Baffin, sendo nomeado mais tarde *dozent* de geografia física na Universidade de Berlim. Logo uniu seus estudos geográficos aos de etnologia, publicando em 1888 *The Central Eskimo*, onde alterna ambas as perspectivas. Em 1887, torna-se cidadão norte-americano e se estabelece em Nova York, como resposta à exclusão acadêmica na Alemanha. Desempenha um destacado papel na renovação da revista *American Anthropologist* (1988) e reorganiza a American Ethnological Society de Nova York. Em 1911, publica um livro que recolhe seus principais artigos, com o título *The Mind of Primitive Man*. Sua obra está representada por seis livros e mais de setecentos artigos.

[18] Geografia e etnologia eram, na segunda metade do século XIX, ciências muito relacionadas, como prova, entre outras coisas, a eleição do etnógrafo A. Baztán para presidente da Sociedade Geográfica de Berlim (de 1871 a 1873). É também interessante destacar que dois geógrafos alemães, Peschel e Ratzel, escreveram, dois tratados de *Völkerkunde,* e considerados por alguns antropólogos como obras clássicas da disciplina (Lowie, 1937) e que Ratzel, no início em 1882, uma série de publicações monográficas que levavam o título geral de *Forschungem zur deutschnandeskunde unde Völkerkunde* (H. Capel, *Filosofia e ciência na geografia contemporânea,* 1981, p. 279).

[19] Cfr. W. Wundt, *Elementos de psicologia de los pueblos* ([1900-1909], 1990, 10 vols.). Cfr. Á. Aguirre, "Demarcação da psicologia cultural", em *Anuário de Psicologia,* 2000, p.109-137.

- Para Boas, diante do evolucionismo, que defende a ideia ocidental da civilização como ponto mais avançado do desenvolvimento, coloca-se em consideração a ideia alemã de *Kultur*, referida às "culturas particulares", tal como podiam estudar-se nos vales rurais incomunicáveis da região alpina. Portanto, distante do único desenvolvimento cultural possível que propõem os evolucionistas, os grupos humanos ficariam de alguma maneira marcados pelo nicho geográfico onde vivem e onde constroem sua identidade (*Geist*).

Se bem que Boas exclui o determinismo geográfico vigente na Alemanha (Henry Thomas Buckle, Friedrich Ratzel etc.), por exemplo, quando trabalha em uma das suas obras chave (*The Central Skimo*, 1988, onde estuda a vida esquimó do Ártico), ele concede uma importância capital ao meio geográfico como produtor de cultura, ainda que, mais adiante, rebaixe sua convicção na dependência geográfica.

Por outro lado, ainda que evite a importância que os evolucionistas davam à história universal, Boas redefine o elemento histórico (partindo da grande influência que sobre ele teve o idealismo filosófico alemão) como intra-história ou etno-história. Tudo aponta para a influência neokantiana, que afirmava como *a priori* do conhecimento, tanto o espaço (geográfico) como o tempo (histórico).

Temos assim, os dois eixos boasianos da investigação etnográfica particularista: o isolamento geográfico e histórico como chaves da singularidade em seu desenvolvimento cultural. Por isto, ele classificou a antropologia dentro das ciências do espírito (*Geistenwissenschaften*) por não ter, o conhecimento antropológico, a radicalidade e a singularidade das leis físicas (pensamento nomotético diante do pensamento ideográfico).

Além disso, o estilo etnográfico dessa primeira etapa caracteriza-se por ser "assistemático e meramente descritivo", onde se amontoam os dados, porém, sem uma estrutura teórica posterior, o que torna difícil a leitura de seus trabalhos.

- O seu livro *The Mind of Primitive Mam* (1911) marca sua segunda etapa e confirma sua teoria de que não há uniformismo nos desenvolvimentos culturais dos povos isolados, pelo que a ordem interna de toda investigação etnográfica reside na pura descrição espaço-temporal dos feitos, do qual resulta a identidade singular dos povos. Essa identidade estará cada vez mais definida por Boas como espírito (*Geist*) e personalidade dos povos (*Volkgeist*), sendo essas ideias muito próximas às de Wilhelm Wundt, que também falou de uma perspectiva parecida, a da psicologia dos povos.

No entanto, ao final de sua vida, Boas começa a substituir a ênfase da etno-história pelo interesse pela psicologia. Para isso, é esclarecedor estudar o papel que exerce a cultura coletiva sobre a psicologia dos indivíduos e como se homologam psicologicamente através da cultura. Todas essas ideias boasianas adquiriram uma notável projeção através de seus discípulos.

Antes de Franz Boas, a antropologia norte-americana, salvo exceções, era uma mescla de dados arqueológicos, antropofísicos, linguísticos e etnográficos, porém, ele a centralizou no conceito de cultura, demostrando a relativa autonomia dos fenômenos culturais. Franz Boas propôs o trabalho de campo entre as culturas primitivas existentes na América do Norte, adestrando os indígenas como informantes. A renovação etnográfica de Franz Boas não só se baseou em um intenso trabalho de campo (*field-work*) mas, sim, no desenho das coordenadas espaço-temporal (geografia e história) sobre as quais se assentava a personalidade dos povos (particularismo histórico e psicológico).

Franz Boas critica os evolucionistas pela debilidade dos dados que apresentam e por "saltar" muito rapidamente à "teoria". Por sua vez, os evolucionistas afirmam a "a-teoria" de seu particularismo etnográfico.

b) Os discípulos de Franz Boas

Franz Boas havia insistido na influência do psicológico na construção da cultura. Seu primeiro discípulo, Alfred Louis Kroeber, sustentou a completa dependência do indivíduo a respeito da cultura que o envolve (como afirmou no célebre artigo *The superorganic*, de 1917); quer dizer, afirmava um certo tipo de determinismo cultural no indivíduo, ainda que mais adiante tenha suavizado suas posturas.

No entanto, os principais discípulos de Franz Boas, agrupados sobre o título de "Cultura e Personalidade", seguiam afirmando, na linha boasiana, que a antropologia consistia no estudo da vida mental do homem.

A aparição das doutrinas freudianas foi saudada pelo mesmo

Franz Boas como uma nova luz, produzindo um grande impacto no movimento de "Cultura e Personalidade". Existe nesse movimento uma fase proto-freudiana e uma fase de ampla influência freudiana, ainda que as interpretações norte-americanas da obra de Sigmund Freud tenham adoecido sempre de uma "livre heterodoxia".

Seguindo Freud, o movimento de "Cultura e Personalidade" faz das culturas uma espécie de psicologia individual projetada aos grupos[20], despojando a sua obra de seu inicial fisicalismo.

- Ruth Benedit e Margareth Mead são as duas máximas representantes dessa "fase proto-freudiana" a qual temos aludido, que introduz em antropologia a linguagem psicológica e a influência das primeiras obras de Sigmund Freud.

Ruth Benedit, herdeira em sua primeira etapa da obra de Dilthey (de sua compreensão global) e da herança alemã boasiana, publica em 1934 a obra *Patterns of culture,* na qual se declara "configuracionista", quer dizer, configura os povos segundo suas caraterísticas psicológicas mais relevantes (por exemplo, os Zunhi são apolíneos; os Kwakiutl são dionisíacos, segundo a taxonomia de Nietzsche), sem cair nos vulgares estereótipos.

Ainda que o livro contenha uma escassa colaboração teórica e uma insuficiente base etnográfica, não se deve esquecer que foi a pioneira do movimento "Cultura e Personalidade" e que esse livro popularizou a antropologia na sociedade norte-americana.

Margaret Mead, discípula de Franz Boas e Ruth Benedit, também se iniciou como configuracionista, alcançando a primeira notoriedade com seu livro *Coming of age in Samoa. A Psychological Study of Primitive Youth for Western Civilization* (1928)[21], onde a perspectiva configuracionista cede diante da comparação (ainda assim, dois capítulos configuram comparando as meninas samoanas e as norte americanas), com o propósito implícito de reformar o sistema educativo adolescente nos E.U.A. Essa obra exerceu uma grande

---

[20] Dirá R. Benedit: "Desde esse ponto de vista, as culturas são psicologia individual projetada em tela grande, psicologia individual a que se dota de proporções gigantescas e de larga duração temporal", em "Configurations of culture in North América" (*American Anthropologist*, 1932, p.24). Cfr. Ralph Linton, *Cultura e personalidade* ([1945]1976).

[21] Margaret Mead fez seu trabalho de campo em Samoa, entre novembro de 1925 e julho de 1926, com só 23 anos!

influência na etnografia posterior[22].

Há outra particularidade na etnografia de Margaret Mead. Diante das críticas sobre a subjetividade de suas apreciações etnográficas, Margaret Mead introduz o uso de gravadores de áudio ou vídeo (fotografias e cine), principalmente em um trabalho realizado em Bali junto a Gregory Batenson[23]. Filmagem essa que acabou por resolver os problemas metodológicos dos quais lhe acusavam. Porém, é justo afirmar que esses métodos abriram novos caminhos para a etnografia.

Finalmente, e pela repercussão que teve, é necessário ressaltar o trabalho de Margaret Mead e seus colaboradores no tema do Caráter Nacional, muito do estilo configuracionista. Gregory Gorer (1948, 1949 e 1955) estudou o caráter nacional dos E.U.A., Rússia e Japão; Ruth Benedit (1946) estudou o do Japão; e Margaret Mead (1942 e 1949), o dos E.U.A. Eram os tempos da II Guerra Mundial e necessitava-se conhecer os povos amigos e inimigos. A metodologia foi bastante simplista, com poucos informantes e grandes generalizações[24].

- Geza Roheim, Brum Bettelheim e Abram Kardiner foram, talvez, os maiores expoentes do freudismo ortodoxo dentro do movimento "Cultura e personalidade", ainda que a enorme literatura sobre esse movimento demostre que muitos outros se sentiram atraídos, partindo da antropologia, pelas ideias inovadoras de Sigmund Freud.

Existem duas etapas nas obras de Freud: a primeira é biologista-evolucionista e engloba desde 1900 até 1920 aproximadamente; a segunda etapa está impregnada pela cultura e transcorre entre os anos 1920 e 1939, data de sua morte. No entanto, *Totem e Tabu* (1913) está cronologicamente dentro da primeira etapa,

---

[22] O livro de Mead, *Growing up in New Guinea* (1930), é uma repetição de seu livro anterior, *Coming of Age in Samoa* (1928), trocando o cenário samoano pelo guineano. O terceiro livro de Mead sobre o tema, *Sex and temperament e three primitive societies* (1935), estuda três culturas através das quais analisa suas variações culturais, sobretudo dos papéis do homem e da mulher, com certos toques feministas. É conhecida a crítica de Dereck Freemam, qualificando a obra de Mead como um trabalho superficial, realizado por uma jovem (22 anos) antropóloga sem experiência, com toques feministas e que não corresponde à realidade da juventude samoana.

[23] Em Bali, obtém 25.000 fotografias e 7.000 metros de filme (16 m.), introduzindo a etnografia audiovisual.

[24] Cfr. J. Caro Baroja,1970.

porém inaugura a segunda, onde as obras *O Ego e o Id*, *O Futuro de uma Ilusão*, *O Mal-Estar da Cultura* e *Moisés e o Monoteísmo* resumem considerações psicoculturais.

Há um momento inicial, no movimento "Cultura e Personalidade", no qual se critica e se trata de invalidar a doutrina de Freud (como acontece inicialmente com Bronislaw Malinowski, Alfred Kroeber, Margaret Mead etc.). Porém, a pouco tempo, a maioria acabou subjugada pelo pai da psicanálise, psicanalisando-se inclusive, alguns desses detratores iniciais.

Entre esses autores que seguem Freud, há duas tendências marcadas: uma mais "ortodoxa e clínica" e outra imersa em um freudismo mais "aberto e heterodoxo".

Entre os primeiros que seguem fielmente Freud, está, especialmente, Géza Róheim[25], que concede tanta autoridade ao seu trabalho etnográfico como a sua experiência terapêutica, caracterizando-se por sua ortodoxia freudiana. Géza Róheim, húngaro vivendo nos E.U.A, parte do dogma freudiano do complexo de Édipo infantil e tacha, de alguma maneira, os particularistas boasianos de "nacionalistas encobertos".

Polemista acérrimo, sobretudo com Malinowski e alguns boasianos, adere à ideia de que a cultura é um subproduto da natureza humana. A psicanálise é universal e não está vinculada especificamente a nenhuma cultura determinada porque, ainda que haja muitas culturas, existe um só inconsciente coletivo.

Entre os segundos, caraterizados pela "livre atração" das ideias freudianas, encontramos, por exemplo, Alfred Kroeber, o qual passou dos radicais ataques iniciais à obra de Freud, até psicanalisar-se por consultórios de psicanalista não profissional em São Francisco. A influência de Freud sobre os boasianos se manifestou a partir do Seminário de Hannover (1934)[26] e dos seminários de Abram Kardiner, em Nova York (New York Psychoanalitic Institute, em 1936), com Edward Sapir, Ruth Benedict e Ruth Bunzel, e, em Columbia (Universidade de Columbia, em 1937), com Ralph Linton, C. Du Bois,

---

[25] G. Roheim, [1950]1973.
[26] "A partir do seminário de Hannover, aprendi a manejar os problemas da formação do caráter de um modo que hoje penso que deveria chamar neo freudiano." (Mead, "Retrospets and prospets", em Gladwin e Sturtevant (cops.), *Anthopology and human behavior*, 1962, p.127).

mais os três anteriores. Nesses seminários, analisavam-se dados etnográficos para sua interpretação freudiana, um tanto livre.

Abram Kardiner, ao estudar a estrutura da personalidade básica, distinguiu entre instituições primárias, quase sempre relativas à criança e à formação dos bebês (mais tarde chamada socialização primária, infantil, maternal), e as instituições secundárias, que satisfazem as necessidades e mitigam as tensões criadas pelas instituições primárias ou fixas (socialização secundária, se dirá mais tarde), que Abram Kardiner centra na religião monoteísta ou patriarcal (e comenta, a esse respeito, em duas obras: *Totem e Tabu* [1913] e O *Futuro de uma Ilusão* [1928], onde o Deus judeu-cristão seria a imagem do Deus severo).

Em Abram Kardiner, os dados etnográficos são interpretados por uma psicanálise despojada da rigidez biologista, por um lado, e da estrita "psicanálise ortodoxa", por outro. O neofreudismo do movimento "Cultura e Personalidade" permitiu construir uma saída interpretativa aos dados etnográficos, fora de seu estrito marco geográfico-histórico, já que as culturas eram particulares em suas manifestações externas; o inconsciente e suas leis eram universais.

1.2.4 Bronislaw Malinowski e a etnografia

a) A obra de Malinowski.

Bronislaw Kasper Malinowski (1884-1942)[27] publica em 1922 sua melhor e mais famosa obra, Os *Argonautas do Pacífico Ocidental*, na

---

[27] Nasce em Cracóvia (Polônia, então pertencente ao império Austro-Húngaro) em cuja universidade se doutora em matemáticas e física. Uma doença lhe faz ler com entusiasmo a *Rama Dorada* de Frazer e se converte à antropologia. Estuda etnologia em Leipzig (com Karl Bücher e Wilhelm Wundt) e, em 1910, muda-se à Inglaterra (onde se dedica a falar o mais perfeito inglês) estudando na London School of Economics. Em 1914, parte para Austrália onde se encontra em dificuldades, depois do estourar da I Guerra Mundial (era súdito austríaco e residente inglês, dois países em litígio). Confinado nas Ilhas Trobriand, durante os anos da guerra, trabalha os temas de seus mais famosos livros de etnografia (1915-1916 e 1917-1918). Regressou à Inglaterra (descansando um ano na ilha Canária de Tenerife, onde deu os últimos retoques ao seu livro Os *argonautas*), ensinando na LS. E, em 1920 e 1922. Nesse último ano, publica sua mais importante obra, *Argonautas do Pacífico Ocidental. Em 1927*, é nomeado catedrático de antropologia na Universidade de Londres. Em 1938, fica retido nos E.U.A. quando estoura a II Guerra Mundial. (Cfr. M. Panoff, *Malinowski e a antropologia*, 1974).

qual, através do estudo da cultura dos trobriandeses, irá expor sua teoria etnográfica e estabelecerá a metodologia para o trabalho etnográfico.

Deixando como superadas as teses do evolucionismo cultural que afirmavam a concepção da civilização ocidental como ponto mais avançado do desenvolvimento humano, Malinowski se atreve a falar-nos de como funciona o comércio *kula* entre os aborígenes das Ilhas Trobriand (cultura "marginal" que precisava de importância para o tipo de história universal vigente no Ocidente, desenvolvida a partir do evolucionismo cultural).

Depois de dois anos de isolamento forçado[28], nos quais interage com os nativos e estuda sua cultura através da observação participante, Malinowski tratará de integrar todos os dados observados em uma síntese de totalidade, explicando como funciona uma cultura isolada e propondo sua obra como modelo de análise etnográfica.

> A meta é, em resumo, captar o ponto de vista do indígena, sua posição diante da vida e compreender sua visão de mundo. Temos que estudar o homem e devemos estudá-lo no que mais intimamente lhe concerne, isto é, naquilo que lhe une à vida. Em cada cultura, os valores são ligeiramente distintos: com distintas aspirações, as pessoas cedem a determinados impulsos, juntando distintas formas de felicidade. Em cada cultura, encontram-se instituições que servem ao homem para conseguir seus interesses vitais; costumes graças aos quais o homem satisfaz suas aspirações, distintos códigos morais e legais que recompensam suas virtudes e castigam suas faltas. Estudar essas instituições,

---

[28] O "mito do etnógrafo Malinowki" é apresentado por A. Kuper: "Qualquer que seja a versão, o mito apresenta a clássica história do profeta. O princípio equivocado, logo a doença e a conversão, seguida da emigração; uma calamidade atroz - nada menos que uma guerra mundial - leva ao isolamento no deserto, o regresso com a mensagem, a batalha dos discípulos. Ele apresenta, em primeiro lugar, um esboço de sua carreira nessa forma porque descobre, com mais profundidade que qualquer descrição contemporânea, a autoimagem messiânica do homem. Qualquer narração oral da 'revolução funcionalista' de Malinowski leva incrustada uma versão do mito" (A. Kuper, *Antropologia e Antropólogos. A escola britânica (1922-1972)* (1973-25). B. Malinowski, com ênfase literária, expressa esse isolamento do "profeta": "Imagine-se [...] rodeado de todos os seus apetrechos, só em uma praia tropical próxima a um povoado indígena, enquanto vê afastar-se até desaparecer a lancha que lhe havia levado até ali"... (B. Malinowski, *Argonautas do Pacífico Ocidental*, 1922).

esses costumes ou códigos, ou estudar o comportamento e a mentalidade do homem, sem tomar consciência do por quê ele vive e em quê reside sua felicidade é, em minha opinião, desdenhar da recompensa maior que podemos esperar obter do estudo do homem. (B. Malinowski, 1922).

A contribuição principal de Malinowski consiste na imersão do etnógrafo, mediante a observação participativa (chave da análise funcional) na cultura nativa, para chegar a compreender como funciona. Malinowski prescinde de toda análise histórica, centrando-se exclusivamente na estrutura e função da cultura.

Junto ao testemunho de observador participante, que aflora em seu livro *Argonautas do Pacífico Ocidental*, temos o relato do seu *Diário*, publicado postumamente por sua esposa, em 1967[29].

O método etnográfico de Malinowski poderia descrever-se da seguinte forma: fazer etnografia como fez ao investigar os *Argonautas do Pacífico Ocidental* (dois anos de estada entre os nativos, observação participativa, anotações rigorosas e precisas dos feitos, contextualização, domínio da língua vernácula, construção da totalidade funcional da cultura etc.) e tomar nota de todas as indicações que são dadas ao longo do texto sobre como fazer o trabalho etnográfico. Porque, se bem que é verdade que nos deixou uma obra teórico-didática - *Uma Teoria Científica da Cultura* (1944) - para explicar-nos academicamente a etnografia; no entanto, como disse Lévi-Strauss, "Malinowski é melhor observador que teorizante", pois, esse escrito é uma monótona proclamação de seu "catecismo funcionalista" e encerra uma grande pobreza teórica. A mesma noção de cultura não se livra, nessa obra, de uma constante ambiguidade.

Os *Argonautas do Pacífico Ocidental* (o mesmo que seus outros escritos relevantes: *Jardins de Coral* e *Baloma*) é uma obra de arte (obra literária mais que etnográfica, para alguns). Porém, constituiu o primeiro modelo europeu de "como fazer etnografia", modelo

---

29 "Malinowski escreveu com grande qualidade sobre seu método de trabalho de campo, ainda que a publicação póstuma de alguns de seus diários proporcione uma visão muito mais íntima de suas experiências nas Trobriand que suas dissertações sobre metodologia. Porém, enquanto os diários descrevem as tensões pessoais do trabalho de campo, também fazem, no primeiro momento, com que sua tentativa seja mais compressível e mais admirável." (A. Kuper, *Antropologia e Antropólogos,*1973, p.29).

exportado depois por seus mais fervorosos discípulos[30].

As sete monografias de Malinowski sobre as ilhas Trobriand, publicadas entre 1922 e 1935, constituem a amostra de sua etnografia. Através delas, ensinava a "fazer etnografia" e, também através delas, polemizava com outros autores e outras teorias.

Essas monografias estão escritas sem um plano geral, são como uma série de textos conectados. Seu funcionalismo etnográfico está fundamentado no "habitante trobriandês", afirmando que sua cultura é holística e vital, e que há que estudá-la como um todo em funcionamento.

b) Discípulos e contemporâneos de Bronislaw Malinowski.
- Alfred Radcliffe-Brown[31] (1881-1955), contemporâneo de Malinowski, é o segundo dos grandes mestres da etnografia britânica, e ainda que alguns o enquadram na escola funcionalista de Malinowski[32], a

---

[30] "Malinowski queria recrutar gente de todas as partes para que assistissem a seus seminários, talvez, para convertê-los; e os estudantes que se apegaram a ele, rapidamente se converteram em parte integrante de seu mundo. Uma vez, um estudante chinês observou: 'Malinowski é como um mestre oriental, é um pai para seus alunos. Nos recebe em sua casa; nos envia a levar recados; as vezes, inclusive, cozinhamos para ele. E gostamos de fazer-lhe essas coisas'. Quando se mudou para seu retiro austríaco, durante o verão, alguns estudantes quiseram ir com ele e passaram as férias trabalhando no hostal, passeando com ele e tendo seminários informais pelas tardes" (Kuper, *Antropologia e Antropólogos,* 1973, p. 36-37). Malinowski foi um líder carismático, de influência centrípeta, dos êxitos de seus colegas, emitia sempre juízos desfavoráveis, exigindo sempre a máxima lealdade. "Reclamava ser o criador de uma disciplina completamente nova. Toda uma geração de seus seguidores foi educada na crença de que a Antropologia Social começou nas Ilhas Trobriand, em 1914" (E. Leach, "The Epistemological Backgraund to Malinowski's Empiricism", em R. Firth (Ed.) *Man and Culture,* 1957, p.120).
[31] Alfred Reginald-Brown mudou seu nome em 1926 para o de Alfred Reginald Radcliffe-Brown, incorporando o apelido de sua mãe (Radcliffe). Sua personalidade distante e fria, que recorda o arcaísmo da nobreza inglesa, converteu-o em um indivíduo distante, principalmente das mulheres.
[32] "Em mais de uma ocasião me descreveram como pertencente a algo denominado 'escola funcional de antropologia social', e inclusive como um de seus líderes. Essa escola funcionalista não existe na realidade; é um mito inventado pelo professor Malinowski" (A. Radcliffe-Brown, *Structure and Funtion in Primitive Society,* 1952, p.188)."Minha intuição é que pelo menos algumas das diferenças entre a obra de Malinowski e a de Radcliffe-Brown poderiam colocar-se em correlação com suas personalidades. Radcliffe-Brown, em forte contraste com Malinowski, parece-me mais afastado da vida, moderno

realidade é que sua obra etnográfica se situa mais na linha da sociologia comparada. A etnografia de Alfred Radcliffe-Brown não gira ao redor do conceito de cultura, mas, sim, em torno de estrutura social, em clara dependência da sociologia francesa de Émile Durkheim e de seu sobrinho Marcel Mauss. Sua obra chave surge do seu trabalho de campo nas ilhas Andamam (entre 1906 e 1908), cuja monografia publicou em 1922, o mesmo ano em que foram publicados os *Argonautas* de Malinowski.

O tema central da etnografia de Radcliffe-Brown é o da família e o parentesco, temática que lhe permite aprofundar na "Estrutura e Função na Sociedade Primitiva",[33] fazendo do parentesco um exemplo da lógica interna dos grupos humanos. Para esse estudo, prescindiu da observação participativa malinowskiana, recorrendo mais aos testemunhos dos informantes.

Com a obra de Radcliffe-Brown[34], centrada na dimensão sociológica das sociedades primitivas (economia, sistemas políticos, parentesco etc.), abre-se um abismo entre a escola britânica de antropologia social (cujo eixo é a investigação das estruturas sociais dos povos primitivos) e a escola norte-americana de antropologia cultural (centrada no conceito de cultura e na dimensão histórica e psicológica dos grupos humanos).

Podemos dizer que as monografias etnográficas dos anos

---

ou tribal, e sem estreitos laços familiares... Além disso, em comparação com Malinowski, suas relações com os homens pareciam ser mais fáceis do que com as mulheres. Também, Radcliffe-Brown teve discípulos no verdadeiro sentido da palavra. Os estudantes de Malinowski aprenderam dele, porém também discutiram, replicaram com impertinência e fizeram piadas sobre ele. Ele queria lealdade (deveria estar a seu lado). Porém, não reverencia... Radcliffe-Brown, por outro lado, reuniu ao seu redor um grupo de fiéis discípulos. Nunca ouvi nenhum deles criticá-lo ou desviar dele" (H. Powdermaker, *Stranger and Friend.* London,1966, p.42-43). Textos citados por Kuper, 1973, p.53 e 89).

[33] Importa que até 1910, A. Radcliffe-Brown falou de cultura e psicologia (na linha norte-americana); a partir dessa data, sua obra se "sociologiza", seguindo Durkheim, ainda que desconhecido de Weber. O ano de 1937, data em que foi nomeado como catedrático de antropologia social em Oxford, começa a intensificar-se na área britânica uma forma de etnografia mais parecida com o trabalho da sociologia (os feitos são estudados como coisas e a sociedade como uma estrutura), e onde o conceito de cultura (tão importante na área norte-americana) parece difuminar-se e até negar-se.

[34] A.R. Radcliffe-Brown, o *método da antropologia social*, ([1958]1975); Cfr. L. Dumont *Introdução a duas teorias da antropologia social*, ([1971]1975).

trinta na Inglaterra foram, predominantemente, malinowskianas (centradas na função da cultura)[35]. Porém, na década de quarenta, começa uma transição que se desloca desde os estudos funcionais até os estruturais como fica evidente ao analisar e comparar entre si duas grandes obras como *Os Argonautas do Pacífico Ocidental* e *Nuer*[36], que tem servido durante décadas como modelos de como fazer etnografia.

As mudanças têm sido grandes, pois tem passado das monografias malinowskianas feitas sobre comunidades tribais pequenas, localizadas nas ilhas asiáticas, a monografias sociológicas de grandes povos sem estados, localizados em África. Essas novas monografias radcliffe-brownianas estavam orientadas até aos sistemas políticos e até ao controle social, para serem lidas pelos administradores coloniais.

O romantismo exotista e independente dos trabalhos malinowskianos já estava longe, ainda que muitas dessas novas etnografias não estivessem de todo instaladas na ortodoxia metodológica de Alfred Radcliffe-Brown[37].

1.2.5 A nova etnografia

Conceitualizamos como "nova etnografia" todo um grupo de correntes etnográficas que se centram em conferir quase toda a importância ao discurso *emic* dos nativos. Se começamos por analisar sumariamente o estruturalismo de Lévi-Strauss, é para destacar o último elo de toda a corrente anterior, centrada nos conceitos de função e estrutura e que é renegada pela nova etnografia.

---

[35] Podemos citar as mais representativas: *We the Tikopia* (1936), de R. Firth; *Labour and Diet in Northern Rhodesia* (1939), de A. Richards; e *Married Life in an African Tribe* (1940) de I. Schapera. Sobretudo, a primeira, sobre os Tikopia, marcaria um hiato nessa época.

[36] Três obras sobressaem como representativas da década de quarenta: *African Political Systems.* de M. Fortes e E. Evans-Pritchard (Cops.); *The Nuer e The Political System of the Anuak*, de E. Evans-Pritchard.

[37] "A originalidade e a elegância de *The Nuer* está fora de toda discussão e, no entanto, permanece como o máximo exemplo, em antropologia social, de abstração conquistada na análise de uma só sociedade. Desde logo, o livro não saiu do ar. E. Evans-Pritcharde adotou o ponto de vista de E. Durkheim e de A. Radcliffe-Brown sobre o caráter das sociedades segmentárias, fundadas na solidariedade mecânica e, como eles, buscou uma ordem no campo dos valores divididos ("consciência coletiva" de E. Durkheim)." (A. Kuper, 1973, p.116).

a) O estruturalismo

A versão estruturalista da etnografia, promovida por Lévi-Strauss e Edmund Leach[38], nascida no pós-guerra dos anos cinquenta (se bem que devedora da sociologia francesa de Durkheim e Marcel Mauss), no entanto, tem sua principal inspiração na linguística de Ferdinand Saussure, Nikolai Trubetzkoy e J. Jacobson, afirmando que os elementos da cultura são como os fonemas linguísticos nos que se encontram as significações.

Essa antropologia estrutural é, portanto, a-histórica e não busca a recolecção minuciosa dos feitos (que seriam como formas contingentes de um caleidoscópio), senão que busca a estrutura inconsciente do humano "estruturada como uma linguagem". As pautas observáveis só nos servem para descobrir e descrever as estruturas profundas culturais, comuns a todos os humanos, como podem ser o parentesco e a mitologia.

Na prática, o estruturalismo se reduz à etnografia: não à receptação dos fatos (*parole*, literatura, etnografia descritiva etc.), mas, sim ao emaranhado linguístico que torna possível os fatos (*langue*, estrutura linguística, etnologia etc.), sendo essas estruturas elementares iguais para todos os humanos, com o que se nega todo particularismo histórico.

As estruturas elementares (dos mitos) permeia a superficialidade da história, segundo Lévi-Strauss, pelo que a antropologia deve, fundamentalmente, isolar-se e analisar os "mitemas" para entender as relações posteriores entre eles. Apesar dos relatos etnográficos recolhidos sobretudo em *Tristes Trópicos* (1955), sua obra é mais filosófica que etnográfica, já que, no esquema de sua obra, os feitos empíricos registrados não alcançam importância.

b) A nova etnografia

Partindo do importante influxo da linguística, da mesma forma que o estruturalismo, surgirá a nova etnografia, sobre a inspiração principal de Ward Goodenough[39], corrente etnográfica que

---

[38] Cfr. C. Lévi-Strauss, *Antropologia Estrutural*, ([1958]1980) e E. Leach, *The Strutural Study of Myth and Totemism* (1967).

[39] O termo "nova etnografia" parece ter sido proposto por Sturtevant, em "Studies in ethnoscience", *American Anthropologist*, 1964, p.99-131, e seu

se desenvolve ao longo dos anos sessenta (entre 1956 e 1969, aproximadamente)[40]. Para essa corrente etnográfica, cada cultura é um "sistema de significados divididos"[41] sobre os quais se constroem as regras sociais. Diante das regras universais da cultura (panculturalismo da humanidade) que propõem os estruturalistas, a nova etnografia afirma que cada cultura tem suas próprias estruturas internas através das quais adquirem sentido os comportamentos individuais e sociais (particularismo cultural).

Para realizar essa nova etnografia, o etnógrafo deve aprender a cultura nativa desde a base (como uma criança que começa), e chegar a compreender como os nativos constroem seu mundo. Tal etnografia afirma sempre a perspectiva *emic* como a única válida, porque respeita o significado próprio e contextual dos fatos, e isso o faz, através dos "sistemas de classificação popular" (linguagem, taxonomias, ordenações, regras etc.), mediante os quais os nativos organizam seu mundo.

Esse tipo de etnografia apresenta um método de campo e uma

---

principal difusor tem sido W. H. Goodenough, em *Description and Comparison in Cultural Anthropology* (1970). A denominação de Nova Etnografia, no entanto, recolhe um conjunto de correntes etnográficas que se centram no "emicismo", que enfatiza a postura de "escutar os nativos e fazer-se nativo para entender sua cultura".

[40] "A Nova Etnografia foi (e para muitos é, no entanto,) o arquétipo de uma antropologia formal, ocupando o lugar que, em outros países, esteve reservado ao estruturalismo. O fracasso do estruturalismo nos E.U.A. pode entender-se, em parte, pelo ato de que a aliança proposta por C. Lévi-Strauss entre a etnologia e a linguística estrutural já havia sido sugerida pelos cognitivistas, ainda que em um sentido e em uma dimensão metodológica diferente". C. Reynoso, *Correntes Teóricas em Antropologia* (2008, p.342). Diante do modelo linguístico do estruturalismo de C. Lévi-Strauss, os cognitivistas partem da famosa distinção de K. Pike, entre phon*emic* e phon*etic*, *quer* dizer, entre as narrativas do nativo (*emic*) e as do observador (*etic*).

[41] A princípio, a Nova Etnografia redefine o conceito de cultura desta maneira: "A cultura de uma sociedade se compõe de tudo o que se necessita saber ou crer a fim de poder conduzir-se de um modo aceitável para seus membros [...] [a cultura] é o produto final da aprendizagem; [...] não tanto as coisas, pessoas, condutas e emoções em si, mas sim a organização dessas coisas que as pessoas tem em suas cabeças, seus modelos para percebê-las, relaciná-las entre si ou interpretá-las" (W. H. Goodenough, cit. por C. Reynoso 2008, p.355), Ainda que mais adiante tenha aceito a fórmula de que a cultura é "um conjunto de significados divididos". Pouco a pouco, a cultura chega a identificar como "conhecimento" (expresso na linguagem e construído nas "regras de comportamento cognitivo").

classificação precisa (a do nativo) de organização do estudado, além da visão holística da cultura que surge desse todo organizado.

A princípio, tudo parece perfeito. Ainda que, como aponta Harris, a psicanálise já manifestou a dificuldade de fiabilidade e o perigo de distorção da narração do nativo (a "distorção" chamada *etic* de *emic*), já que é possível uma "elaboração da transferência por ansiedade", com a qual o discurso *emic* poderia não ser válido sem uma confrontação com a perspectiva *etic*, como já apontamos a propósito da metodologia qualitativa.

Quando Oswald Werner e Norma Perchonock iniciaram em 1969 a ideia de formar informantes para que fossem etnógrafos de sua própria cultura (antropólogos *emic*), os resultados foram muito pobres e a articulação de suas descobertas não estava estruturada ao estilo dos cognitivistas e, sim, de uma maneira desordenada[42].

A originalidade dessa nova etnografia é a insistência no ponto de vista do nativo (*emic*) em oposição à etnografia de autor (*etic*), de acordo com a classificação *emic/etic* de Pike, à qual vamos nos referir.

Na mesma "direção linguística", a etnografia simbólica norte-americana de Clifford Geertz e Victor Turner, por exemplo, nos falam que todo discurso etnográfico está formado, como um texto literário, de estruturas simbólicas de significado, que é preciso entender através de suas próprias chaves semânticas. O discurso *emic* seria como um texto codificado susceptível de uma hermenêutica. Uma cultura é como um livro complexo, que é preciso ler descodificando sua trama simbólica interna.

A princípio, a importância de escutar o discurso *emic* está afirmada em Franz Boas e Bronislaw Malinowski, por dar um par de

---

[42] [...] "a etnociência, análise componencial ou antropologia cognitiva (flutuação terminológica que revela profunda incerteza), essa escola de pensamento sustenta que a cultura se compõe de estruturas psicológicas por meio das quais os indivíduos ou grupos orientam sua conduta [...] Dessa concepção do que é a cultura, segue um ponto de vista do que deve ser sua descrição: a escritura de regras sistemáticas, um algoritmo etnográfico que, de ser seguido, faria possível operar como passar (aparências físicas à parte) como um nativo. De tal modo, o extremo subjetivismo aparece junto com o extremo formalismo, num resultado esperado: debate sobre qual análise em particular (taxonomias, paradigmas, tabelas, árvores e outras ingenuidades) reflete o que os nativos realmente pensam. [...] a falácia cognitivista [...] é tão destrutiva do conceito de cultura como são as falácias idealistas e condutistas das quais é uma correção falida" (C. Geertz, A *Interpretação das Culturas*. 1987, p.24-25).

exemplos. Não há antropólogo que menospreze a informação *emic*. A originalidade dessa Nova Etnografia parece estar na dimensão cognitivo-linguística que impregna suas técnicas etnográficas.

Aqui, o importante é pensar e falar a cultura do outro, consigo mesmo (sistema cognitivo) e com sua própria língua. Porém, é evidente que, além do perigo de elaboração ao que nos temos referido (*etic de emic*), se não traduzimos as categorias abstratas da cultura estudada, nunca poderemos fazer ciência, permanecendo em um etnografismo descritivo, às vezes revestido de uma sofisticada ingenuidade.

c) Retóricas da Antropologia

Diante do *emicismo* da nova etnografia, na qual só a voz do nativo era escutada, surge um tipo de "antropologia pós-moderna", centrada no autor (*etic*) da etnografia. Trata-se de uma antropologia de autor, que evita o pensamento positivista e nomotético, e centra-se na dimensão ideográfica e hermenêutica dos relatos do autor.

Não só não se trata de converter-se em nativo (nova etnografia), senão de conversar com eles, surgindo dessa interação, uma versão provisória da realidade (mais literária que científica) que se oferece como reflexão de autor.

De alguma maneira, o iniciador da análise dessa corrente de antropologia pós-moderna é Clifford Geertz[43], o qual manifesta, como para os etnógrafos pós-modernos, a descrição da cultura de um povo é interpretação pessoal e sua descrição não é mais que "retórica subjetiva".

Como "contestação" da análise de Clifford Geertz (1973), publicou-se em 1986 um livro copilado por James Clifford e Gorge E. Marcus, com o incisivo título de *Retóricas da Antropologia*[44]. Para esses autores, os escritos etnográficos não são só uma retórica própria do etnógrafo, entre literária, psicológica e cultural, onde cada autor não trata, em sentido estrito, de saber como é a cultura dos povos

---

[43] As obras mais conhecidas de C. Geertz são A *Interpretação das Culturas* ([1973]1987) e O *Antropólogo como Autor* ([1988]1989), entre outras. Cfr. C. Reynoso, O *Surgimento da Antropologia Pós Moderna*, 1998.

[44] J. Clifford e G.E. Marcus, a partir de "Seminário de Santa Fe" (abril, 1984), que cristalizou na obra, *Retóricas da Antropologia* ([1986]1991), cuja compilação participaram J. Clifford, M.L. Pratt, V. Crapanzano, R. Rosaldo, S. A. Tyler, T. Asad, G. Marcus, Michael Fischer e P. Rabinow.

etnografados, mas sim de expressar literariamente suas vivências psicológicas nascidas ao contato com as culturas estudadas. O documento etnográfico não contém a realidade cultural objetiva da cultura estudada, mas, sim, uma reflexão, entre literária e psicológica sobre suas vivências culturais (no fundo, "transformam em temática, a própria problemática").

Autores como James Clifford, George E. Marcus, Paul Rabinow, Stephen A. Tyler e outros, fazem da etnografia uma "evocação alegórica" das vivências divididas no trabalho de campo, onde o sujeito-etnógrafo eclipsa o objeto-nativo etnografado.

A etnografia passa, nessa perspectiva pós-moderna radical, a ser "auto-observação participativa", onde a seletividade dos temas tratados depende profundamente da personalidade do etnógrafo e onde a objetividade etnográfica cede diante do subjetivismo literário de cariz intimista e vivencial. Em 1988, Clifford Geertz avaliará essas posições em seu livro o *Antropólogo como Autor*.

1.2.6 Em Conclusão

Uma breve reflexão sobre as mais importantes concepções históricas da etnografia nos serve para constatar que a etnografia nasce com os relatos descritivos sobre as culturas do Novo Mundo realizadas pelos descobridores espanhóis, se bem que existem antecedentes descritivos de culturas, feitas por viajantes e exploradores.

Porém, no entanto, a etnografia acadêmica surge no século XX, sobre a liderança de dois autores:

a) Por um lado, Franz Boas, ainda que de origem e formação alemã, inaugura nos E.U.A. um tipo de etnografia que se baseia no particularismo dos povos que formam suas culturas em seus nichos espaciais (geográficos) e temporais (históricos); essas culturas estão formadas, fundamentalmente, por estruturas mentais que conformam a personalidade dos indivíduos e dos povos. Uma das monografias mais estudadas e imitadas dessa orientação, poderia ser, a de Margaret Mead, *Adolescência e Sexo em Samoa*.

b) Por outro lado, Malinowski, polonês estabelecido na Inglaterra, promove na Europa um tipo de etnografia descritiva da funcionalidade das culturas particulares e cujo exemplo mais estudado e imitado poderia ser a sua obra *Argonautas do Pacífico Ocidental*.

No entanto, a obra de Malinowski que, de alguma maneira, poderia enquadrar-se na corrente boasiana dos E.U.A. da antropologia cultural (centrada no estudo da cultura dos povos), experimenta uma cisão na figura de Alfred R. Radcliffe-Brown, que estuda mais a estrutura social dos povos, dentro da antropologia social. A obra mais representativa dessa corrente seria os *Nuer* de Edward E. Evans-Pritchard.

c) A partir daqui, no grupo do qual temos classificado como novas correntes etnográficas, destacam-se as monografias estruturalistas, cujo exemplo poderiam ser *Tristes Trópicos,* de Claude Lévi-Strauss, e o seu oposto pós-moderno, como a obra de Pul Rabinow, *Reflexões Sobre um Trabalho de Campo em Marrocos,* sem deixar de citar por alto outras obras relativas aos estudos de comunidades, tais como: os *Filhos de Sánchez*, de Oscar Lewis, ou a obra clássica de William Isaac Thomas e Florian Znanieki, *O Campesino Polonês*.

Esta apresentação de etnografias, que tem servido de modelo para muitas gerações de etnógrafos, não quer ser exaustiva, e só tratamos do que serve para refletir sobre as diferentes concepções teóricas nas quais costumam basear-se, até o presente, os etnógrafos das culturas.

A conclusão que se depreende desta análise histórica sobre os modelos de etnografia é que não existiu um padrão de "como fazer etnografia", mas sim que os recém graduados em antropologia que queiram realizar algum tipo de investigação etnográfica, venham dizer: "faça como Malinowski nos *Argonautas do Pacífico Ocidental,* faça como Edward E. Evans- Pritchard em *Nuer"* etc.

É evidente que hoje as etnografias se realizam também sobre "culturas complexas" e que o modelo etnográfico atual já não é retórico, senão "aplicado a analisar e resolver problemas culturais" no marco de uma etnografia ativa. Por isso, é preciso redefinir o conceito de etnografia.

1.3 MARCO CONCEITUAL DA ETNOGRAFIA

É importante agora limitar ou demarcar o conceito de etnografia, uma vez que até aqui nos dedicamos a analisar "como a etnografia tem vindo a ser feita" pelos autores clássicos mais imitados pelos etnógrafos.

1.3.1 Proposta de definição

Etimologicamente, etno-grafia[45] é o estudo descritivo (*graphos*) da cultura (*ethnos*) de uma comunidade, diante da etnologia; como estudo teórico da cultura, fruto da comparação, da mesma forma como falamos de patografia (descritiva) e patologia (teórica) da doença.

De um ponto de vista conceitual, poderíamos definir a etnografia como o "estudo descritivo da cultura de uma comunidade, ou de algum de seus aspectos fundamentais, na perspectiva de uma compressão global sobre a mesma"[46].

Enquanto à dimensão descritiva, para alguns, a etnografia é herdeira do método observacional "naturalista-etnográfico" (não participante), já que as comunidades situadas em isolamentos geográfico-culturais podiam ser consideradas uma espécie de laboratório (reserva), os quais se analisava também descritivamente[47].

---

[45] G, G, Niebuhr apresenta em Berlim cursos sobre a epígrafe de "etnografia", em princípios do séc. XIX. Mais tarde, A. Balbi publica *Introduction à l'Atlas Etnographique du Globe* (1826). No século XIX, às vezes, usavam-se indistintamente os termos "etnografia" e "etnologia". Assim, em 1839, nasce a *Société Ethnologique de Paris*.

[46] A etnografia pode entender-se como processo (investigação de campo) e produto (monografia, relato etc.). Parece claro que é definida, primeiramente, como um processo ou prática de investigação do qual se obtém resultados.

[47] Para os primeiros etnógrafos dos povos primitivos, a metodologia naturalista de observação da conduta animal proporcionou um modelo a seguir na descrição das culturas, até o ponto de referir-se a elas como um "laboratório natural": "a sociedade primitiva se aproxima das condições próprias do laboratório. Grupos pequenos que podem ser estudados por poucas pessoas intensivamente, bastante isolados e expostos à influência das mesmas forças naturais. Uma educação idêntica para todos os membros, experiências comuns, modos de vida estáveis, alto grau de cruzamento

A atual perspectiva etnográfica considera, no entanto, que a descrição etnográfica é o resultado da interação observacional (observação participativa).

Quanto à compreensão global[48], reconhece-se que a etnografia é uma reconstrução da cultura de uma comunidade, feita de uma maneira holística, que permite fazer inteligível a cultura estudada, tanto para os etnógrafos, quanto para os nativos que solicitam seu estudo (no marco atual da etnografia ativa).

Enquanto caráter observacional do método, já nos referimos ao caráter aberto e flexível de toda a metodologia qualitativa observacional, algo que contrasta com o uso de listas e questionários de perguntas etnográficas (observação sistemática), muito ligado à prévia interpretação da realidade cultural por parte do investigador, que lhe permite, posteriormente, uma maior manipulação dos dados[49].

1.3.2 Tipos de Etnografia

Podemos distinguir dois tipos fundamentais de etnografia: a passiva e a etnografia ativa.

---

biológico" (Kluckhohn, *Antropologia* ([1949]1974, p.24). Parece que o termo etnográfico de "trabalho de campo" (*Field-Work*) foi introduzido por Haddon na antropologia, tomado do trabalho naturalista. Ainda que tenha sido, provavelmente W. Rivers, em *Notes and Queries* (1013) quem, pela primeira vez, desenhou o processo etnográfico.

[48] O sentido de totalidade tem uma dupla origem: uma significação iluminista, enciclopédica, que engloba tudo; por outro lado, a totalidade supõe uma visão holística da realidade cultural, uma forma de reconstrução cultural da comunidade estudada. O conceito de totalidade é mais fácil de entender nas comunidades "primitivas, pequenas e simples", do que nas comunidades urbanas grandes e complexas. No entanto, aquele que analisa a "cultura de uma empresa" aspira, da mesma forma, dar uma visão total da mesma, assim como aquele que analisa uma tribo amazônica.

[49] "Existe desacordo sobre se a caraterística distintiva da etnografia é o registro do conhecimento cultural (Spradley,1980), a investigação detalhada dos padrões de interação social (Gumperz,1981) ou a análise holística das sociedades (Lutz,1981). Algumas vezes, a etnografia se define como essencialmente descritiva, outras, como uma forma de registrar narrativas orais (Walket,1981); como contraste, só ocasionalmente, põe-se ênfase no desenvolvimento e na verificação de teorias implícitas (Glaser e Strauss,1967; Denzin, 1978)". (M. Hamersley e P. Atkinson, *Etnografia* [1983]1994, p.15).

a) Etnografia passiva

A etnografia passiva (geralmente, realizada sobre o influxo ideológico colonial) é realizada pelo etnógrafo mediante a observação participativa dos nativos. Porém, os destinatários pertencem à cultura do etnógrafo (geralmente, do mundo acadêmico ou administrativo). Os nativos ignoram até a existência de tais etnografias e, muito menos, podem analisá-las e avaliá-las.

Esse tipo de etnografia, que possui um certo parentesco com os livros de viagens dos séculos XVIII e XIX, centra-se na descrição, não poucas vezes literária, dos fatos que se diferenciam das outras culturas (às vezes, o diferencial vem a ser o exótico), onde o relato do autor pode chegar a ser autorreferencial.

Essas etnografias, que não costumam ser verificadas, constituem, de certa forma, uma projeção (encontrar o que se quer encontrar, como parece ter acontecido a Margaret Mead)[50], ou simplesmente, um relato de agregado cultural (recorda-se que a obra de Edward E. Evans-Pritchard sobre os *Nuer*, resume estilo de explorador colonial).

b) Etnografia ativa

A etnografia ativa (geralmente, realizada a pedido de alguém)[51] supõe um diálogo entre a demanda da comunidade *emic* (donos do problema) e a resposta do investigador *etic* (dono da solução). Uma comunidade imigrante, procedente de um mundo rural que possui uma cultura tradicional própria, que chega a uma

---

[50] Como temos apontado, D. Freeman, em seu livro *Margaret Mead and Samoa. The making and unmaking of an anthropological Myth* denuncia que M. Mead, em seu livro *Adolescência, sexo e cultura em Samoa* (1928), havia apoiado a crítica à educação norte-americana em supostas observações da cultura samoana, das quais D. Freeman nada encontrou em Samoa, pelo que lhe acusou de falsear os dados (D. Freeman 1983; M. Mead, 1984; Cfr. J. Cliforde, 1986, e M. Marshall, 1993).

[51] "Esta expressão *'the owners of the problem'*, toma-se do norueguês e me parece mais adequada que o termo *'stakeholders'* (mais ou menos, 'interessados') que se costuma usar. Quero dizer que estão implicados no processo todos aqueles que realmente vivem as consequências do problema de forma direta. Eles mesmos tentam transformar sua situação, não esperam que os expertos venham solucioná-la". (D. Greenwood, "Da Observação à Investigação-ação Participativa; uma visão crítica das práticas antropológicas", *Revista de antropologia social*, 2000, p.32.

cidade industrial em busca de trabalho, que trata de resistir à marginalização econômica e social do novo meio, partindo da afirmação de sua cultura de procedência (posição de *etclase*), pode ser um exemplo de "comunidade com problema cultural" de adaptação à nova realidade cultural e social do novo entorno, para o qual pode demandar ajuda a *experts* culturais.

Podemos dizer a mesma coisa de uma empresa com crise cultural, que está perdendo cota importante de mercado e que decide pedir ajuda a um experto em cultura organizacional.

Na etnografia ativa, o observador etnógrafo é solicitado, "demanda" ajuda. Como acontece na ação terapêutica, paradigma ao qual temos nos referido constantemente, quando um paciente tem um problema, busca transmitir o problema a um terapeuta experto no qual confia. Ambas as partes se observam participativamente, uma transfere o problema e a outra devolve a solução, tendo as duas partes que dividir o diagnóstico resolutivo do problema.

Existem vários tipos de etnografias ativas:

De resgate - trata-se de uma etnografia ativa singular e de emergência, diante do possível desaparecimento de uma cultura ou forma cultural. Quem demanda o trabalho são as autoridades, os últimos sobreviventes ou a própria iniciativa do etnógrafo e, em geral, é a própria sociedade que coparticipa da observação.

Por investigação acadêmica - (com o consentimento dos etenografados, o etnógrafo estuda uma cultura singular, que considera interessante diante dos estudos comparativos). Ao fazerem-se públicas essas investigações serão validadas ou não pela possível crítica dos nativos ou de outros investigadores interessados pelo mesmo tema.

De resolução de problemas - (Trata-se da "etnografia ativa por antonomásia", a que nos referiremos mais a frente). Um coletivo tem uma dificuldade cultural (mudança, adaptação, cultural etc.) e recorre ao etnógrafo-experto para resolver seu problema cultural.

Ponderamos, uma vez mais, o exemplo terapêutico: quando uma comunidade ou um indivíduo necessitam enfrentar uma doença física ou psíquica, recorrem a um experto que escuta a descrição *emic* do problema e apresenta um diagnóstico *etic* ao mesmo, que pode ser assumido pelos "donos do problema". Esse tipo de etnografia é o suporte da antropologia aplicada e profissionaliza os antropólogos como coletivo que "resolve problemas".

c) Etnografia Ativa e investigação-ação

A etnografia ativa não é uma versão antropológica do desenvolvimento organizacional, nem a investigação-ação, ainda que tenha alguns pontos de contato. Como alguns autores consideram que a etnografia ativa não é científica, senão uma "prática de intervenção profissional", ao estilo do "desenvolvimento organizacional", explicaremos, brevemente, o conceito de desenvolvimento organizacional, dentro do qual se marca o conceito de investigação-ação, assim como seus processos para, logo, confrontá-los com o conceito e a prática da etnografia ativa.

- O Desenvolvimento Organizacional.

Podemos abordar dois importantes tratadistas de Desenvolvimento Organizacional para que nos ajude a defini-lo:

> O desenvolvimento organizacional é a disciplina das ciências da conduta aplicada dedicada a melhorar as organizações e as pessoas que trabalham nelas, mediante o uso da teoria e a prática de uma mudança planificada. 'Basicamente, o desenvolvimento organizacional é um processo para ensinar às pessoas a forma de resolver os problemas, aproveitar as oportunidades e aprender a fazer tudo isso cada vez melhor através do tempo'[52]. O desenvolvimento organizacional é um processo de mudança fundamental na cultura da organização[53].

Quer dizer, o Desenvolvimento Organizacional é uma prática de melhora das organizações, através de processos em que o consultor externo estabelece uma aliança de colaboração com os membros representativos da organização, identificando juntos os problemas e

---

[52] W. L. French e C. H. Bell, *Desenvolvimento Organizacional*. 1995, p. XIII.
[53] W. Burke, *Desenvolvimento Organizacional*. 1988, p.10. Cfr. E. H. Schein, *Consultoría de Processos. seu papel no desenvolvimento organizacional*. I e II ([1988]1995). Tenho uma dúvida de reconhecimento com o doutor Darvelio Castanho Asmitia, dinamizador durante mais de vinte anos dos grupos de D.O. no México, por termos facilitado minha estada nos congressos de D.O. em várias sedes de México e nas atividades do centro Inespo (México, DF.) de D.O.

facilitando sua solução. Os consultores de Desenvolvimento Organizacional ajudam a identificar os problemas e a procurar sua solução. Porém, não são eles os que realizam o processo, como faz o etnógrafo.

Historicamente, poderíamos dizer que o Desenvolvimento Organizacional nasce da conjunção da prática dos "Grupos T" (*training*), iniciados por Kurt Lewin (1946) com a prática de outros consultores de empresa que trabalhavam na resolução dos problemas organizacionais. Os Grupos T de treinamento e sensibilização passaram em finais da década de 1950 a aplicar-se às organizações empresariais, dando lugar ao desenvolvimento organizacional, ainda que com a inegável contribuição dos autores que analisavam os sistemas sociotécnicos (Douglas McGregor, Richard.\ Beckhard, Eric Trist, Ken Bamforde e Albert Kenneth Rice, principalmente).

> De todos os modos, para a maioria dos profissionais, os modelos que constituem o cimento dos marcos de referência para qualquer esforço de Desenvolvimento Organizacional, são três: I) o modelo de investigação da ação; II) o modelo de Lewin de três passos (descongelamento, avanço e recongelamento); e III) as fases de mudanças planeadas, como as tem delineado Lippitt, Watson e Wesley (1958). Os três modelos não são mutuamente excludentes, e todos eles partem do pensamento original de Kurt Lewin.[54]

- O modelo de investigação-ação[55]

> A investigação-ação é, em essência, uma mescla de três ingredientes: a natureza altamente participativa do Desenvolvimento Organizacional; o papel de colaborador e coaprendiz do consultor e o processo iterativo do diagnóstico e a ação. O modelo de investigação-ação, segundo se aplica no Desenvolvimento Organizacional, consta de I) um diagnóstico preliminar, II) recopilação de dois grupos cliente, III) retroalimentação de dados ao grupo cliente, IV) exploração dos dados pelo grupo cliente, V)

---

[54] W. Burke, 1988, p. 57.
[55] Costuma-se apontar que J. Dewey introduziu o método de "resolução de problemas", que não se perfilará ao método investigação-ação, mas, sim, através da conjunção de dois impulsos: o de Kurt Lewin como teórico de grupos e o de J. Collier como ativista de melhora das relações interculturais. Desse último, surgiu a denominação "investigação-ação".

planificação da ação pelo grupo cliente, e VI) uma ação empreendida pelo grupo cliente com um praticante do Desenvolvimento Organizacional, que atua como facilitador ao longo de todo o processo. A ampla participação dos membros do grupo cliente assegura uma melhor informação, uma melhor tomada de decisões e um crescente compromisso com os programas de ação. O modelo de investigação-ação é muito poderoso; produzem-se resultados superiores quando se mobilizam as ideias e energias de muitas pessoas[56].

A investigação-ação constitui um elemento essencial na prática do desenvolvimento organizacional e deve ser entendida como um processo de investigação através da prática da ação, centrado na localização, definição e resolução dos problemas organizacionais.

Ao menos, há quatro versões da investigação-ação (diagnóstica, participante, empírica e experimental), ainda que para nosso propósito, a que mais nos interessa é a investigação-ação participante (os donos do problema estão envolvidos no processo de resolução), muito próxima à prática etnográfica.

Geralmente, o processo de investigação-ação decorre destes passos:

I - O gerente de uma organização (ou de um grupo de trabalho) detecta, não sempre com precisão, que "algo vai mal, que algo não funciona". O gerente, que representa o grupo ou a organização, é o cliente.

II - Elege um consultor externo com o qual trabalhar conjuntamente para resolver o problema.

III - Ambos analisam a dimensão do problema e suas causas, gerando hipóteses explicativas que orientarão a ação resolutiva. As hipóteses de investigação-ação constam de uma meta ou objetivo e de um procedimento para alcançar tal meta.

IV – Alcança-se uma solução dividida pelo consultor externo e o

---

56 W. French e C. Bell, 1995, p. 7.

gerente interno, fruto da ação consistente em submeter a hipótese (que nasce da investigação) à prova da prática resolutiva do problema (ação).

A essência da investigação-ação reside no trabalho conjunto entre o consultor externo e o gerente interno, em cuja conjunção o consultor externo desenvolve o papel de facilitador, enquanto o gerente interno é o responsável por definir o problema e encontrar a hipótese de resolução através da prova prática (ação), que descobre a resolução do problema.

No campo de aplicação da investigação-ação à etnografia, tem destaque o Davydd Greenwood, que critica o caráter "etológico e positivista" do conceito de observação, a escassa participação real na investigação e a quase nula resolução dos problemas da etnografia clássica[57].

- Os três passos de Kurt Levin

O primeiro dos passos é o de "descongelamento" do estado atual, promovendo uma sensibilização dos problemas que afetam o correto funcionamento da organização.

O segundo passo é o de "avanço" até uma ação que trocará a situação atual. Quer dizer, os atuantes intervêm, promovendo ações que levarão a resolver os problemas.

O terceiro passo é o do "recongelamento". Uma vez resolvidos os problemas e adotadas as mudanças pertinentes, dotar-se-á a organização de uma estabilidade que lhe permita funcionar corretamente.

Essa sensível exposição dos três passos não é tão fácil na prática já que a organização deve passar por um primeiro passo de "desestabilização", por um segundo passo de "resolução ativa e de mudança", ao qual nem sempre é fácil, para chegar a um terceiro passo

---

[57] D. Greenwood afirma: "a investigação-ação não é uma disciplina, nem uma faculdade, nem um método. É um grupo de práticas multidisciplinares orientadas a uma estrutura de compromissos intelectuais e éticos. A investigação-ação é uma investigação social desenvolvida mediante uma colaboração entre um investigador profissional e os 'donos do problema' (D. Greenwood, 2000, p.32; Cfr. D. Greenwood e M. Levin, *Introdution to Ation-Research for Social Change*. London: Sage, 1998. Cfr. VV. A. *Investigação-ação Participativa*, Monográfico da revista *Documentação Social*, 1993.

de incorporação das mudanças em uma nova estabilização.

- As fases da mudança planejada (Lippitt, Watson e Wesley).

As três fases de Kurt Levin ficam convertidas em cinco fases:

I) Desenvolvimento da necessidade de uma mudança (descongelação).
II) Estabelecimento de uma relação de mudança.
III) Trabalho para chegar à mudança (avanço).
IV) Generalização e estabilização da mudança (recongelamento).
V) Objetivo de uma relação terminal.

Tanto a investigação-ação, como os três passos, ou as cinco fases (que alguns autores multiplicam por meio da introdução de sub-fases, constituem-se na sequência de ação de todo Desenvolvimento Organizacional. Alguns autores preferem chamá-las "fases" (por seu caráter de avanço) e não "passos" (que parecem assinalar ações descontínuas).

* O modelo médico-paciente de Edgar Henry Schein.

Edgar Henry Schein, mestre em tantos campos da psicologia e da cultura, introduziu na consultoria de processos o modelo "médico-paciente" para resolver os problemas, entendendo-os além, dentro do marco da cultura da organização.

- Quando uma empresa "anda mal" (perda de vendas, conflitividade laboral etc.), o gerente pode chamar um consultor externo para que faça uma "checagem" da empresa, diagnosticando o mal e propondo correções. Esse pode ser o modelo de consulta breve (mais econômica e rápida) na qual se reclama uma imediata avaliação a um consultor externo (ainda que nem sempre "em uma visita de médico" seja possível alcançar informações precisas para um diagnóstico), ou ainda, uma exploração mais minuciosa que defina e identifique bem o problema em toda sua profundidade. Aqui, ao considerar o modelo clínico de Edgar Henry Schein, o importante é saber que posição adota o consultor externo e o gerente interno.
    É necessário que:
    - o cliente inicial tenha identificado com precisão que pessoa,

grupo ou departamento está, de fato, "doente";
- o "paciente" revele informações precisas;
- o "paciente" aceite e acredite no diagnóstico ou que chegue ao "doutor";
- o "paciente" aceite a receita, quer dizer, que faça o que o "médico" lhe recomendou.[58]

Esse modelo é muito mais próximo do método etnográfico que o Desenvolvimento Organizacional. Põe "muito poder nas mãos do consultor" pelo que tem se tornado popular entre os consultores, ainda que "esteja cheio de dificuldades", como as que habitualmente o médico tem (ao não recolher informação sintomática suficiente, ao não ser bem aceito pelos "donos do problema", que não aceitam o diagnóstico proposto etc.).

O importante, como em etnografia, é que "se observe e escute" adequadamente, que "se proponha um diagnóstico e se explique" para que possa ser assumido pelos donos do problema. Tudo isso nos introduz em uma das questões fundamentais: as relações entre o consultor e o cliente, que se parecem muito, nesse caso, às que temos analisado a propósito da metodologia qualitativa.

A segunda questão importante do método de Edgar Henry Schein é que os problemas devem resolver-se no âmbito da cultura da organização. A cultura está composta pelas chamadas presunções básicas (etno-história e crenças que constituem o núcleo profundo da cultura), dos valores, das linguagens e dos produtos (que são elementos mais superficiais)[59]. É muito difícil trocar o núcleo profundo da cultura (presunções básicas), e a consultoria quase sempre atende a normas e valores, linguagens e rituais, produtos e ofício. Esses elementos secundários da cultura são mais facilmente mutáveis e sobre eles versa, habitualmente, o trabalho do Desenvolvimento Organizacional.

d) A etnografia não é investigação-ação

É importante não confundir o trabalho etnográfico com o de Desenvolvimento Organizacional e com a investigação-ação, ainda que

---

[58] E. H. Schein, 1990, p. 7.
[59] Cfr. E. H. Schein, 1988 e Á. Aguirre, 2004. Cfr., também para o tema, o comentário de W. Burke, 1988, p.10 e 11.

ambos os métodos tenham muitos pontos de encontro e intercambiam conceitos e técnicas. Por isso, parece conveniente analisar as importantes similitudes e diferenças entre eles.

- As principais coincidências entre ambos os métodos, são:

* a etnografia e o Desenvolvimento Organizacional se baseiam em uma demanda dos donos do problema (cliente) a uma consultoria externa (etnógrafo, consultor etc.) para resolver os problemas apresentados. Portanto, a ação investigadora está polarizada, como em uma elipse, em dois polos: o consultor/etnógrafo e o cliente.

* Os donos do problema produzem "narrativas problema" (*emic*) que transferem a um "consultor", o qual produz uma "resposta diagnóstica" (*etic*), que deve ser devolvida aos "donos do problema" para que o considerem e aceitem.

* Tanto a etnografia como o Desenvolvimento Organizacional são "investigação" sobre o terreno e são "ações diagnósticas", ainda que esses processos sejam entendidos de maneira diversa.

- As principais diferenças entre ambos os métodos de intervenção são estas:

* O etnógrafo torna-se a referência fundamental da investigação da cultura (através da documentação, observação participativa e entrevistas em profundidade aos informantes), enquanto no Desenvolvimento Organizacional, o papel de consultor é o de "facilitador" externo que ajuda o cliente a encontrar a causa do problema e sua solução. No Desenvolvimento Organizacional, quem encontra a causa e propõe uma solução ao problema é o cliente.

* O etnógrafo observa e escuta as "narrativas *emic*" dos donos do problema, codifica-as, e sai ao seu encontro, categorizando-as e interpretando-as através de "teorias *etic*". Só, então, está em condições de emitir um diagnóstico final. No Desenvolvimento Organizacional, não existem teorias *etic*, sem que se investiguem os problemas através da validação de hipóteses mediante a ação e a prática.

* O trabalho de investigação do consultor no Desenvolvimento Organizacional se realiza através de "intervenção profissional", baseada na "ação através da prática". Não são criadas teorias, mas o resultado da etnografia é a criação de uma "microteoria", definidora da cultura da organização, em com a qual resolvem-se os problemas (criação, condução e mudança cultural).

* A investigação etnográfica produz um duplo diagnóstico, cognoscitivo e operativo, que deve ser entregue (devolução diagnóstica) aos donos do problema para que o aceitem e compartilhem.

No Desenvolvimento Organizacional, os próprios donos do problema constroem (com a "facilitação" do consultor externo) seu próprio diagnóstico e caso "funcione" na prática, já não terão mais necessidade do consultor externo.

1.4 A "ESSÊNCIA" DA ETNOGRAFIA: O *EMIC* E O *ETIC*

Para compreender a essência do "ato etnográfico" devemos planejar o alcance da transferência do nativo ou interessado (dono do problema) e a resposta do etnógrafo (resolução do problema) em forma de diagnóstico cultural dividido.

1.4.1 O *Emic* e o *Etic*

Como já mencionamos anteriormente, o linguista e missionário californiano Kenneth L. Pike introduziu (1954)[60] uma terminologia derivada da linguística, um tanto estranha e polêmica que, porém, teve êxito, ao diferenciar os discursos do nativo e do etnógrafo[61]: o discurso dos nativos (pacientes, observados, donos do

---

[60] K.L. Pike (1954) *Language in Relation to a Unified Theory of the Structure of Human Behavior.* (1ª Ed. The Hague: Glendale, 1954; Utilizamos a edição, The Hague: Mouton, 1967).
[61] Cfr. A. Aguirre (1995) "Émica, Ética e transferência", em A. Aguirre, *Etnografia*, 1995, p.85-106 Cfr. G. Bueno, *Nosotros y Ellos. Ensayo de reconstrucción de la distinción emic/etic de Pike* (1990). Cfr. M. Harris, *Teorias Sobre la Cultura en la*

problema etc.) seria *emic*, e o discurso de resposta do etnógrafo (terapeuta, observador, resolutor do problema etc.) seria *etic*[62].

Devemos ter em conta, antes de seguir adiante, que o binômio etnográfico *emic/etic* pode ser estudo tal como o propôs Kenneth Pike (no marco do cognitivismo), como uma contribuição histórica à etnografia, ou melhor, desenvolvendo o conceito e adaptando-o à etnografia atual. De acordo com nosso caso, na hora de definir a etnografia ativa, redefinindo e precisando conceitualmente *emic/etic* na mesma etnografia ativa.

Assim, o cognitivismo (nova etnografia) entende a cultura como a soma de conhecimentos divididos que organizam o mundo, os acontecimentos e as condutas de uma comunidade, considerando que cada cultura (como cada língua) tem uma semântica interna própria e singular. Por isso, o etnógrafo para conhecer a cultura de uma comunidade deve percorrer o mesmo caminho de aprendizagem cultural que cada novo nativo (por exemplo, as crianças nativas) realizam. De acordo com isso, o observador só pode servir-se do ponto de vista dos observados (*emic*) para conhecer o singular mundo de cada cultura, pelo que nos situaríamos diante de uma perspectiva etnográfica eminentemente *emic*[63].

Já vimos como, no lado oposto, a etnografia pós-moderna reconhece como único discurso etnográfico o *etic*, pois o etnógrafo, quando estuda os nativos, o que na verdade estuda é sua própria

---

Era Pós-Moderna, 2000, p.29-45.

[62] Os sufixos *emic* e *etic* qualificam o estudo da cultura do mesmo modo como faz a linguística nos E.U.A.: a fonémica (phon*emic*), que chamamos fonologia, centra-se no estudo das unidades de sons significativos para o falante; a fonética (*phonetic*) refere-se à descrição dos sons do falante, efetuada por um observador exterior, a efeitos comparativos, à margem do falante.

[63] Também a escola simbólica da cultura (H. G. Gadamer, V. Turner, C. Geertz) pensa que "o procedimento etnográfico consiste em assimilar a cultura estudada a um 'texto' codificado, que os indivíduos que a integram leem permanentemente, e que o antropólogo trata de interpretar, como se de um texto literário se tratasse, manifestando o valor dos códigos empregados pelos atores em sua vida quotidiana. Quando o etnógrafo estuda uma cultura, lê um livro complexo, no que a polissemia, a metáfora e a elipse compõem o texto, e onde não faltam os equívocos e os deslizes. Para poder comunicar o conteúdo do livro da cultura, o etnógrafo deve transcrevê-lo, isto é, interpretá-lo, como explica C. Geertz em sua conhecida obra a *Interpretação das Culturas* (1973, p.19-40)." (E. Gómez Pellón, "La Evolução do Conceito de Etnografia",1995, p.42).

cultura de observador (se vê no espelho da outra cultura, despeja suas incógnitas). Por isso, chega-se a dizer que a etnografia é uma pura retórica[64].

* Para nós, os relatos *emic* são válidos na medida em que o discurso nativo (ou o discurso do dono do problema) informa da realidade cultural da comunidade observada. Esse discurso, como veremos, deve ser contrastado com o discurso *etic*, de cujo diálogo etnográfico surgirá o diagnóstico cultural. Como temos anotado anteriormente, a pretendida "pureza e legitimidade" do discurso *emic* deve ser questionada na medida em que existem elaborações e categorizações (o *etic* de *emic*) em todo discurso *emic*, sobretudo quando esse discurso está impregnado de ansiedade, como pode observar-se nos relatos dos pacientes diante do terapeuta. Quando Kenneth Pike disse que para entender o discurso *emic* deve-se "meter-se na mente dos etnografados", devemos dizer que não se trata de saber só "o que dizem", senão "em qual sentido o dizem", "por que" e o "como o dizem".

1.4.1.1 O *emic* e o *etic* na etnografia ativa

Considero como um fracasso de antemão a pretensão de construir uma ciência meramente emicista, sem o suporte analítico e interpretativo exterior; e da mesma maneira, leva ao fracasso um eticismo que não escuta, e que não é senão uma forma de subjetivismo etnocentrista, e até uma forma de dominação.

1.4.2 Os Relatos *Emic*

Os relatos *emic* (comportamentais, verbais, rituais, gestuais

---

[64] Para a escola pós-moderna de J. Cliford, G.E. Markus, M. Fischer, P. Rabinow, V. Capranzano e S.A. Tyler, entre outros, "o etnógrafo se converte no autor de uma retórica criada pelo mesmo, em uma espécie de cultivo literário, no qual o autor se situa a um passo da condição de novelista, o que lhe implica um papel criador. O documento etnográfico, convertido assim em texto literário, deixa de conter o discurso do observador, que parecia ser o objeto primordial da antropologia mais renovada, para fazer-se cargo de um papel no qual o etnógrafo se converte em portador de uma representação alheia" (Gómez Pellón, *La Evolução do Conceito de Etnografia*, 1995, p.43).

etc.) são a fonte da etnografia e a expressão das realidades (geralmente, enunciados em forma de problemas) culturais de uma determinada comunidade.

1.4.2.1 Tentativa de Delimitação Emic

Os relatos *emic* são manifestações que tentam identificar, por parte dos nativos, a cultura (ou uma de suas partes) de uma comunidade (organização, instituição etc.), tanto em seus aspectos positivos (identidade cultural) como negativos (distonia, desagregação cultural), e que são emitidas em forma de narrativas e de sintomas externos.

Para uma etnografia colonial (a etnografia nasceu, em grande parte, no contexto do colonialismo), as outras culturas eram os povos colonizados aos quais era preciso conhecer para "saber dominá-los e governá-los". Ouvia-se o relato do nativo, partindo da observação participativa. Porém, não se faziam dos nativos, os "co-participantes" (o nativo não tinha acesso ao relato do etnógrafo). Hoje, o etnógrafo ouve os relatos *emic* (falaremos genericamente de "problemas"), sabendo que tem que "devolver" em forma *etic* (resolução de problemas) para que seu diagnóstico seja compartilhado.

Até há pouco tempo, os nativos eram simplesmente "os outros" e, no entanto, em alguns casos, seguem sendo "os do terceiro mundo" (subdesenvolvidos) ou os de nosso terceiro mundo particular (desenraizados sociais). Quer dizer, os marginalizados do poder e da participação. No entanto, hoje os observados etnograficamente também são todos aqueles que pertencem a um grupo cultural e necessitam, por um motivo ou por outro, analisar sua cultura.

No campo clínico, existem duas maneiras de avaliar *emic*: a doença "em terceira pessoa" (saber objetivo), onde não há doente, mas, sim, doenças; e a doença "em primeira pessoa" (saber "intersubjetivo") onde não há doenças, mas sim doentes. Na perspectiva "objetivista", as narrativas sintomáticas de *emic* têm sido codificadas e categorizadas por *etic*; na segunda perspectiva, o delineamento da narração sintomática *emic* mantém viva a intersubjetividade entre *emic* e *etic*.

1.4.2.2 O ponto de vista do "nativo" e do "interessado"

Como apontamos anteriormente, a narração *emic* expressa a sua verdade, que nem sempre é "a verdade", como pode ser demostrado nestes dois exemplos:

No primeiro exemplo, podemos contemplar que podem existir um "déficit de verdade" por ignorância:

> (...) desde a perspectiva *emic* de Cristóvão Colombo, dos Reis Católicos, ou de quem apoiou as empresas de "navegação até o poente", pode dizer-se que Colombo não descobriu a América (Colombo acreditou ter chegado a Cipango ou a Catay), e que a empresa não se organizou para descobri-la. Dizer isto seria um anacronismo, ou ainda que, historicamente, os motivos que determinaram a empresa colombina a atuar, precisamente, à margem da América (por exemplo, agiram através do projeto estratégico de "colher aos turcos pelas costas"). Porém, desde uma perspectiva *etic*, que é a nossa (a de nossa geografia), deveríamos dizer que Colombo descobriu a América, fixando, de forma geral, 1992 como a data de comemoração do Quinto Centenário do descobrimento[65].

Num segundo exemplo, dessa vez terapêutico, observamos que o doente, condicionado pela ansiedade, poderia dar informações alteradas, ocultando dados, propondo soluções erradas etc. E não será até que o terapeuta *etic* organize e complete o relato *emic* quando se poderá proceder à cura. Por exemplo, uma pessoa com transtornos depressivos pode tentar explicar ao terapeuta a causa dos mesmos por diferenças com sua família, ocultando a adição às drogas por motivos de vergonha.

Para minimizar problemas metodológicos, alguns creem que a melhor etnografia é a que produz o "nativo etnógrafo", posto que, na "endoetnografia", coincidem em uma mesma pessoa o relato do nativo e a valorização do observador nativo. Porém, essa apreciação não é correta. Certos folcloristas e etnógrafos nacionalistas "perguntam-se a si mesmos" pela identidade cultural de seu povo, sem a "distância etnográfica suficiente" (que outorga a vivenciar as duas culturas) para tornar a cultura estudada mais objetiva (fazem autoetnografia, com enorme risco de desvio), caindo em uma espécie de etnoemicismo.

Da mesma maneira que as "autoanálises" psicológicas são

---

[65] G. Bueno, 1990, p.11.

problemáticas (não é conveniente que o psicólogo, quando é paciente, seja por sua vez terapeuta e doente, "juiz e réu"), a endoetnografia está exposta a desvios quando está ideologizada, como acontece quando se realiza, partindo da perspectiva de ideologias nacionalistas ou localistas.[66]

1.4.3 Os Relatos *Etic*

A perspectiva *etic* nos é dada para compreensão de uma cultura, realizada por um observador exterior a ela, através de categorias teóricas.

1.4.3.1 A Perspectiva *Etic*

O observador *etic* vem de outra cultura. Porém, por sua vez, é portador de uma metodologia e de uma ciência com as quais pode analisar a cultura que tenta analisar. Para estudá-la, torna-se observador participante ("forasteiro e amigo", dizia Powdermaker), quer dizer, através da familiaridade quotidiana, manterá uma objetivação distante da realidade observada para poder analisá-la, ao menos durante um tempo suficiente (por exemplo, em uma comunidade rural, ao menos um "ciclo anual de colheitas").

A distância observacional deve ser clara. Alguns pseudo-etnógrafos (ativistas, cooperantes etc.) se atrincheiram em um indigianismo militante exagerado (lavam sua maior consciência de "brancos colonizadores", radicalizando-se em uma espécie de "síndrome de Estocolmo") e, se o colonizador clássico situava-se em distância a respeito do nativo, eles se colocam em uma excessiva proximidade, que impede toda a objetividade.

O relato *etic*, como temos apontado, não pode cair em um relato fantasioso e retórico (livros de viagens, exotismo), nem em um relato contra-transferencial (transformar em temática a própria

---

[66] É muito difícil aceitar a "verdade" de certos folcloristas que, com fervor emicista, magnificam o que acreditam ser bom e ocultam o que qualificam de mau, proclamando uma diferencialidade assimétrica, dominante e excluinte, de suas culturas em respeito a outras, geralmente vizinhas. Por não falar de folcloristas subvencionados por grupos políticos nacionalistas para "imaginar lendas de identidade cultural" etc. Os antropólogos que atuam sobre a síndrome nacionalista tornam-se cientificamente suspeitos.

problemática), se não que tratará de reconstruir a realidade através do diagnóstico. Uma vez mais iremos recorrer ao exemplo do trabalho clínico: o relato *emic* do paciente (o que diz, o que não diz, o que se pergunta, o que refletem os sinais e os sintomas etc.) deve ser analisado e descrito (patografia), para ser "reconstruído" como um caso que pertence a uma doença geral (patologia). Poderíamos dizer que, em geral, o nativo/paciente traz a "patografia" (descrição da doença) e o terapeuta lhe "responde" em forma de "patologia" (categorizando-a de uma teoria válida).

A categorização e a interpretação *etic* se realiza a partir da teoria do etnógrafo, que sempre pode estar sujeita, total ou parcialmente, à "falsificação". Assim, por exemplo, a categorização e a interpretação da bruxaria, ao longo dos séculos, têm sido realizadas de perspectivas diferentes e ainda excludentes, como a religiosa, a jurídica, a política o a psiquiátrica.[67]

1.4.3.2 O Etic como Interação

O *etic* constitui a necessária "saída ao encontro" de *emic*. Os "donos do problema" (*emic*) ficariam em um monólogo frustrante se não encontrassem a interação dialógica no "observador *etic*" que define "diagnóstica e operativamente o problema".

A relação terapêutica interpessoal representa as duas formas da etnografia, uma *emic* (o discurso sintomático do paciente) e outra *etic* (o discurso diagnóstico do terapeuta).

A relação dialógica se realiza em três planos:

- de homem a homem (de observado a observador e vice-versa);
- de resolução de problemas (etnografia ativa);
- de caráter metodológico e técnico (é eficaz mediante o diagnóstico e sua operatividade).

a) Como na relação etnográfica, resulta um diálogo cultural entre uma cultura que é observada (posição ativa de demanda e passiva de receptividade) e uma cultura que observa (posição passiva que escuta e

---

[67] Cfr. F. Laplantine, *Anthropologie da Maladie*. Paris: Payot, 1992.

posição ativa que executa).

O observador é portador de uma cultura que analisa, de fora, o que observa, mediante todos os procedimentos possíveis. Porém, sem que a técnica substitua o diálogo "interativo" de "homem a homem", de "cultura a cultura", próprio da observação participante.

O etnógrafo, da mesma forma que o terapeuta, "tem estado ali", na presença, medindo com seu corpo e seus sentidos a realidade.

b) Ao tratar-se de uma posição de ajuda (já temos dito que geralmente, a etnografia se produz a partir da manifestação de um "problema"), definimos essa relação como "assimétrica" sem que isso comporte inferioridade alguma, já que em toda etnografia ativa, mesmo que "os donos do problema" demandem ajuda, no entanto, tanto o diagnóstico cognoscitivo como o operativo têm de ser aceitos por ambas as partes (codecisão).

Essa posição de ajuda é patente na relação terapêutica. Porém, não é menos visível no trabalho, por exemplo, com a cultura das organizações.

c) A relação é de caráter metodológico e técnico, quer dizer, orientada a receber um diagnóstico. Que um enfoque *etic* é imprescindível é tão certo como que se necessita um bom diagnóstico para curar. O *etic* representa uma decisão diagnóstica sobre o discurso *emic*.

Tanto a relação etnográfica com a organização, como a relação terapêutica estão orientadas ao diagnóstico, através da análise metodológica dos discursos *emic/etic*. Podemos fixar-nos, uma vez mais, no exemplo terapêutico para evidenciar estes dois discursos:

- O discurso *emic* descreve a vivência e violência da doença: sintomas psicossomáticos (dores, distonias etc.), sinais externos (rosto desencaixado, formas de vestir etc.), queixas verbais e paraverbais etc., ainda que, como temos anotado repetidas vezes, esse discurso pode estar distorcido (elaborado pela ansiedade).

- O discurso *etic* vai ao encontro do discurso *emic* com uma resposta interpretativa, de acordo com os conhecimentos teóricos prévios e com a ausência de erros (controle dos elementos contratransferências), produzindo um diagnóstico para que possa ser assumido.

Ambos os discursos se encontram em um ponto crítico: o diagnóstico (emitido por *etic* e aceito por *emic*). O diagnóstico, se está bem construído, une o diálogo *emic/etic*, identifica o problema, e é eficaz em sua resolução

1.5 ETNOGRAFAR A CULTURA

Uma vez que até aqui estivemos delimitando o conceito de etnografia, passaremos agora a definir cultura, objeto da investigação etnográfica.

1.5.1 Três questões prévias

a) no marco da antropologia cultural.

Podemos analisar, através de um breve espaço histórico-conceitual, uma amostra representativa das diversas maneiras de entender o conceito de etnografia. Às vezes, essas propostas demostram-se antagônicas e nem sequer coincidem no fato de que a etnografia seja uma investigação "descritiva da cultura feita, partindo da observação participativa". Essas diferentes formas de entender a etnografia vincula-se, sobretudo, às diferentes formas de entender a antropologia.

Assim, por exemplo, enquanto Malinowski e Boas estariam na linha de uma antropologia cultural, cujo objeto é o estudo da cultura dos povos, Radcliffe-Brown e seus seguidores falariam de uma antropologia social, cuja etnografia estuda a "estrutura social" dos povos. Nos primeiros, é patente a influência da geografia, da história e da psicologia, enquanto nos segundos, se destaca mais a influência da sociologia, da economia e da política[68].

---

[68] A diferente denominação e o significado conceitual de "Antropologia cultural e/ou social" podem ser analisados em P. Mercier, *História da Antropologia*, ([1966]1969, p.5-19. Cfr. Além de, R.H. Lowie, *História da Etnologia*, ([1937]1946; E. Evans-Pritchard, *História do Pensamento Antropológico*, ([1980]1987). "Se os termos 'antropologia social' e 'cultural' tiveram por objetivo distinguir determinados campos de estudos da antropologia física, não imaginaria nenhum problema. Porém, a predileção respetiva de Grã-Bretanha pelo primeiro e a dos Estados Unidos pelo segundo, pode esclarecer essa divergência no transcurso de uma polêmica recente entre o norte-americano G. P. Murdock e o inglês R. Firth que mostram que a adoção de um ou outro termo

Ainda que sem negar as conquistas da escola britânica e de seus seguidores, torna-se claro que seguimos neste trabalho a orientação da antropologia cultural, afirmando que a etnografia é a investigação da cultura das comunidades, organizações etc. Dizemos ainda que o conceito de cultura abrange ao de sociedade, já que nos organizamos socialmente no "marco subjacente de uma cultura".

b) A segunda questão preliminar faz referência ao objeto da etnografia. Há uma orientação de antropologia cultural (e social) que nasceu no marco do colonialismo e que está desaparecendo com o surgir do liberacionismo (político, econômico, cultural e psicológico) nas antigas colônias. Já Lévi-Strauss havia dito que a antropologia era "filha do colonialismo"[69].

---

responde a preocupações teóricas bem definidas [...] a antropologia social nasceu do descobrimento de que todos os aspectos da vida social-económica - técnico, político, jurídico, estético, religioso - constituem um conjunto significativo, sendo impossível compreender um qualquer desses aspectos se não os coloca em meio aos demais. A antropologia social tende a ir do todo para as partes, ou pelo menos a outorgar prioridade lógica ao primeiro sobre os segundos. [...] o certo é que a antropologia cultural, por sua vez e quase simultaneamente, chegava a uma concepção análoga, se bem que por caminhos distintos.

Em lugar da perspectiva estática que apresenta o conjunto do grupo social como uma espécie de sistema ou constelação, foi, neste caso, de uma preocupação dinâmica - Como se transmite a cultura através das gerações? - a que levou a antropologia cultural a uma conclusão idêntica, a saber, que o sistema das relações que unem entre si todos os aspectos da vida social desempenha, na transmissão da cultura, papel mais importante que cada um desses aspectos tomados isoladamente. [...] já que se proclama social ou cultural, a antropologia aspira sempre a conhecer "o homem total, considerado em um caso a partir de suas 'produções' e, no outro, a partir de suas 'representações " (C. Lévi-Strauss, *Antropologia Estrutural*,1968, p.320-322).

[69] Como filha do colonialismo, a etnologia "é o produto de um processo histórico, o mesmo que tem feito com que a maior parte da humanidade esteja subordinada à outra e, durante o qual, milhões de seres humanos inocentes têm sido despojados de seus recursos, tanto que suas instituições e crenças têm sido destruídas; muitos deles mortos impiedosamente, outros submetidos à escravidão ou contaminados por doenças que lhes era impossível resistir. A antropologia é filha dessa era de violência; sua capacidade para avaliar mais objetivamente os feitos que pertenciam à condição humana, reflete, a nível epistemológico, um estado de coisas em que uma parte da humanidade trata à outra como um objeto" (C. Lévi -Strauss, "Anthropology: Its Achievements and Future" em *Current Anthropology*, 2). Nessa linha, proliferaram, nos anos setenta, alguns livros "denúncia", como os de, G. Leclerc, *Antropologia e*

É óbvio que não podemos afirmar uma antropologia ao serviço do colonialismo, nem considerar as outras culturas como inferiores. Muito menos substituir o "objeto colonial" da etnografia pelo estudo do "marginalismo" urbano [70].

Por outro lado, a diferença entre a sociologia e a antropologia parecia responder, há uns anos, à diferença entre estudar as sociedades urbanas (sociologia) e as sociedades "primitivas" (antropologia).[71] Acreditamos que hoje, a antropologia tem por objeto o estudo das culturas (tanto de uma tribo polinésia, como de uma organização empresarial) e que a sociologia tem como objeto, o estudo das relações sociais (tanto dos chamados povos primitivos, como das sociedades urbano-industriais).

c) Finalmente, e em terceiro lugar, nosso trabalho situa-se no marco da etnografia ativa.

Na etnografia ativa, o diagnóstico cultural deve ser assumido por quem o demanda (sujeito paciente).

As etnografias tradicionais se auto justificavam por ter sido

---

colonialismo, ([1972]1973); R. Jaulin, *A paix blenche* (1970); S. H. Davis, *Viatims of the Miracle*, (1977), entre outros. "Se pode, definir a antropologia social, de maneira abstrata e tautológica, como a ciência das sociedades humanas. Porém, todo o mundo sabe que *tiveram* historicamente por campo o estudo das sociedades chamadas sucessivamente *selvagens*, depois *primitivas,* mais tarde *arcáicas* ou *tradicionais*; em resumo, toda a parte do terceiro mundo" (G. Leclerc, *Antropologia e colonialismo*, 1973, p.13).

[70] "Quando os países subdesenvolvidos se negam aos cochichos dos antropólogos colonialistas e quando as tribos indígenas se negam a ser descobertas a trigésima vez pelos recém graduados em antropologia, então, se faz *trabalho de campo sobre nosso terceiro mundo particular* (o 'terceiro mundo do primeiro mundo'): o trabalhador rural, o imigrante urbano, os marginalizados (ciganos, prostitutas, alcoólicos, drogados, pobres, loucos, enfermeiros...), quer dizer, 'os outros" (À. Aguirre, *Os 60 conceitos clave da antropologia cultural*, 1982, p.19).

[71] O equívoco que domina as relações entre antropologia e a sociologia são resultado, em primeiro lugar, da ambiguidade que caracteriza o estado atual da sociologia mesma [...] Enquanto a sociologia trata de fazer a ciência social do observador, a antropologia, por sua vez, tende a elaborar a ciência social do observado: seja quando busca alcançar, em sua descrição das sociedades estranhas e afastadas, o ponto de vista do indígena mesmo, ou seja, quando amplia seu objeto até incluir a sociedade do observador. Porém, esforçando-se por extrair um sistema de referência fundada na experiência etnográfica e que seja independente, por sua vez, do observador e de seu objeto (C. Lévi-Strauss, *Antropologia Estrutural*, 1968, p.325-326).

realizadas através da observação participativa (esteve ali) e dentro da "metodologia qualitativa", conceitos aos quais, cada um entendia à sua maneira [72].

1.5.2 O que é cultura?

Se o objeto da investigação etnográfica é a cultura das comunidades organizadas, será conveniente definir previamente o que entendemos por cultura, propondo uma definição adequada.

O conceito de cultura é hoje um dos conceitos chaves do pensamento humano. No entanto, uma vez que tem alcançado prestígio epistemológico, cresce em ambiguidade, na medida em que esse conceito tem sido utilizado para tudo. Daí que necessitamos definir o conceito de cultura com precisão e dar-lhe um alcance operativo.

1.5.2.1 Definição de Cultura

Além da definição etimológica da cultura como "cultivo"[73], a cultura pode entender-se adjetivalmente como "valor acrescido", por exemplo, cultivar-se mediante o estudo, ou substantivamente como "identidade coletiva", por exemplo, como civilização, como cultura nacional, como cultura organizacional etc.

Embrenhando-nos, no estudo das organizações, à dimensão "substantiva" de cultura, afirmamos que "toda organização é uma cultura" e que não é possível uma organização sem uma cultura própria.

É no século XIX que surge a ideia substantiva de cultura como identidade cultural coletiva. Em um primeiro momento, as duas

---

[72] "Uma grande quantidade do que passa por *'cultural studies'* consiste na apropriação decimonônica da poltrona da linguagem antropológica, divorciada dos contextos do trabalho de campo, mediante observação participativa e as experiências pessoais que, em seu momento, geraram essa linguagem. Os resultados podem ser, e são às vezes, uma observação turística envolta em uma nuvem de ar acadêmico." (D. Greenwood, "Da observação à investigação-ação participativa: uma visão crítica das práticas antropológicas", em *Revista de Antropologia Social*, 2000, p.29).
[73] Para abordar o conceito de cultura, Cfr. Á. Aguirre, La *Cultura de las Organizaciones*, 2004. Especialmente as páginas 105-155. Cfr., também, G. Bueno, O *Mito da Cultura*, 1997.

formulações mais importantes de identidade cultural coletiva foram os conceitos de *Civilization* e de *Kultur*.

O conceito francês de *Civilization* expressava a consciência que tem o mundo ocidental de ser o centro da história e o ponto mais avançado de seu desenvolvimento, tudo isso mostrado através de uma cidade pioneira (naquele momento, Paris)[74]. Por outro lado, o conceito alemão de *Kultur* expressava a identidade cultural de uma nação (os "nascidos" em um espaço rural fechado).

Porém, na atualidade, como já apontado, referimos a ideia substantiva de cultura à toda cultura de todo o grupo, organização ou instituição. A cultura gera coesão, identifica e é eficaz na consecução dos objetivos de toda a organização.

a) uma definição operativa de cultura

Existem muitas definições de cultura[75], porém desde nossa perspectiva operativa, propomos uma que sirva para aplicar, tanto aos grupos "primitivos", como às organizações atuais[76]. Cultura é um conjunto de elementos interativos fundamentais, gerados e divididos pelos membros de uma organização ao tratar de conseguir a missão que dá sentido a sua existência.

Partiremos do fato de que a cultura é, por um lado, um "sistema de conhecimento que nos proporciona um modelo de realidade através do qual damos sentido ao nosso comportamento". Da mesma maneira que a economia, a religião, ou qualquer outro modo de pensar organizado (construto cognitivo), o conceito cultura torna a

---

[74] Cfr. N. Elias O *Processo da Civilização*, 1993, p.57.

[75] Podemos recordar que os norte-americanos A.L. Kroeber e C. Kluckhohn publicaram um estudo histórico-crítico do conceito de cultura, com o título *A Critical Review of Concepts and Definitions*, em 1952, onde davam conta de 164 definições, desde a definição pioneira de Taylor (1871) até a publicação do estudo (1952). A mais famosa das antigas definições tem sido a de Taylor: "Cultura é... a totalidade complexa que inclui conhecimentos, crenças, arte, lei, moral, costumes e qualquer outra capacidade e hábitos adquiridos pelo homem, enquanto membro de uma sociedade" (Taylor, *Primitive Culture*, 1871). Para o estudo do nascimento do conceito de cultura, pode consultar-se, A. Kuper, *Cultura. a versão dos antropólogos*, 2001.

[76] Tradicionalmente, as definições de cultura provinham do trabalho dos antropólogos sobre os povos primitivos, sobre as chamadas outras culturas a respeito da "cultura dominante" que as etnografava. Esse fato criou muitas confusões, já que, por exemplo, era muito difícil analisar a cultura de uma empresa com os parâmetros de uma cultura "simples" e "primitiva".

realidade inteligível, e de acordo com ela, organizamos a conduta individual e coletiva. Também, consideram-se como elementos culturais, os dados e objetos "identitários", herdados do passado (monumentos, obras de arte, utensílios, instituições, língua etc.), quer dizer, as chamadas cultura material e cultura formal.

Porém, como temos referido anteriormente, não tratamos aqui de definir a cultura como algo genérico (sistema de conhecimento), nem como os elementos materiais e formais de identidade herdados, mas sim que, assumindo uma "perspectiva operativa", a definimos como "um conjunto de elementos interativos fundamentais" e de "significações divididas" (indicadores culturais básicos).

b) a cultura é:

- Um conjunto de elementos interativos fundamentais.

A cultura é gerada na organização, através da interação do líder com seus colaboradores, criando experiências comuns e dividindo-as (significados divididos).

Dos dois elementos interativos fundamentais, os mais importantes são as presunções básicas (biografia e crenças, quer dizer, o "eu e o mundo"), como analisaremos mais adiante.

- Um conjunto de significados partilhados pela organização gerador de da missão que dá sentido à sua existência.

A cultura é o conjunto de elementos fundamentais "divididos", gerados pelo líder e membros da organização, ao procurar resolver os problemas surgidos e ao tratar de alcançar os objetivos que definem a mesma organização. Esses elementos fundamentais, ao serem divididos, geram identidade cultural e coesão na organização (pelo que devem ser transmitidos a todos os membros).

Não é possível integrar-se na organização sem haja um compartilhamento de sua cultura. Por isso, dizemos que a cultura organizacional é viva e se torna eficaz para alcançar os objetivos finais ("missão" da organização, como a "razão de ser" da mesma).

- Dizemos ainda que a organização "é" uma cultura.

Não é a mesma coisa dizer que a organização "é" uma cultura (posição substantiva), ou que a organização "tem" uma cultura (posição adjetiva).

Para os positivistas, a organização "tem" uma cultura como quem possui algo exterior (ainda que seja valioso), como se possui um vestido, um carro, uma casa etc., que se pode trocar como se troca um objeto quando não serve ou não está na moda. Nesta perspectiva, a cultura é uma variável externa do entorno (ambiente, moda, mercado etc.).

Para os construtivistas, a cultura é uma construção humana, feita a partir da interação interna das pessoas que formam a organização (cosmovisão dividida). O "sub-stante", o substantivo de toda organização é sua cultura, em cujo marco se organizam posteriormente as relações sociais. Uma organização "é" sua cultura, ainda que esteja envolta em outros anéis macroculturais (civilização, culturas nacionais, locais etc.).

Às vezes, dizemos, impropriamente, que "temos um corpo", quando na realidade "somos nosso corpo". Da mesma maneira, também impropriamente, podemos dizer que a organização "tem uma cultura", ainda que, em realidade, queremos dizer que "é uma cultura".

1.5.2.2 Liderança e cultura

Dizia Gioia que "a essência da liderança se constitui pela habilidade de oferecer definições da realidade que possam lograr um seguimento consensual".

Uma organização é um ser vivo que nasce, cresce e morre, que decorre através de um ciclo vital. Quando nasce uma organização, sua cultura é um efeito da ação do líder que transmite sua visão/missão e suas presunções básicas a seus colaboradores; porém, quando a organização amadurece, a cultura está já estabelecida, pelo que é causa, percurso pelo qual decorre a atividade da organização.

Para pertencer à organização, é necessário dividir sua cultura, e é o líder o encarregado de provocar a transmissão da cultura organizacional aos membros da organização. O líder promove e conduz a cultura da organização:

> [...] as culturas empresariais são criadas por líderes, e uma das funções mais decisivas da liderança, pode muito bem ser, a criação, condução e - sempre que seja necessário - a destruição da cultura. A cultura e a liderança, examinadas de perto, são duas faces da mesma moeda que não podem ser entendidas separadamente. De fato, existe a possibilidade - pouco considerada nas investigações de liderança - de que a única coisa realmente importante que fazem os líderes seja a criação e a condução da cultura, e que o único talento dos líderes esteja dado pela habilidade para trabalhar com a cultura.[77]

O líder, portanto, implanta e conduz a cultura da organização, sendo o processo de formação cultural idêntico ao de formação organizacional. Sobre a importância da liderança em uma nação, por exemplo, nos damos conta ao analisar culturalmente um país governado por um tirano totalitário ou por um democrata inteligente; nas organizações, como uma empresa, toma-se todo cuidado na escolha de um líder, porque, de sua ação cultural, dependerá completamente da prosperidade ou não da empresa.

1.5.3 Os elementos básicos da cultura organizacional

Para conhecer, avaliar e operar com a cultura é preciso partir de uma boa definição operativa, que nos permita abordar separadamente cada um de seus elementos básicos, que não são os mesmos quando falamos de etnia, ou quando nos referimos à etnicidade.

1.5.3.1 Etnia e etnicidade

A antropologia teve, até há pouco tempo, o único objeto de estudo, os chamados povos primitivos, qualificados como "etnias".[78]

---

[77] E.H. Schein, A *Cultura Organizacional e a Liderança*, 1988, p.20.

[78] "O termo étnico é utilizado, geralmente, na literatura antropológica para designar uma comunidade que: - em grande parte, se autoperpetua biologicamente, - divide valores culturais fundamentais, realizados com unidade manifesta em formas culturais - integra um campo de comunicação e

Essas etnias ou "identidades racial-culturais" eram o produto de isolamentos geográficos e históricos totais, ainda que com a posterioridade, aplicou-se também essa denominação às comunidades rurais isoladas.[79]

Desde Fredrik Barth, a identidade cultural é diferenciada em termos de etnia (para os isolamentos geográfico-históricos) e de etnicidade (para os isolamentos psicológicos e sociológicos)[80]. A etnia é uma qualidade de identificação cultural quase-física (em uma comunidade fechada e isolada em determinado território, só se pode ter uma etnia). A etnicidade é uma qualidade de identificação psico-sociológica (auto-adscrição e hetero-adscrição), até o ponto em que, ao pertencer um indivíduo a vários grupos, também o é de várias culturas, isso sim, assimétricas e mutantes.

Na etnia se percebe mais diretamente o caráter coletivo, pois não há individualidade segregada: se "é" bororó, navajo, bari etc., se é essencialmente membro do grupo étnico, antes que pessoa individual.

Na etnicidade, aparece de entrada o fator psicológico individual (opção de adscrição grupal, podendo o indivíduo, inclusive, trocar de grupo). No entanto, a identidade cultural é sempre própria do grupal e coletivo. Não existe uma cultura individual, mas sim, uma maneira pela qual o indivíduo pertence um grupo.

---

interação -, conta com membros que se identificam a si mesmos e são identificados pelos outros, e que constituem uma categoria distinguível em outras categorias da mesma ordem. Essa definição de tipo ideal não está muito distante em conteúdo da proposição tradicional que afirma que uma raça, uma cultura, uma linguagem, e que, uma sociedade que recusa e/ou discrimina outras" (F. Barth, *Os Grupos Étnicos e suas Fronteiras*, 1986, p.11).

[79] O conceito de "etnia" sofreu numerosas vicissitudes, ao longo dos anos: na antiguidade grega, o termo *ethnos* era referido a animais (abelhas, lobos etc.) ou pessoas hostis (bárbaros, persas etc.) em mobilidade periférica ameaçadora (Cfr. R. Just *"Triunph of the ethos"*, em Tonkin et alt. *History and Ethnicity*, 1989, p.12). Porém, o termo *ethnos* mudou de significado conceitual a partir da invasão otomana da Grécia. Sobre a dominação turca, os cristãos ortodoxos gregos eram "os outros" (os turcos chamavam os gregos de *Millets-i-Rum*, ou étnicos romanos). O povo grego aceita essa denominação, em princípio, e passam a chamar de étnicos os "nacionais", até nossos dias (assim, denominam ao Banco Nacional de Grécia, *Ethniki Trapeza tis Eladas*). No século XIX, define-se o étnico como identidade racial-cultural.

[80] O texto de F. Barth, *Os Grupos Étnicos e Suas Fronteiras* (1969), de apenas 50 páginas, supõe uma mudança substancial no tratamento da identidade cultural.

1.5.3.2 A etnia dos grupos em isolamento geográfico e histórico

a) Isolamento geográfico

As comunidades isoladas em pontos geográficos (desertos, vales incomunicáveis, montanhas, selvas, ilhas etc.) eram endógamas (por isso eram denominadas como "raças"), com culturas muito simples e suas componentes vivenciavam sua cultura como única e própria. Ao não estar em contato com outros povos, só conheciam sua "intra-história" (tão lenta em seu desenvolvimento que pareciam povos "a-históricos"). Essas comunidades eram vinculadas ao território que, de certo modo, "determinava-as" quando eram descobertas pelos exploradores, missionários ou antropólogos que patenteavam sua "singularidade", pelo que eram muito aptas para a comparação teórica antropológica.

Posteriormente, também foi reconhecido um certo isolamento geográfico e histórico nos isolamentos rurais. Não é de estranhar que nos fundos vales alpinos, incomunicáveis na maior parte do ano (e da vida), germinara o conceito de "cultura nacional" (a *Kultur* dos "nascidos" ali, a cultura popular, *Volkskunde* o *Folk-Lore*). O fato de que esses grupos humanos rurais estivessem quase completamente isolados durante séculos favoreceu sua consideração como culturas histórico-diferenciais, o que serviu de base para a construção ideológica dos nacionalismos.

Para realizar à análise dos traços constitutivos dessas etnias isoladas no espaço e no tempo era preciso descrever etnograficamente seus "indicadores étnicos" que, em síntese, podem se agrupar em três unidades, de acordo com o seguinte esquema:

| INFRAESTRUTURA ÉTNICA: | * **Comunidade demográfica consolidada** (Capacidade demográfica suficiente para a sobrevivência)
 * **Ecossistema** (apropriação territorial e adaptação aos recursos naturais)
 * **Etnoeconomia** (produção doméstica; excedentes e comércio; |

	etnotecnologia)
ESTRUTURA ÉTNICO-SOCIAL:	***Sistemas de parentesco** (família, parentesco, tribos e clãs) ***Estrutura social** (organização social; comportamento social) *** Etnopolítica** (hierarquia, sistemas jurídico, político e militar)
SUPERESTRUTURA ÉTNICA:	*** Etno-história** (imaginário histórico, tradições e identidade) *** Religião e ideologia** (crenças, filosofia, ideologia, mitos) *** Língua** (tradição oral, comunicação)

b) os principais indicadores étnicos

Desses nove indicadores étnicos, geralmente estudados na etnografia dos povos primitivos, na análise das comunidades rurais isoladas e no estudo das culturas fechadas, insistiram especialmente em quatro indicadores:

- etnoterritório
- etno-história
- religião
- língua

No caso dos nacionalismos ruralistas, ficou patente a defesa do território próprio ("terra nossa", pátria, país etc.), com abundante referência a fronteiras, "territórios históricos" etc.

Porém, são, sobretudo, os três indicadores de superestrutura étnica, história, religião e língua, os que são citados como identificadores de cultura, ou todos juntos, ou sobredimensionando alguns deles, em especial.

* o etnoterritório (e sua demografia interior estruturada com vínculos de parentesco) tinha especial importância à causa da definição do grupo, partindo do isolamento geográfico. O território era a região necessária para garantir a subsistência (etnoeconomia etc.) e devia ser "defensável", além de ser "apropriado simbolicamente", mediante monumentos ou outras marcas territoriais. O etnoterritório era como o corpo materno nutriente ("terra mãe", "mater matéria"), como a identidade grupal paterna (pátria), ou simplesmente como a "casa grupal" (país e paisagem). Os limites do etnoterritório eram a "língua própria" (língua), a "terra prometida" (religião) ou os "territórios históricos" (ou herdado), os territórios necessários para a sobrevivência (etnoeconomia).

* a "etno-história" dos isolamentos geográficos era sempre intra-história (ao não ter contato histórico, ou muito escasso, com outros povos), muitas vezes, mesclada com a "história religiosa ou mítica". Com o advento dos nacionalismos rurais, a "história legendária" se transformou em história de resistência diante do invasor (com "identificações de vitimismo paranoide", às vezes) e de manutenção dos limites próprios (etnoterritório).

* os novos fundamentalismos religiosos têm posto na atualidade a importância identitária da religião para os povos. A princípio, os povos isolados tinham uma religião através da qual explicavam o sentido da vida e a transcendência individual e coletiva. Com o advento dos monoteísmos adscritos às nações, a religião (geralmente unida à política) se tem considerado como um dos elementos de maior força identitária grupal.

O pluralismo religioso e o agnosticismo têm sido considerados como "dissolventes da identidade", motivos pelos quais, nos "fundamentalismos religiosos", perseguem-se os "infiéis".

* Finalmente, a língua própria, como particular forma de compreender e expressar o mundo, havia constituído um dos distintivos (junto à "raça") mais importantes dos grupos isolados. Os atuais nacionalismos, multirraciais, têm reservado à língua a capacidade de identificar as nacionalidades, impondo-as diante das línguas mediáticas e socialmente mais potentes, que são consideradas como invasoras e desfiguradoras da identidade (nesse sentido, o bilinguismo é considerado como um perigo de aculturação destrutiva).[81]

---

[81] Os nacionalismos étnicos têm dado especial atenção para a "identidade

Os três indicadores de superestrutura étnica eram únicos e determinantes da identidade dos povos geograficamente isolados. Através deles, a identidade étnica parecia uma claridade indiscutível e diferenciadora.

Nos atuais nacionalismos, nem sempre se dá a mesma importância aos três indicadores, podendo, por exemplo, obrigar a usar todos a mesma língua, a própria (nacionalismos linguísticos), e não dar importância à religião, ou, no caso contrário, centrar a identidade totalmente na religião (fundamentalismo religioso), relegando a importância da existência de uma língua comum.

1.5.3.3 A etnicidade dos grupos em isolamento psicológico e sociológico.

a) Isolamento psicológico e sociológico

Os antropólogos clássicos têm investigado os povos primitivos como se fossem nômades isolados em ilhas, desertos, selvas etc., quer dizer, em "isolamentos geográficos e históricos". Cada isolamento desse tipo produzia uma cultura simples e singular, completamente diferente das outras. E o fato etnográfico consistia em descobrir e descrever essas culturas simples e singulares, isoladas no espaço e no tempo, como referentes comparativos com outras culturas, sobretudo com a cultura dos etnógrafos.

Porém, essa perspectiva deixava fora a possível análise etnográfica das culturas urbanas que não cabiam no estreito marco das etnias primitivas. Por isso, Fredrik Barth comenta:

> Minha principal objeção é que tal formulação nos impede de compreender o fenômeno dos grupos étnicos e seu lugar nas sociedades e culturas humanas [...].
> Se nos induz a imaginar cada grupo desenvolvendo sua forma social e cultura em relativo isolamento, e respondendo, principalmente a fatores ecológicos locais, insertos no curso de uma história de adaptação, fundada

---

linguística própria" (declaração política e cultural da "língua própria" como única), realizando "imersões linguísticas" obrigatórias para fortalecer a identidade. Por outro lado, os partidários das "línguas mediáticas universais" qualificam as línguas autóctones de "línguas pijama" que servem para "usar em casa", porém, que não se demostram aptas a comunicar-se com os demais povos.

na invenção e na adaptação seletiva. Segundo a qual, essa história tem produzido um mundo de povos separados com suas respetivas culturas e organizados em uma sociedade que, legitimamente, pode ser isolada para sua descrição, como se fosse uma ilha.[82]

Por isso, deveremos estudar as culturas urbanas, não do estreito marco da etnia, mas sim do mais aberto conceito da etnicidade. A identidade cultural de uma organização será, então, definida como a etnicidade da organização.

Não há agrupamento sem cultura, nem cultura sem agrupamento humano. Cada grupo ou organização "é" uma cultura e um indivíduo forma parte de um grupo cultural (etnicidade) por meio da autoadscrição psicológica ao grupo e à sua cultura, e por meio do reconhecimento sociológico pelos outros como membro do grupo cultural que lhe identifica (heteroadscrição). Quando um indivíduo se autodenomina como pertencente a um grupo, identifica-se com a "ilusão grupal" (com formar um "corpo" social).

Essa auto-denominação grupal pode ser "primária"[83] ou "secundária"[84], sendo a primeira mais intensa, emocionalmente, que a

---

[82] F. Barth, *Os Grupos Étnicos e Suas Fronteiras*, 1976, p.11-12.

[83] "Não é necessário agregar que a socialização primária comporta algo mais do que uma aprendizagem puramente cognoscitiva. Existem, certamente, bons motivos para acreditar que, sem essa adesão emocional a outros significantes, o processo de aprendizagem seria difícil, quando não impossível. [...] e por essa identificação com os outros significantes, a criança se torna capaz de identificar-se a ela mesmo, de adquirir uma identidade subjetivamente coerente e plausível". Necessitam-se de fortes impactos biográficos para poder desintegrar a realidade massiva internalizada na primeira infância. Porém, esses podem ser muito menores para poder destruir as realidades internalizadas mais tarde" (P.L. Berger e Th Luckman, *A Construção Social da Realidade*, 1995, p. 167 e 170). A enculturação e socialização primárias se realizam, normalmente, no marco de uma comunidade cultural-afetiva homogênea, como pode ser a família, uma seita etc. Dizemos que essa enculturação é primária porque é a primeira que se realiza. Porém, seria melhor chamá-la "primogênita" porque sua fundamentalidade pode dar-se posteriormente, com a mesma intensidade, por exemplo, com a entrada em uma seita ou em um grupo fundamentalista. Essas "improntas básicas primárias" permanecem fortemente enraizadas ao longo da vida, ainda que possam ser anuladas por impactos biográficos profundos (conversões, lavagens cerebrais, namoros etc.). Essas vivências emocionais primárias constituem um dos núcleos básicos da identidade individual e coletiva.

[84] Nas impressões secundárias valoriza mais o cognoscitivo que o emocional.

segunda.

A autodenominação de um grupo, como já foi visto, pode ser primária ou secundária, porém, ainda, como cada grupo ou organização "é" uma cultura; a adscrição a vários grupos (família, empresa, clube, associação, grupo religioso ou desportivo etc.) supõe um multiculturalismo de fato, no qual se dá a assimetria e a "mudança".

* O pluralismo cultural é o resultado da adscrição psicológica e sociológica de um indivíduo a vários agrupamentos culturais. Nas comunidades "primitivas" só era possível a vivência de uma cultura no marco do grupo geograficamente isolado, enquanto nas comunidades urbanas é o indivíduo que se decide (se "autoadscreve") em relação aos diferentes grupos, integrando-se em suas culturas.[85]

* A "assimetria cultural" diz que o indivíduo que se autoadscreve a vários agrupamentos culturais não participa de todos eles com a mesma intensidade emocional e cognitiva. Já apontamos, como a autoadscrição primária é assimetricamente mais intensa que a secundária (assimetria qualitativa). O mesmo acontece quando o indivíduo decide dar mais intensidade social à pertença a um grupo cultural do que a outro.

Os grupos primários (família, seita, religião etc.) procuram absolver essa pertença qualitativa de "primariedade" emocional para garantir a fidelidade e a permanência de seus membros. Assim, por exemplo, a pertença a uma seita significará a necessidade de abandonar os laços familiares primários e substituí-los pelos laços primários emocionais da seita.

A assimetria dos grupos secundários tem outros parâmetros de medida a respeito aos grupos primários: quantidade de tempo que se dedica, dinheiro que se produz, satisfação e motivação que proporciona etc., como acontece na autoadscrição a uma empresa ou a

---

Por exemplo, a saída de uma empresa, de um clube, de uma associação etc., tem muito menos custo emocional que sair de uma família, separar-se de um casamento ou desprogramar-se de uma seita.

[85] Pertencer a "uma só cultura" é próprio de quem vive o bem "primariamente" (por exemplo, no abraço protetor da mãe), o bem "isolado" em uma cultura "primitiva", ou melhor em uma cultura "fechada" ou hermética. Nesses casos, a cultura única dissolve a individualidade.

outra organização.

* A "mutação" cultural é uma consequência evolutiva do pluralismo assimétrico dos grupos culturais. Nos grupos geograficamente isolados, o pluralismo cultural e muito mais a "mutação" são combatidos, já que não é permitida senão uma só militância cultural.

No entanto, nos grupos abertos urbanos, as assimetrias não são sempre estáveis, sobretudo nos elementos "secundários". Assim, por exemplo, um indivíduo que pertença a vários grupos/culturas, poderá dizer: em primeiro lugar está minha família, depois a igreja cristã, depois o clube de amigos, o clube de futebol etc.; porém, um dia, depois de uma vivência conversiva, decide que em primeiro estará sua pertença ao cristianismo, depois à sua família, mais adiante, o ser brasileiro; logo, a pertença à empresa etc.

Em nossas sociedades urbanas, existe um "pluralismo cultural" evidente, que se reparte na pertença a núcleos de primariedade (afetivos e estáveis) e de secundariedade (cognitivos e mais inclinados à mutação). Esse pluralismo não é horizontal, ele se articula e estrutura em uma escala assimétrica mutante de intensidades de pertença.

Junto à autoadscrição como mecanismo de formação de um grupo cultural (isolamento psicológico), dá-se a heteroadscrição pelos demais (isolamento sociológico)[86] dentro da teia social.

b) os elementos básicos da etnicidade

É evidente que, para analisar, por exemplo, os elementos básicos da etnicidade de uma empresa não podemos recorrer aos "nove indicadores" que analisamos nas culturas "isoladas geográfica e historicamente" (etnias), pelo que deveremos propor outros elementos avaliativos que respondam à nova realidade das culturas urbanas, abertas, plurais, assimétricas e mutáveis.

Segundo Edgar H. Schein[87], e partindo da nossa própria

---

[86] H. Tajfel, partindo da psicologia social, disse que todo indivíduo, mediante processos de categorização, ordena seu entorno através de categorias, agrupando pessoas, coisas ou fatos que tenham alguma característica similar, enquanto são relevantes para o sujeito. Cfr. H. Tajfel, *Grupos Humanos e Categorias Sociais*, 1992. J. F. Morais, *A Identidade Social*, 1999.

[87] Cfr. E.H. Schein, 1988, p.30; J.M. Peiró, 1990, p.159-160; Á. Aguirre, 2004,

experiência etnográfica em organizações, podemos constatar cinco elementos básicos (indicadores de etnicidade), através dos quais podemos analisar a cultura organizacional. São estes:

NÍVEL FUNDANTE:	1 Etno-história (e etnoterritório) 2 Crenças (mitos, religião, filosofia, ideologia)
NÍVEL ORGANIZADOR:	3 Valores e normas 4 Comunicação (linguagens e rituais)
NÍVEL RELACIONAL EXTERIOR:	5 Produtos (e ofícios)

Para compreender melhor esses cinco indicadores básicos de identidade, alguns autores propuseram figuras de árvore ou de *iceberg*, distinguindo três planos:

-Nível fundante (presunções básicas): etno-história e crenças
-Nível comunicador: valores e linguagens
-Nível relacional: produtos

Na figura da árvore, o nível fundante é dado pelas raízes e o tronco; o nível comunicador seriam as ramificações e o nível de relacionamento dos produtos seriam os frutos. No exemplo do *iceberg*, o nível fundante seria a parte submergida, mais volumosa que a emergida; a parte do *iceberg* que emerge e que é visível seria o nível comunicador, sendo o produto a colônia de pinguins que habitam nele.

1.5.4 Análise dos cinco indicadores básicos de etnicidade

Por sua importância na hora de analisar a cultura organizacional, abordaremos o estudo desses cinco elementos básicos da cultura com maior detalhe.

1.5.4.1 As presunções básicas

p.178-250.

As presunções básicas são a essência da cultura, o núcleo profundo e invisível da cultura organizacional: "faz-se uma distinção entre esses elementos, tratando as presunções básicas como a essência - o que a cultura realmente é - e os valores e condutas como manifestações derivadas da essência cultural".[88]

Também "Damos a essas presunções básicas o qualificativo de ideias reitoras, teorias em uso, princípios básicos ou visões reitoras; é indubitável que constituem elementos fundamentais da cultura emergente da empresa"[89].

A meu ver, o termo 'cultura' deveria reservar-se para o nível mais profundo de presunções básicas e crenças que dividem os membros de uma empresa, as quais operam inconscientemente e definem, embora com interpretação básica, a visão que a empresa tem de si mesma e de seu entorno. Essas presunções e crenças são respostas que o grupo aprendeu diante de seus problemas de subsistência em seu meio interno e diante de seus problemas de integração interna. Se dão por supostas, porque repetida e adequadamente chegam a resolver esses problemas. Esse nível mais profundo de presunções básicas tem de distinguir-se dos 'artefatos' e 'valores' na medida em que esses são manifestações de níveis superficiais da cultura. Porém, na própria essência da cultura.[90]

De acordo com nossa proposta, as presunções básicas seriam: a etno-história (construção do "eu biográfico" da organização) e as crenças (construção do "mundo", da cosmovisão que dá sentido à realidade).

A) Etno-história (etnoterritório)
- A biografia de um indivíduo ou a história de uma organização são relatos de identidade. Na biografia ou na história, através do curso evolutivo, o etnoterritório "não será sempre o mesmo, porém, se manterá como o mesmo". A etno-história, além do mais, é um relato de identidade cultural, pois ninguém pode construir sua identidade à margem de sua biografia e de sua história. Caso "cortem as raízes", a

---

88 E.H. Schein, 1988, p.30.
89 E.H. Schein, 1988, p.307-308.
90 E.H. Schein, 1988, p.23-24.

árvore morre (deixa de ter identidade).

Da mesma forma que um grupo familiar vai construindo com fotografias de fatos significativos uma "história biográfica" que lhe permita entender-se em sua identidade, de igual modo, uma organização seleciona fatos fundamentais de sua "identidade histórica" (fundação, refundação, momentos críticos etc.).[91]

Ao perder a memória, por causa, por exemplo, de um traumatismo, as pessoas costumam ter graves dificuldades para entender sua identidade, para saber de onde vem e para onde vão. Quando um povo não tem passado, inventa lendas (literatura de órfãos) para construir um "imaginário histórico". Porém, e sobretudo, a importância da história em uma organização é que nela o sujeito se sente protagonista, mesclando sua biografia com a da instituição.

- Existem duas formas de focar o estudo da etno-história das organizações:

I) A "longa marcha" que vai da "visão" inicial até a consecução da "missão", entendendo que a etno-história da organização só é completamente válida para quem se sente "sujeito ativo" dessa história (protagonista dela).

II) O ciclo vital de líder da organização. Nas pequenas organizações, como acontece nas Pequenas e Médias Empresas, a biografia do líder se confunde com a história da empresa; nas grandes organizações, os seus períodos vitais estão representados pelo ciclo da liderança e de seus colaboradores (em uma grande empresa, por exemplo, o ciclo vital do líder, os melhores anos de sua biografia profissional dedicados a uma

---

[91] "Quando analisamos os livros de 'histórias da empresa', os vemos de diferentes tipos: os encarregados a professores eruditos por motivo de festejar uma comemoração, por exemplo, cinquenta ou cem anos da empresa (crônicas eruditas, *res gestae*); os encarregados a jornalistas, nos quais, junto ao estilo ágil, vemos a superficialidade do repórter que busca a notícia 'forte'; os que tratam de comunicar aos trabalhadores, que são sujeitos ativos da história da empresa etc. Temos visto regalar histórias e livros comemorativos, em vários volumes e luxuosamente editados, que logo ninguém lê e que passam a 'adornar' as estantes. Por outro lado, existem biografias jornalísticas de líderes empresariais, umas 'encarregadas e pagas' como homenagem hagiográfica ao líder fundador uma atual e outras como fruto de um 'jornalismo de investigação', que busca o escândalo e a denúncia." (Á. Aguirre, 2004, p.188-189).

empresa).

a) O fundador e a longa marcha

O papel mítico do líder fundador é o de ter uma "visão" inicial de construir uma organização (instituição, empresa etc.), quer dizer, de poder conquistar espaço e tempo exteriores e futuros, liberá-los da incerteza, e iniciar uma longa marcha para sua apropriação. Essa visão inicial se concretizará na formulação de uma missão a alcançar, que dará sentido à existência e à atividade da organização.

A criação de uma organização se "cria e gerencia" de uma personalidade do líder fundador: "Os fundadores, não só tem um alto grau de confiança em si mesmos e determinação, mas, além disso, costumam possuir sólidas persuasões sobre a natureza do mundo, o papel que as empresas jogam no mesmo, a natureza do gênero humano e as relações, o modo de chegar à verdade e o modo de controlar o tempo e o espaço".[92]

Podemos dizer que o líder fundador tem:
- Consciência de ser chamado a realizar uma obra importante que dará sentido à sua vida, o que o levará a assumir sacrifícios (mito do herói e de uma épica de conquista);
- Projeção até fora de seu interior: sua biografia marca a história da organização, sobretudo, no período fundacional;
- Caráter religioso-transcendente na criação do futuro da organização, uma certa ascética no trabalho e uma missão a cumprir na vida.

O líder está marcado por uma "crença na missão", pela superação de um pessimismo sociológico através de um otimismo antropológico, por um "êxodo" que põe em movimento uma organização para conquistar a "pátria prometida" (missão).[93]

---

[92] E. H. Schein, 1988, p.211.
[93] O conceito de "longa marcha" se inspirou constantemente no livro bíblico do *Êxodo* onde se narra o caminho dos israelitas desde o Egito até a "terra prometida" (Palestina), liderados por Moisés e se encontra com esse nome nas doutrinas revolucionárias de Mao Tse Tung. Há também frequentes referências em outros líderes políticos e religiosos a conceitos similares como "movimento", "caminho" etc. Numerosos líderes políticos recentes se têm erigido a si mesmos como "Grande Timoneiro (Mao), "Führer" (Hitler), "Duce" (Mussolini), "Caudillo" (Franco), "Conducator" (Ceaucescu) etc., ao "pôr em

Aos membros da organização, o líder deve transmitir a "missão" (razão de ser da organização) e a "cultura" (modo de ser da organização). A comunicação básica do líder até seus colaboradores é a de dar-lhes a conhecer e a vivenciar a missão da organização, bem seja através de linguagens, valores ou rituais.

b) o "ciclo vital" do líder organizacional

Uma organização é um ser vivo, e por tanto, possui um ciclo evolutivo que tem três fases genéricas: nascer e crescer, amadurecer e morrer. No primeiro momento, as organizações costumam ser guiadas por líderes carismáticos e emergentes; na maturidade, as empresas costumam ser conduzidas por líderes administrativistas e gestores; quando a organização entra em declive, o líder pode deixá-la morrer ou regenerá-la para um novo renascimento.

Como já apontamos, o ciclo vital das pequenas empresas familiares ou não, é bastante diferente. Nesse sentido, escrevemos: Sou da opinião de que a realidade é bastante diferente para as pequenas e grandes empresas. (...) os ciclos das grandes empresas estão sujeitos à renovação de seus líderes. Propriamente, o ciclo vital existe para os líderes, não para as empresas. Um líder de uma grande empresa costuma ser contratado para que "se encarne" na empresa nos melhores 10 ou 15 anos de sua vida (o "cerne" de sua vitalidade, "eu tenho levado o melhor de sua vida", poderia dizer a empresa para o líder), os quais começa "renovando" a empresa, depois a "consolida" e, finalmente, quando seu projeto se esgota, decaem suas forças, entra em declive e é substituído. Cada líder representa um ciclo vital da empresa.

No entanto, as pequenas e médias empresas (na Europa empregam mais do 80% dos trabalhadores) que baseiam sua existência na adaptabilidade ao entorno (tem uma enorme mortalidade "infantil" inicial, e não podem considerar-se consolidadas até depois de dois anos de sua existência), sem que podemos falar de ciclo vital. As que permanecem estão muito vinculadas ao decurso biográfico do fundador, ao seu impulsor fundacional, a um certo conservadorismo de maturidade e a um declive com a velhice (se diz que um terço das

---

marcha o movimento" a seus povos para a conquista de uma missão histórica, ao estilo dos "Messias" salvadores do povo. Da mesma maneira, alguns líderes religiosos falam de "iniciar um caminho"), da "peregrinagem (*homo viator*)" etc.

empresas familiares são transmitidas e continuadas por seus filhos, e que a metade desse um terço passa à segunda geração).[94]

É evidente que, o ciclo vital das organizações está muito vinculado aos líderes, mesclando a perspectiva biográfica do líder com a perspectiva histórica da organização.

* Tanto no primeiro momento das organizações pequenas como nos começos de período de liderança nas grandes, se dá um tipo de liderança "carismática", de impulso empreendedor, de comunicação afetiva intensa e de intensa vinculação entre o líder e seus colaboradores. Esse período costuma ser curto e está caraterizado pelo entusiasmo criativo ou a desordem organizativa.

* O segundo período do ciclo vital costuma ser mais administrativista, primando mais pela perspectiva organizativa, própria da gestão estrutural. A liderança abandona, em certo modo, o diálogo carismático anterior com os colaboradores, substituindo o afastamento comunicativo com as subculturas organizacionais, com a mediação do departamento de Recursos Humanos, é um período no qual quem manda e a liderança tecnocrática, que busca resultados imediatos e econômicos, fusões, aquisições e até encerramentos organizacionais, pensando mais na organização do que nas pessoas que a compõem.

* O terceiro período pode ser de decadência e morte, ou talvez de refundação e revitalização. Acontece quando o líder já esgotou seu projeto, com a consequente esclerose de gestão, conservadorismo, nostalgia e debilitamento da missão. Também, pode acontecer que um novo líder desenvolva uma nova vitalidade na organização, para começar um novo ciclo vital.

III) A etno-história é, na dinâmica da etnicidade, muito mais importante que o etnoterritório, que tinha seu pleno valor nas comunidades isoladas geograficamente. Assim, hoje, quando uma empresa muda de lugar (deslocalização) e se instala em outra parte, leva consigo a biografia do líder e a etno-história da empresa. Com a globalização, o espaço se delatou até os limites do planeta e, por outro

---

[94] Á. Aguirre, 2004, p.200.

lado, as histórias têm se constituído em núcleos preferentes de identidade cultural e de dominação.

A etno-história produz identidade desde a conservação da cultura própria (patrimônio cultural), a etno-história nos ensina o rumo que vai desde a visão inicial até a missão, sendo esse caminho demarcado por líderes-heróis e por sucessos mitificados. Finalmente, a história é um processo de desenvolvimento no qual se sentem protagonistas responsáveis dessa história, os líderes e os trabalhadores, quando adjuntam sua biografia pessoal à história da organização.

B) As crenças na organização

As crenças são "cosmovisões coletivas", representações organizadas e hermenêuticas da realidade, que fundamentam e orientam o comportamento individual e coletivo. Sua importância não é intelectual e científica, mais sim vital e emocional; *"las ideas se tienen, en las creencias se está"*, dizia José Ortega e Gasset.

As crenças nos proporcionam um mundo de referência, principalmente construído pelas cosmovisões (ideações) que se possuem sobre a natureza, Deus e o homem. No conjunto de crenças da organização, costumam analisar-se como principais: os mitos, a religião (e a religião civil), a filosofia, a ideologia etc.

a) Mitos são narrações (muitas vezes sagradas) que respondem as perguntas profundas que planeja o ser humano. Os principais mitos fazem referência às origens e à fundação (cosmogônicos), à salvação e à refundação (soteriológicos), e aos fins e finais (escatológicos). Os mitos tratam de fazer passar do caos (desordem) ao cosmos (à ordem) na interpretação vital da realidade.

As funções principais do mito, além de sacralizar a vida (dar sentido à vida) e fazer presente à divindade (hierofanias e kratofanias), são a de ordenar o tempo legendário e histórico, conduzindo os povos até seu destino.

Na antiguidade, os mitos eram referidos quase exclusivamente à criação e à recreação (por estarem vinculados ao ciclo anual da natureza), através de uma concepção circular do tempo (nascimento e renascimento). Nas organizações, o mito cosmogônico se refere, fundamentalmente, às origens, ao ato criador e fundador da organização (com sua visão inicial e com a formulação da missão).

I) Os mitos soteriológico (redenção) e escatológico (salvação final) foram introduzidos, sobretudo, por religiões monoteístas (judaísmo, cristianismo, islamismo), ao proclamarem o "tempo linear patriarcal" da história (passado, presente e futuro irreversível), diante do politeísta e naturalista "tempo circular" do ciclo anual. Essa regeneração e refundação do tempo que faz começar aos monoteísmos do "ano zero" (antigo e novo Testamento, Hégira etc.) transforma o tempo em luta e esperança, dirigidos até um final de salvação. Os mitos soteriológicos surgem nesses duos de crises, de perda de rumo e desorientação histórica. É então, quando surge o líder salvador que faz recomeçar a vida da organização, inaugurando uma nova "longa marcha" até adiante, regenerando o tempo da queda em tempo de luta e esperança. O mito escatológico é o que orienta essa regeneração, criando um futuro, destruindo o terror da história que leva à morte.

Nas organizações, as grandes refundações o as correções de rumo, devem-se aos líderes messiânicos soteriológicos, que reorientam a atividade da organização até a sua consecução (escatológica).

b) A religião é uma vivência que cria um sentido de futuro (transcendência) para além da morte. Nascer e morrer é o mais natural, porém "não querer morrer" e transcender é já sobrenatural. Todas as religiões são re-ligacões, voltam a conectar o destino dos homens mortais com o dos Deuses imortais.

Quando a religião dava unidade ao estado, a religião era oficial e única. Com o surgir do pluralismo religioso nos estados, formou-se uma espécie de religião civil do estado, de obrigado cumprimento (festividades, rituais, hierarquias etc.) que, sobretudo, tenta criar transcendência (futuro) e identidade (patriotismo), exigindo sacrifícios (trabalhar e morrer pela pátria), sendo a mesma mais ortopráxica e ritual que ortodoxa e doutrinal.

> O Estado, ao instaurar sua religião civil, busca a integração de sua diversidade. O principal dogma obrigatório da religião civil do Estado é a unidade (estado de direito), expressada na *Constituição* (religião civil 'do livro'); depois, exige seu ritual unificador: festas oficiais, procedimentos burocráticos (atos, papeis, estâncias, cargos etc.), todos eles,

incluindo o dever com os pagamentos à fazenda pública) de cumprimento obrigatório.[95]

Da mesma forma, as organizações estão estruturadas por uma "religião civil", como uma forma de definir transcendentalmente a temporalidade ("unidade de destino" da organização) prestes a alcançar a missão que dá sentido à sua existência, através do trabalho/sacrifício. Também, aparecem as crenças e os mitos (ex: totemização do fundador morto), festas e rituais corporativos (que celebram a memória histórica ou antecipam o futuro).

c) A filosofia é uma cosmovisão racionalizada que se pregunta pelas "últimas causas" (*metá-physiká*), sobre o "ser" da Natureza, de Deus e do Homem.[96]

Alguns autores costumam referir-se à "filosofia da organização" como a soma de ideais orientadores dela mesma. Assim, por exemplo, os fundadores das organizações "não só possuem um alto grau de confiança em si mesmos e determinação, mas também, costumam possuir sólidas presunções sobre a natureza do mundo, o papel que as empresas jogam no mesmo, a natureza do gênero humano e as relações, o modo de chegar à verdade e o modo de controlar o tempo e o espaço".[97]

d) As ideologias e os ideários são um conjunto de ideias diretoras que

---

[95] Á. Aguirre, 2004, p.214.

[96] Podemos dizer que a história da filosofia é a história de um triangulo que gira sobre si mesmo: no mundo grego, a Natureza explica os Deuses e os homens (Cosmologia); no mundo medieval, Deus explica a natureza e os homens, que são suas criaturas (Teodicea); e no mundo moderno, o Homem quer explicar a natureza e os Deuses (Logologia o Antropologia). Parece que todas as explicações filosóficas da realidade (últimas causas) procedem da Natureza, de Deus, o do Homem. "Esses três vértices, cosmológico, teológico e antropológico, parecem, por outro lado, remeter à grande 'trindade familiar': à 'mãe Natureza', o 'padre Deus', e o 'filho Homem', com a qual Freud desenvolveu seu 'complexo de Edipo". (Aguirre, 2004, p.216). M. Buber já o havia expressado com a claridade de um mestre: "O sistema de Hegel representa, dentro do sistema ocidental, a terceira grande tentativa de segurança: depois da cosmologia de Aristóteles e a teologia de Sto. Tomás, temos a logológica de Hegel" (M. Buber, *¿Qué es el hombre?* FCE.: México, 1964 p. 44).

[97] E.H. Schein, 1988, p.211.

geram coesão e identificam um grupo alternativo.

Na atualidade, a ideologia vem a ser uma "filosofia política simplificada e vulgarizada", assumida coletivamente como resposta emocional alternativa. Em toda ideologia há uma categorização ideológica dos grupos sociais que engloba (ex: comunistas, direita, capitalistas, socialistas etc.), geralmente, partidos políticos e movimentos sociais alternativos. A ideologia é um conhecimento e uma vivência emocional orientadas até a ação, geralmente, das massas.

Algumas organizações, fugindo da radicalidade combativa das ideologias, evita o conceito de ideologia e o substituem pelo de "ideário" identificador. Assim, por exemplo, um colégio define abertamente seu ideário educacional (por exemplo, cristã") porém, costuma-se definir-se como uma ideologia, já que significaria acentuar o seu caráter radical e partidário. O conceito de ideário inspira "confiança ética", enquanto o de ideologia, não poucas vezes, é taxado de falso.

1.5.4.2 Os indicadores de etnicidade derivados das presunções básicas

A) Os valores

O sujeito, desde sua biografia e suas crenças, avalia a realidade que o envolve, produz valor. Da mesma maneira, uma organização produz valores a partir de sua etno-história e suas crenças. Em outras palavras, o critério de valor surge da cultura da organização.[98]

Tem valor para a organização, "o que é bom" para ela, que se expressa como "critério do desejável", constituindo-se em "normas de conduta".

A construção do valor se realiza a partir de critérios subjetivos (avaliando a realidade) e a partir de critérios objetivos (o que tem valor em si), ainda que poderíamos dizer que todo valor deve ser descoberto pelo sujeito ou pela organização, para ser proclamado como valor.

Para uma organização, os valores são:
- Um enunciado categórico-moral que expressa "o que se deve fazer", "o que é bom para a organização".

---

[98] "Faço uma distinção entre esses elementos, tratando as presunções básicas como a essência - o que a cultura realmente é - e os valores e condutas como manifestações derivadas da essência cultural" (E. H. Schein, 1988, p.30).

- Um princípio operativo que expressa a "opção boa" para o futuro da organização.
- Um conjunto de elementos implícitos e explícitos que guiam a conduta dos membros da organização.
- Os comportamentos exemplares assumidos pela organização.

A chamada "direção por valores" trata de dirigir a atividade da organização através da qual seus membros tomem decisões desde "valores assumidos e divididos" por todos. Não se deve nunca perder de vista que os valores são, antes de tudo, "operativos" (ética da busca do melhor e o bom para a organização).[99]

Como temos dito, não devemos confundir os valores com a cultura, e a "direção por valores" deve fazer-se no marco da "liderança da cultura" organizacional. Há alguns autores que trivializam a mudança cultural porque a confundem com a mudança de valores contingentes e adaptativos. A cultura de uma organização só se altera quando se altera a missão da organização ou quando não identifica, nem une, nem é eficaz na resolução dos problemas; enquanto os valores estão sujeitos à mudança, em primeiro lugar, quando uma organização entra em contato com outra e ambas possuem "critérios de valor" diferentes, entrarão em conflito, talvez superável por uma aproximação negociada de suas perspectivas de valor.

B) A comunicação na organização

O líder vitaliza e conduz a organização, estabelecendo canais de comunicação e implicação. A comunicação interna é como a circulação sanguínea do corpo humano e a comunicação externa é como a sensorialidade, que abre o corpo ao exterior.

Em toda comunicação há um emissor expressivo e um receptor interpretativo, os quais trocam mensagens.

As duas formas mais eficazes de comunicação são as linguagens e os rituais.

* As linguagens (escrita, oral, corporal, icônica etc.) estão inseridas em

---

[99] Cfr., S. García e S. L. Dolan, *A Direção por Valores*. Madrid: McGraw Hill (1997); K. Blancharde e M. O'Connor, *Direção por Valores*. Barcelona: Gestão 2000 (1997).

redes culturais de significação e pressupõem cooperação e implicação.

A linguagem escrita é imediata (escritura em ausência do interlocutor), tem valor codificador (*scripta manent*) e alcança categoria de prova documental (jurídica, econômica etc.). Porém, é o que registra menos intensidade de comunicação interativa.

A linguagem verbal e falada é imediata e se realiza na presença do interlocutor. Geralmente, segue unida à expressividade da linguagem corporal (kinésica, proxêmica, protésica, para-linguagem etc.), com o que atua em forte sinergia. No caso de contradição entre a linguagem verbal e a corporal, prevalece o significado da linguagem corporal.

Também, e por causa de seu alto conteúdo simbólico, linguagem icônica ou visual tem enorme importância.

A comunicação interna (ascendente, descendente, transversal etc.) na organização através das linguagens supõe uma atividade cultural de enorme importância já que ativa a interação entre os membros objetivando à consecução da missão comum.

* os rituais são atos simbólicos, pautados e repetitivos, que unem e estruturam a organização, e de cuja execução se derivam atos de afirmação identitária e de eficácia social-cultural.

O ritual, tanto celebrativo como antecipativo, orienta as crenças até uma "ortopraxis" de enorme eficácia comunicacional, pelo que atualmente se trabalha em "engenharias rituais" como formas de comunicação.

As principais formas de ritualidade na organização se referem a rituais de acesso, de hierarquia, de festa e de saída.[100]

---

[100] Cfr. Á. Aguirre. Os rituais na empresa, *Perspectivas de Gestão*, 1(1997)56-63. Consultar também: P. H. Cabin, "Les rituels de l'entreprise", *Sciences humaines*, 31(1993)42-46; T. D. Deal e A. A. Kennedy, *Cultura Corporativa: Ritos y rituales de la vida organizacional* ([1982]1985); H. Trice, "Using Sux Organizational Rites to Change Culture", em R. H. Kilmam et Alt., *Gaining Control of the Corporate Culture* (1985); H. Trice, "How an Organization's Rites Reveal Its Culture", *Organizational Dinamics* 5(1987)5-26; H. Trice e J. M. Beyer, "Studiing Organizational Cultures thorugh Rites and Ceremonials" *Academy of Management Review* (ot. 1984); H. Trice, J. Velasco e J. A. Alutto, "The Role of Ceremonianislim Organizational behavior", *Industrial and Labor Relations Review*.

Os rituais de acesso ou iniciáticos, tão presentes nas organizações fechadas (militares, religiosas, seitas, quarteis, sociedades secretas etc.); nas organizações abertas (colégios, empresas, clubes etc.), estes rituais são mais descuidados. O ritual iniciático de acesso à cultura da organização se baseia, fundamentalmente, nos três "passos" de separação, noviciado, agregação (Van Gennep, Victor Turner).

Os rituais de hierarquia exibem poder e autoridade, através de uma "pirâmide psicológica" em cujo vértice está o líder, comunicando mediante símbolos (galões, uniformes, tarefas, escritórios, salário etc.) a situação espaço-temporal de cada membro da organização.

Os rituais de celebração e antecipação costumam estar marcados, geralmente, no ritual de festa. A festa é uma vivência de "caos" e inversão que tem como finalidade destruir o "tempo velho", para chegar a um "cosmos" ou nova ordem (mais destruição, seguirá mais ordem). A festa pode ser celebrativa (mínima desordem), reivindicativa (busca de reforma do poder) ou subversiva (tentativa de destruição do poder com a máximo desordem).

As melhores "transições" são feitas com base em intensões rituais festivas (centram-se na ortopráxis e não na discussão da ortodoxia).

A celebração é uma reconstrução memorial da etno-história; a antecipação se baseia no ritual do desejo (manifestações, peregrinações etc.).

Os rituais de saída apenas despertam interesse momentâneo na organização, já que aquele que se vai já não interessa mais, é "um desfecho", no entanto, há quem leve em conta que se, por um lado, os enterros são para os vivos, para os que ficaram, por outro lado, aquele que sai merece a consideração de ter sido membro daquela organização.

O ritual de saída (disfunções, aposentadorias, demissões etc.) é uma elaboração da perda,[101] de algo que foi parte da própria vida e que tem criado um desgarro vital; porém, visto sob outro ângulo, o ritual contribui para realizar um "luto" que tempera a lesão psicológica e evita cair na depressão.

É evidente que não se realiza o mesmo ritual de saída em uma jubilação, em uma morte ou em uma demissão, porém, em todo caso, a

---

[101] Cfr. J. L. Tizóm.(2004). *Pérdida, Pena, Duelo*. Barcelona: Paidós.

ritualidade permite elaborar os duelos pelas perdas de parte da biografia ou da etno-história.

C) Os produtos da atividade da organização

O produto é o "objeto cultural" que produz a organização e que a vincula com o cliente externo. Situa-se no meio de uma elipse, cujos centros são o líder, mais o cliente interno, e o cliente externo.

O produto está orientado (processo) até a consecução da qualidade total através da qual a organização alcança a "excelência".

Os produtos podem ser materiais ou formais. O produto material é o que se produz e se identifica como uma "coisa" (carro, casa, vinho, pão etc.); o produto formal é o que se produz como "relação e interação" (instituições, marcas, publicidade etc.).

Os produtos materiais constituem a "cultura material" de uma organização (recipientes, vestidos, casas etc.). A cultura material do passado costuma estar recolhida em museus; à cultura material do presente se lhe exige qualidade total e tem os limites de validade e a obsolescência.

Os produtos formais constituem a "cultura simbólica" de uma organização (marcas, símbolos identificadores, publicidade etc.). A cultura simbólica do passado nos permite reconstruir e celebrar identificativamente a etno-história (monumentos, totens, arte etc.); da cultura simbólica do presente, exigimos identidade e potencialidade (marcas, logos, bandeiras etc.).

Às vezes, um produto já obsoleto materialmente adquire uma potencialidade simbólica de identificação, como acontece com a motocicleta Harley Davidson, que está já bastante antiquada em si (Ainda que tenha sido adaptada tecnologicamente às necessidades atuais), no entanto, está carregada de uma potencialidade simbólica que leva a seus usuários a "vesti-la" e a realizar concentrações de motoqueiros (grupos Harley). Essa dimensão simbólica prevalente sobre a realidade material do produto alcança notável importância nas marcas (*brand*). A marca transmite um alto potencial de identidade, buscando a identificação do cliente com o prestígio alcançado pela produção do produto, até o ponto de que se adquire mais o produto pela "marca" do que pelo produto em si.

1.5.3 A identidade cultural da organização

A identidade não pode considerar-se como um indicador mais de etnicidade e, sim, como a síntese dos cinco indicadores que temos estudado, já que todos eles são portadores de identidade cultural.

Por outro lado, a identidade cultural não deve entender-se como algo fechado em si (*idem*) senão como uma mesmice aberta ao exterior (*ipse*), pelo que, nas organizações, essa mesmice se enriquece constantemente ao contato e à interação com o exterior.

A identidade cultural da organização surge como resultado da interação dos membros da organização ao tratar de conseguir a missão ou objetivo que dá sentido à existência da organização.[102] O dividir a cultura interativa é o que produz a identidade comum dos membros da organização.

Essa "mesmice cultural" da organização é representada para fora como imagem comunicativa (logos, escudos, bandeiras, hinos, objetos, totens etc.), mediante a qual os próprios membros da organização (clientes internos) e os do exterior que mantêm comunicação (clientes externos) definam a organização como singular e diferencial.

1.6 A COMPARAÇÃO ETNOGRÁFICA

A etnografia é particularista, centrando seu trabalho de campo em uma comunidade relativamente pequena, pelo que o resultado da investigação é uma microteoria. Porém, além do mais, a comparação implícita que realiza o etnógrafo ao estudar a cultura singular, partindo de sua própria cultura, dá origem à "comparação etnológica", quer dizer, sugere a comparação entre os resultados de investigações particulares sobre um tema (por exemplo, sobre os rituais de iniciação em diversas comunidades), das quais se obtém frequências de formas culturais e construções teóricas (hipóteses e teses) que tratam de explicar e interpretar teoricamente essas frequências.

Existem posicionamentos particularistas e relativistas muito

---

[102] "Se a identidade cultural é uma membrana psicológica que une o grupo em um *nós* que luta por um objetivo..., então, a identidade cultural não é outra coisa que a nuclearidade cultural que nos torna coeso e diferencia como grupo, e que nos outorga eficácia na consecução dos objetivos (legitimantes) do grupo ao que pertencemos" (Á. Aguirre 2000, p.74, em Á. Aguirre/F. Morais (2000).

unidos à "etnografia singular" que renegam toda comparação, porém, sem comparação não é possível a construção de teorias de meio e amplo alcance e, sem elas, a ciência não pode avançar.

Agora, sim, nem sempre as comparações se fazem com as devidas garantias de respeito até às investigações etnográficas de base (a etnografia defende o caráter absoluto do relativo, enquanto a etnologia dissolve o particular, homogeneizando-o mediante a abstração).

O método comparativo está já implícito em toda ação etnográfica, já que o etnógrafo realiza uma comparação implícita de seu mundo cultural com o que investiga.

Historicamente, o comparatismo esteve presente no evolucionismo e o difusionismo, porém perdeu grande parte de sua importância no particularismo e o relativismo. Hoje, o comparatismo está presente, sobretudo, nos estudos transculturais.

1.6.1 Um precedente: as H.R.A.F de Murdoch

Como temos apontado, a comparação etnográfica tem sido inerente à mesma etnografia, já que o etnógrafo, quando descobria uma "cultura singular", mentalmente a comparava com a sua. No entanto, a comparação sistemática entre culturas é encontrada a partir de Steinmetz (1888-1889), que chegou a classificar mais de mil povos, ainda que tenha alcançado maior desenvolvimento na perspectiva comparativa evolucionista (Edward Tylor), a qual criticará com dureza Franz Boas desde seu particularismo cultural.

A comparação etnográfica adquire notoriedade teórica com a Escola de Yale. George Peter Murdock realiza em 1937, dentro do *Institute of Human Relations* da Universidade de Yale, um ambicioso projeto de comparação etnográfica, ao que chamo Cross-Cultural Survey. Dentro desse projeto, inaugura em 1949 um arquivo etnográfico ao que denominará *Human Relations Area Files* (H.R.A.F.).

O projeto parte da ideia de que há muitos elementos comuns dentro das culturas, e que esses elementos comuns e diferenciais devem ser estudados comparativamente para estabelecer regularidades e singularidades (relações funcionais entre as culturas).

Para facilitar essa comparação, George Peter Murdock e colaboradores prepararão um sistema de classificação (Outline of

Cultural Materials, 1938) que codifica toda a informação etnográfica em 79 divisões. A fim de poder partir de um material codificável, confeccionou-se um guia das culturas do mundo (*Outline of Worlde Cultures*, 1954), que se completou mais tarde (*Ethnografic Atlas*, 1957 e 1967).

Nesses arquivos etnográficos, "livros sem coração" (A. Köbben), além de ser muito discutíveis suas fontes etnográficas e a representatividade de suas amostras, partem de débeis critérios teóricos de codificação e comparação, estão descontextualizados no espaço e no tempo e, sobretudo, o esforço por "generalizar" se faz com base na redução ou negação dos aspectos singulares das culturas (relativização do valor absoluto de cada cultura, para gerar uma homologação cultural).

No entanto, o projeto de George Peter Murdock e colaboradores revelou que o diálogo cultural e a comparação são importantes e frutíferos caso se respeite o particularismo cultural, e que a excessiva generalização acaba sendo uma abstração em benefício da gestão, porém, a custo de passar por alto os elementos singulares das culturas.[103]

1.6.2 Uma Investigação Recente: Geert Hofstede

A investigação comparativa de Geert Hofstede pode ser um exemplo atual das dificuldades que temos analisado no grupo de Yale, com George Peter Murdock liderando. Por sua vez, a comparação etnográfica, não se realiza com culturas "primitivas", senão com organizações empresariais.

Geert Hofstede passou um questionário a 116.000 empregados em uma multinacional norte-americana, instalada em 67 países (ainda que só houvesse dados para analisar os questionários de 40 países),[104] sobre "quatro dimensões básicas nas diferenças entre culturas nacionais". Uma de suas conclusões foi a de que os valores organizacionais sobre liderança (desde o individualismo norte-

---

[103] Para mais informações e revisão crítica de H.R.A.F, Cfr. A. González Echevarría, *Etnografia e comparação*, Barcelona: Univ. Aut. Barcelona, 1990.

[104] Cfr. G. Hofstede (1980) *Culture's Consecuences: International diferences in Work-relatede Values*, Sage, Beverly Hills, C.A.; G. Hofstede, ([1991] 1999) *Culturas e Organizações*, Madrid: Alianza Ed.

americano até o grupalismo do Japão) diferenciam segundo as culturas nacionais.

Além de que Geert Hofstede parte de um conceito de cultura (e de cultura nacional) mais que discutível, não é pertinente passar um questionário sobre liderança a sujeitos de diversas culturas, realizado a partir do conceito e formulação de liderança que se tem na cultura ocidental. E depois trabalhar com uma análise estatística desses questionários fechados leva-nos a um reducionismo insustentável. Não se pode impor como verdade universal científica o que é etnocentrismo ocidental. Para realizar com propriedade uma análise transcultural é preciso conhecer profundamente as culturas que se pretende comparar.

Como conclusão, Hofstede afirma que as diferenças culturais dos países têm uma grande importância na avaliação do funcionamento das organizações, pois cada país tem uma cultura nacional dominante que lhe serve de referência, o que parece obvio.

1.6.3 Pressupostos da Comparação Etnográfica

- Cada cultura cria um mundo e uma cosmovisão para a comunidade que a possui. Para comparar duas culturas, é preciso conhecer profundamente suas cosmovisões e formas de conduta. Uma comparação entre duas culturas só pode ser fruto de duas análises etnográficas suficientemente completas.

- A comparação evolucionista se baseava em uma perspectiva de assimetria entre o primitivo e o evoluído; o comparatismo funcionalista do colonialismo inglês tratava de entender o funcionamento dos povos colonizados, traduzindo suas culturas à cultura do poder colonizador. Hoje, em um mundo globalizado, existe uma tentação de generalizar (homologar), partindo da cultura do poder (processo de aculturação).

- Diante dessa tentativa de globalizar destruindo as singularidades, assistimos a uma reação particularista que denuncia que as semelhanças de umas culturas com outras não inferem princípio algum de universalidade. O particular é complexo, enquanto a abstração generalizante é uma simplificação.

- Quando nos referimos às culturas organizacionais, também

afirmamos que cada organização é uma cultura, irredutível à outra. No entanto, as culturas organizacionais atuais não estão isoladas geograficamente, mas sim experimentam um necessário diálogo cultural. No caso, por exemplo, das empresas, superando o estágio nacional e até a dimensão multinacional, encontram-se em uma posição global. Isso significa um intenso diálogo entre as culturas. Se uma empresa japonesa se instala na Europa sabe que tem que conhecer e adaptar-se a múltiplos aspectos culturais, desde a estrutura sindical até a forma de entender a gestão dos recursos humanos, por um par de exemplos.

Por isso, a comparação etnográfica será cada vez mais necessária em um mundo global, porém, por sua vez, particularista. No entanto, essa comparação etnográfica só será um simulacro se não se respeitar a singularidade das culturas que se comparam e se fundem com o poder etnocêntrico.

- Um dos frutos da comparação etnográfica é constituído pela análise transcultural.[105] A cultura humana é universal e isso nos permite comunicarmo-nos entre os humanos. A análise transcultural é, pois, diante de tudo, comunicação entre os povos, de suas similitudes e diferenças culturais. Podemos falar de uma análise transcultural sincrônica quando se realiza uma comparação entre culturas em um dado momento e de uma análise transcultural diacrônica quando a comparação se faz através da mudança cultural.

1.7 O TRABALHO DE CAMPO ETNOGRÁFICO

Antes de começar, faremos referências a algumas questões prévias que é preciso ter em conta:

a) Das comunidades às organizações

A etnografia moderna começou no século XIX no marco colonial, com os estudos sobre a cultura dos povos primitivos, distante da cultura ocidental, tanto no espaço (isolamento em seu território), como no tempo (isolamento histórico). Com a

---

[105] O termo "transcultural" foi cunhado por F. Ortiz (1940) para expressar fenômenos de aculturação.

emancipação dos países colonizados, depois da Segunda Guerra Mundial, muitos etnógrafos tiveram que abandonar esses territórios ao serem acusados de "agentes do colonialismo", substituindo o estudo dessas culturas a-históricas, pelo trabalho sobre as culturas das comunidades rurais isoladas, para passar, mais tarde, a partir da influência da sociologia, a estudar as comunidades urbanas marginadas.

Como já tivemos oportunidade de expor, sobretudo na perspectiva da antropologia aplicada, principalmente a partir do último terço do século XX e sobre influência da sociologia, iniciou-se os estudos das culturas dos agrupamentos urbanos (grupos, organizações e instituições). Nessa nova dimensão da etnografia, o estilo das monografias de Franz Boas, Bronislaw Malinowski o E. Evans-Pritchard, era pouco útil, uma vez que se tratava de comunidades com "culturas complexas". Muito menos quando, no princípio dos anos oitenta, iniciou-se o estudo etnográfico das organizações empresariais. Por isso, alguns dizem que a etnografia perdeu seu objeto primigênio (os povos a-históricos), talvez porque não entendesse a nova dimensão da etnografia como estudo da cultura dos grupos, organizações e instituições.

b) A etnografia como interação

A segunda consideração prévia nos leva a afirmar que a etnografia atual é um estudo em interação cultural. O etnógrafo interage com a comunidade que estuda, introduzindo-se na própria interação vital da comunidade. Nessa interação do etnógrafo como observador participante, mais que trabalhar "sobre" o etnografado, atua "com" ele.

O etnógrafo atual, que atua quase sempre a pedido dos donos do problema, realiza um diagnóstico ao final de seu trabalho, que "pode ou não, ser aceito" pelos etnografados. Ficam distantes aquelas etnografias clássicas, realizadas "às costas dos nativos", que não chegavam a ser conhecidas por eles, nem em sua descrição etnográfica, nem em seus diagnósticos finais.

c) O trabalho etnográfico é interdisciplinar e tecnicamente eclético.

Ainda que as principais técnicas do trabalho de campo etnográfico são documentação, observação participativa e entrevistas em profundidade, é a investigação etnográfica que se caracteriza por sua enorme versatilidade (observação aberta e flexível), o que permite ampliar culturalmente o número e a variedade de estratégias em consonância com a heterogeneidade dos comportamentos observados. Nesse sentido, poderíamos dizer que, metodologicamente, a etnografia é eclética e que aceita as perspectivas metodológicas de outras disciplinas. A observação participativa, considerada metonimicamente como a etnografia (a parte pelo todo), é só uma técnica básica, porém em ação sinérgica com outras técnicas.

1.7.1 O "processo" e o "produto" etnográficos

Já nos referimos mais extensamente ao processo e ao produto quando abordamos esses temas na análise da metodologia qualitativa. Agora, só acrescentaremos alguns aspectos próprios do trabalho etnográfico.

A investigação etnográfica abarca tanto o "processo de campo" como o "produto de campo":

Processo:
- demarcação do campo;
- preparação e documentação;
- investigação de campo;
- retirada e codificação.

Produto:
- categorização;
- interpretação;
- diagnóstico (relato, monografia etc.);
- operativização (aplicação, resolução).

Quando desenhamos essas fases do processo e do produto etnográficos, não queremos traçar um esquema rígido, mas, sim, um desenho que nos sirva de guia.

Habitualmente, entende-se como processo etnográfico o trabalho de campo e, como produto, a expressão diagnóstica final.

1.7.2 Sobre o processo etnográfico

Toda investigação cultural nasce de problemas e das perguntas que suscitam. A partir dessas perguntas, formulam-se conjeturas ou hipóteses provisórias que nos abrem um caminho de investigação até sua resolução. Esse caminho é o processo etnográfico.

1.7.2.1 O Desenho da investigação de campo

Tradicionalmente, o acesso ao trabalho etnográfico se tem realizado "entrando no campo" de uma cultura "desconhecida", sem desenho nem hipóteses prévias, simplesmente, "abrindo-se a uma observação aberta e flexível" e, ao estilo de "entre no campo e descreva o que observa". No entanto, hoje se parte de problemas e de encargos de resolução, pelo que se parte de uma "conjetura inicial" e de um desenho prévio profissional, como pontos de partida. Essa conjetura ou hipótese inicial deverá ser reformulada quantas vezes sejam necessárias à vista dos dados que surjam na observação.

a) Desenho emergente e projetado

Na maioria das etnografias clássicas, não se diz nada sobre como foi realizado o trabalho de campo[106] e, em outros casos, parece que somente se sugeria imitar as monografias etnográficas de algum autor reconhecido, como Malinowski, Evans Pritchard etc.[107]

---

[106] "A literatura existente oferece poucos dados sobre como os antropólogos têm levado a cabo suas investigações. Nos últimos quarenta anos, foram publicadas centenas de monografias, porém, um cuidadoso estudo das mesmas nos revela que, ao menos sessenta por cento dos autores não faz menção alguma da metodologia empregada, talvez um vinte por cento dedica umas poucas linhas ou dois ou três parágrafos e somente o restante vinte por cento nos dá uma ideia clara de como efetuaram seus respectivos estudos." (D. G. Jongmans e P. Gutkind, 1967).

[107] É conhecido o texto de L. Nader (1970) sobre a consulta a C. Kluckhohn: "Antes de abandonar Harward, fui ver C. Kluckhohn. Apesar da última experiência que já tinha como estudante de Harward, essa última sessão me deixou completamente frustrado. Quando perguntei a C. Kluckhohn se tinha algum conselho para dar, ele me contou a história de um estudante de pós-graduação que havia feito a L. Kroeber a mesma pergunta. Como resposta, disse que L. Kroeber colheu de sua estante a etnografia de maior tamanho e

No entanto, os tratadistas atuais de metodologia qualitativa (Cfr.,Yvonna S. Lincoln e Egon G. Guba, 1985) insistem no "desenho emergente", no marco da total abertura e flexibilidade.[108]

Quando na investigação aplicada, parte-se de um problema, o "desenho é mais preciso".

b) Hipótese revisável

A hipótese inicial é um a *priori* que constantemente se revisa ao longo do trabalho de campo. Quando os novos dados da investigação assim o requerem, o investigador deverá reformular o desenho ("decisões de desenho", segundo Valerie J. Janesick, 1994).

Todo desenho tem três fases: preparação do projeto (formulação do problema, opção metodológica, conjetura inicial); processo de campo (documentação, observação participativa e entrevistas em profundidade); produto de campo (retirada do campo, codificação, categorização, interpretação, diagnóstico e relato).

1.7.2.2 O Cenário da investigação de campo

O naturalismo vincula estreitamente o desenho etnográfico ao lugar onde se efetua, no entanto, a atual etnografia (por exemplo, das organizações) não põe tanta ênfase no etnoterritório (fronteiras físicas e simbólicas que deveriam ser traspassadas para introduzir-se no campo), quanto na etno-história, quer dizer, na estrutura interna da organização, na qual é necessária, sobretudo, adentrar-se psicologicamente, como acontece em uma empresa que pode deslocalizar-se, levará sempre consigo sua história.

---

grossura e disse: 'veja e faça assim." (L. Nader, 1970, p. 98).
[108] "Ele supõe romper com a imagem tradicional, na qual o investigador fazia uso dos métodos e técnicas qualitativas com propósitos somente exploratórios ou somente descritivos; o quando se tratava de conhecer culturas exóticas os fenômenos sociais complexos. Certamente, em circunstâncias de investigação sobre outras culturas, sobre aspectos pouco estudados e dispondo de muito tempo, o modelo de *desenho emergente* resulta útil, encaixa bem. Tem servido de referência na antropologia e na sociologia recentes. Segue sendo um tipo de desenho que pode dar jogo em um trabalho encaminhado à realização de uma tese doutoral. Porém, resulta menos útil, encaixa pior em circunstâncias de investigação aplicada ou que precise de um tipo de desenho menos aberto (menos emergente)." (M. Vallés, 1997, p. 77).

* Nesse sentido, "a tradição antropológica costuma pôr ênfase na investigação de sociedades de pequeno tamanho onde predominam as relações 'face a face', e coletivos locais (como o 'povo'). Essa tradição, assim como seus incógnitos 'estudos de comunidade', costuma descansar na perspectiva de *Gemeinschaft* (comunidade), o estudo das pequenas sociedades, enfatizando sua estabilidade interna e intrascendência relativa".[109]

Porém, ainda que a etnografia clássica prefira os pequenos povoados localizados em áreas delimitadas e um tanto isoladas geograficamente, hoje o cenário da investigação se encontra mais que em um marco geográfico pequeno e concreto, não na análise da estrutura interna da organização, o *Gesselschaft* (sociedade), grande ou pequena, porém manejável.[110] Isto não significa que estejamos optando pela chamada antropologia social, tal como temos definido anteriormente.

Por outro lado, é preciso não confundir os marcos geográficos com os contextos. A entrevista a um trabalhador, realizada no marco do bar-restaurante, braço de obra da empresa, pode ser muito diferente que a realizada, por exemplo, na presença de diretivos, em uma sala de reuniões. Há ambientes nos quais torna-se difícil recolher informações ou o resultado é manifestamente conotada pelo contexto presencial.

* A "entrada no campo" de investigação era entendida, nas etnografias clássicas, ao estilo dos naturalistas, quer dizer, como uma incursão física no território a estudar (o conceito de comunidade

---

[109] M. Hamersley e P. Atkinson, 1994, p. 56-57.

[110] "Os grupos delimitados naturalmente, porém que não contam com uma localização geográfica, ou que mudam em momentos específicos, apresentam dificuldades maiores. Os grupos de protesto cidadãos, as associações profissionais de educadores, os grupos ativistas de estudantes e inclusive alguns grupos étnicos dispersos podem constituir associações ou grupos informais que não dispõem de um lugar físico de reunião, e, no entanto, seus membros se reconhecem entre si como pertencentes ao mesmo coletivo. Se a organização é formal, costuma existir uma lista de todos seus membros, por meio da qual se pode estabelecer contato com eles. Porém, os grupos ativistas e de protesto costumam possuir um caráter mais informal e seus componentes só podem ser localizados por meio da participação direta e a interação." (J. P. Goetz e M. D. Le Compte, 1988, p. 105).

cultural tem estado ligado ao de território, ao de autonomia e ao de homogeneidade). Porém, "o acesso não é apenas uma questão de presença ou ausência física. É muito mais que uma simples questão de conseguir ou possuir uma permissão para levar a cabo a investigação. (...) em muitos lugares, enquanto a presença física não representa em si um problema, a atividade investigadora pode apresentá-lo".[111]

Trata-se de saber introduzir-se no mundo cultural do grupo para não ser renegado como intruso cultural que vem destruir a homogeneidade cultural existente, avaliando, de fora, sua realidade cultural.

Acesso ao campo significa possibilidade de interagir com o grupo que vai se estudar, sem alterar a "naturalidade e a cotidianidade". O etnógrafo deve controlar as funções e os estatutos que adquire ao entrar no grupo, de tal maneira que chegue a ser um "nativo associado". E isso é válido, tanto para o estudo de uma tribo amazônica quanto o de um grupo contra cultural urbano, como para o estudo no âmbito de uma empresa.

Uma das formas que facilita ou dificulta o acesso ao campo é a maneira (de falar, de vestir, de limpar-se etc.) que adota o etnógrafo como meio de comunicação e integração com o grupo que vai estudar. Não é a mesma coisa ir a uma tormentosa reunião sindical "com gravata e colarinho branco", com sinais de elegância na confecção (elegância de "marca"), ou com uma camisa xadrez, própria do mundo trabalhador industrial ou agrícola.

Também a "imagem" (altura, gordura, idade, asseio etc.) joga um papel importante na aceitação ou não que se realiza no acesso ao campo.

1.7.2.3 Observação e participação

A observação recorda o trabalho distanciado dos naturalistas (uma forma de acentuar a objetividade), enquanto a participação requer algum tipo de "implicação" (que resulta intersubjetiva). Tanto a "distância observacional", como a "proximidade implicativa" exigem equilíbrio, tal como se dá no trabalho terapêutico ou no

---

[111] M. Hamerley e P. Atkinson, 1994, p. 71.

etnográfico, bem realizados. Diante da perspectiva positivista, na etnografia, os objetos estudados são "sujeitos" que interatuam com o etnógrafo.

Já nos referimos, no princípio deste trabalho, à observação participativa e às entrevistas em profundidade com os informantes. Como dizíamos, a observação e a participação formam um "arco" que decorre entre o completo participante, o participante como observador, o observador como participante e o completo observador.[112]

Observação e participação constroem o marco das principais estratégias de recolhida de dados que tem o etnógrafo:[113] a observação participativa (análise da interação dos membros do grupo ou organização), as entrevistas em profundidade, os informantes bem informados (que incluem, registros audiovisuais, relatos biográficos, estudos de casos etc.), a análise da cultura material e simbólica (artefatos, monumentos, símbolos, logos etc.) e os instrumentos de confirmação.

a) A observação participativa, realizada no contexto de uma convivência cotidiana duradoura, é aberta e flexível e produz notas de campo (e diários de campo) sobre os aspectos mais significativos do percebido. As notas de campo supõem descrição precisa e minuciosa do observado, tentando sempre transcrever com fidelidade (objetividade) o "significativo" diante da investigação; por outro lado, os diários de campo contêm as impressões subjetivas do

---

[112] Cfr. B. Junker, 1960, p. 36.

[113] "As categorias de estratégias de recolha de dados mais empregadas em etnografia são a observação, as entrevistas, os instrumentos desenhados pelo investigador e as análises de conteúdo dos artefatos humanos. Por sua vez, cada uma pode dividir-se em outras mais específicas. A observação participativa e as distintas variantes da observação não participante (crônicas de linhas de comportamento, proemial e kinesia, protocolos de análise de interações) são meios alternativos de recolha de dados dentro da categoria de observação. A entrevista com informantes-chave e a recolha de material biográfico são variantes da entrevista; os instrumentos desenhados pelo investigador incluem questionários de confirmação, instrumentos para descobrir as construções dos participantes e provas projetivas. A análise de conteúdo dos artefatos humanos compreende a recolha do material demográfico e de arquivo, assim como a análise de vestígios, os restos materiais." (P. Goetz e M. D. Le Compte, 1988, p. 124-125).

etnógrafo, as perguntas que suscita a observação participativa, os estados de ânimo etc.

O objetivo da observação participativa é "captar e reconstruir o mundo cultural" que é observado, para poder descrever e interpretar. O observador etnógrafo capta a realidade cultural de um grupo ou uma organização durante o processo de participação interativa.

O observador participante investiga em direto os fenômenos que se dão em sua presença. A observação, em princípio, é aberta e flexível, porém, frequentemente focaliza até fenômenos que adquirem mais relevância significativa, como festas, comércio, casamentos etc. Diferente do experimentador, o observador não manipula os contextos naturais que investiga, e a diferença do entrevistador e do observador interatua com os observados. Na etnografia qualitativa, prima-se mais pelo "realismo presencial" que pelo "controle experimental".

O observador participante sabe distinguir o "aparente" (certa normalidade na qual "não acontece nada") e manifesta o que está "oculto e tácito" (às vezes, essa "normalidade" contém desajustes sociais reprimidos, lutas pelo poder etc.). Clifford Geertz falava de "etnografia densa" para referir-se a essa "profundidade significativa", percebida só pelo profissional (etnógrafo, terapeuta etc.). Às vezes, uma observação do aparentemente "insignificante", proporciona um caminho de informação muito mais amplo (assim como, por exemplo, a "concha" de um peregrino a Santiago, não é só uma vasilha para beber água, mas um sinal de "renascimento" depois da morte).

b) As entrevistas em profundidade tem sido, tradicionalmente, o principal meio de investigação etnográfica nas "curtas estadas" no campo pesquisado. Nesses casos, dependia-se excessivamente dos informantes, e a grande tarefa do etnógrafo era selecioná-los bem. Porém, como disse Carmelo Lisón, esses informantes eram, não poucas vezes, "in-formantes".

No entanto, as entrevistas em profundidade constituem o complemento mais importante da observação participativa. Nelas, a interação entre o etnógrafo e o informante é especialmente densa, às vezes, feita inclusive de silêncios.

Já temos feito ampla referência sobre as entrevistas em profundidade, a propósito da metodologia qualitativa. Basicamente, as entrevistas podem ser "estandardizadas" (sistematizadas) ou "abertas e flexíveis" (não sistematizadas). As entrevistas em profundidade, não diretivas, são as mais utilizadas em etnografia e as que produzem mais riqueza qualitativa de dados.

As entrevistas sistematizadas e diretivas, baseadas em questionários administrados de forma oral (os realizados de forma escrita produzem uma informação mais precária) são aquelas que formulam as mesmas perguntas e pela mesma ordem, o que permite uma fácil quantificação.

Além das entrevistas informais (de conversação espontânea) das quais sempre se obtém algum tipo de informação, o etnógrafo trabalha mediante as entrevistas abertas e em profundidade (desde um "guião condutor"), utilizando perguntas abertas e não diretivas, escutando mais que falando, reconduzindo, às vezes, aos temas, garantindo sempre a confidencialidade e com todos os cuidados técnicos aos quais nos referíamos no primeiro capítulo, ao tratar do tema.

As entrevistas deveriam poder ser adequadamente gravadas (gravador de áudio ou vídeo) sem que se perdesse a espontaneidade, para ser depois convenientemente transcritas (com os apontamentos sobre a cinesia, a proxemia etc. que se demostrem significativos).

1.7.2.4 Fontes orais e fontes escritas

a) Por um lado, a etnografia clássica trabalhou com "culturas ágrafas e a-históricas", com o propósito de descrevê-las. O trabalho etnográfico supõe a utilização de narrativas orais dos informantes, para reconstruir, através de seu "presente cultural" a cultura do grupo étnico estudado. Nessas monografias era patente seu "presentismo cultural" (a-histórico) e sua "transmissão oral" (narrativas).

Por outro lado, sobretudo nas comunidades rurais e urbanas, surgiram as etnografias "etno-históricas" que, utilizando os documentos e a tradição oral, reconstruíam a cultura do passado das comunidades estudadas. Tal foi o caso da obra de William I. Thomas e Florian Znaniecki, no *Campesino Polaco* (1918-1920), obra clássica à qual nos temos referido com frequência, em cuja investigação se utilizaram abundantes documentos escritos e da tradição oral.

As fontes orais têm sido sempre produto dos informantes entrevistados pelo etnógrafo. P. Thompson disse que o termo história oral é tão novo como o gravador, porém que o fato da "história oral" é tão antigo como a história mesma, já que constitui o primeiro tipo de história.[114] Inclusive, muitas histórias escritas se transmitiam oralmente, por exemplo, nas leituras conventuais do refeitório.

O problema das fontes orais é o controle de sua veracidade ("cada um fala da festa, conforme sua experiência", diz o refrão). Nos documentos escritos (por exemplo, os diários públicos de uma hemeroteca), uma notícia pode ser narrada de uma maneira muito subjetiva, segundo a tendência ideológica do diário, o que não poderá passar quando se trabalha com um ou poucos informantes já mais velhos, onde suas lembranças são borradas ou sobre fatos significativos vividos, sobre os quais se tomou partido.

b) As fontes documentais escritas podem ser "informais" (cartas, diários, entrevistas escritas, livros de memórias etc.) e "formais" (certificados de batismo, matrimônio ou disfunção, material de arquivo etc.)

Ainda que a importância principal na utilização etnográfica dos documentos se refira às fontes oficiais como mais objetivas, no entanto, alguns autores partem de uma crítica radical (como no caso da etnometodologia), e as qualificam como "produtos sociais", como acontece com as objeções que se fazem às estatísticas oficiais.

Os documentos informais podem ser úteis para dar-nos contextos e perspectivas para compará-los com a informação oficial, da mesma forma que acontece com a confrontação da história escrita com a história oral. No entanto, não se deve esquecer que são fontes importante de desvio.

---

[114] Da numerosa literatura atual sobre "história oral", podemos citar como clássicos: P. Thompson, *A Voz do Passado*. História oral. Valência: Eds. A. Magnânimo, 1988; J. Aceves (Cop.), *História Oral*. México: U.A.M., 1993; J. Vansina, *A Tradição Oral*, Barcelona: Labor, 1967; M. Vilanova (Cop.), *O Poder na Sociedade. História e fonte oral*. Barcelona 1986: Bosch Ed.; P. P. Havlice, *Oral History: A Reference Guide and Annotatede Bibliography*. Jefferson: McFarlande and Co. (1985).

* As fontes audiovisuais são cada vez mais importantes na etnografia. Além das clássicas pinturas e esculturas, dos desenhos do caderno de campo e das gravações, iniciou-se uma verdadeira revolução etnográfica com a introdução da fotografia, o vídeo, o cinema e os gravadores. Essas fontes audiovisuais se compõem de duas origens: as já existentes e que foram gravadas sem propósito etnográfico (cinema, documentários, fotografia etc.), e as que expressamente tenham sido gravadas com objetivos etnográficos. Nas primeiras, o testemunho audiovisual surge com outros objetivos, porém nos oferece uma visão da realidade que deve ser avaliada e interpretada; nas segundas, a intencionalidade e a observação do filmador constroem com imagens a cultura da comunidade investigada. Em ambos os casos, a imagem é como uma janela que enquadra a realidade observada, tal como refere com acerto Susan Sontag em seu livro *Sobre a fotografia* (1981).

Diante da expressão mais simples (e, ao mesmo tempo, mais complexa) da fotografia, o vídeo e o cinema têm um modo etnográfico mais reconstrutivo e interpretativo, ainda que, às vezes, adquire formas de reportagem jornalística ou de crônicas. A etnografia cinematográfica pode ter a sorte de gravar imediatamente cenas altamente significativas, porém, habitualmente, são necessárias muitas horas de gravação para encontrar elementos etnográficos aproveitáveis. Uma gravação de filmagem que se fixe muito nos elementos exóticos (muito presentes nas reportagens jornalísticas) lança dúvidas sobre sua validade científica.

Se a etnografia cinematográfica necessita, normalmente, de muitas horas de gravação (como acontece com a observação participativa), além do poder do câmara que registra o que a ele (ainda que participe do enfoque do projeto) lhe pareça mais significativo, está o poder do diretor e do montador, que transformam muitas horas de gravação em um documentário curto, que costuma oscilar entre os trinta e os sessenta minutos, dependendo se o documentário está dirigido a investigadores ou ao grande público da TV.

Poderíamos dizer que a subjetividade da filmagem entra em diálogo com a subjetividade do espectador. Gustavo Bueno analisa ironicamente: "no Museu Etnológico a metralhadora significa, por exemplo: '*somos* tão selvagens como os Papúes'. No Museu

Tecnológico, o arco nos sugere por acaso: 'com semelhante armamento, dificilmente poderiam esses 'indígenas' ter detido um só de nossos tanques'. No Museu Etnológico, a metralhadora é contemplada por acaso com um gesto de horror. No Museu Tecnológico, é muito possível que o arco e as flechas promovam um benevolente sorriso".[115] A pergunta que sobressai é esta: onde se projetará o documentário e que tipo de público o interpretará?

1.7.2.5 Registro e descrição

O etnógrafo registra o que considera significativo, não de uma maneira simples e linear, mas sim da complexidade e variedade do significado. Por isso, a descrição é um discurso que começa de uma maneira interpretativa (interpretação densa) com o propósito de construir um texto legível e inteligível (narrativa, relato) sobre a interação (o que ocorre, o que acontece) da comunidade estudada.

a) Quando um etnógrafo está recolhendo material no trabalho de campo observacional, alcança mediante a compreensão do que tem observado, um conhecimento tácito que lhe dá segurança na hora de transcrever os dados explícitos nas notas de campo. O etnógrafo "esteve ali" e compreendeu a cultura do grupo estudado. Essa "memória tácita" permanece como experiência vivida.

A transcrição do que é significativo pode mudar na medida em que muda também a perspectiva teórica do investigador, ou que algum descobrimento polarize de outra maneira o enfoque da investigação. Existem descrições nas quais se impõe o registro do detalhe, enquanto em outras prevalece o interesse pelo marco contextual. As técnicas audiovisuais têm melhorado notavelmente o registro de dados, sobretudo nos aspectos referentes à proxemia e a kinesia.

b) Nas entrevistas abertas e em profundidade, costuma ficar gravado seu conteúdo e seria muito desejável que fora também por vídeo, para recolher todas os matizes e as reações do entrevistado. Como temos anotado, aquele que grava em vídeo e o diretor também

---

[115] G. Bueno, *Etnologia e Utopía*, 1971, p. 24.

selecionam as imagens segundo "o que é significativo" para eles.

Nas revistas estruturadas, o problema do registro é muito menor, uma vez que o entrevistador tem apenas que anotar o resultado de acordo com categorias predeterminadas.

1.7.2.6 Retirada e codificação

a) Há dos tipos de codificação: a que se realiza durante o trabalho de campo e a que se constrói ao final, quando já se realizou a ruptura.

> O normal é organizar os registros da informação escrita seguindo um critério cronológico, de forma que os dados apareçam ordenados segundo o momento em que foram coletados. No entanto, uma vez empreendida a análise, se faz necessário reorganizar a informação a partir de tópicos e temas. (...) Normalmente, as primeiras categorias conforme as quais se organiza a informação, são relativamente descritivas, referindo-se a pessoas concretas ou tipos de pessoas, lugares, atividades e outros tópicos de interesse. (...) A classificação da informação por categorias em etnografia difere dos códigos típicos da investigação quantitativa e inclusive, em outro tipo de investigações qualitativas. Em etnografia, não se requer que os dados assinalem uma única categoria nem que haja regras explícitas para assinalá-los.[116]

O registro descritivo cronológico se apoia, às vezes, na dinâmica evolutiva da comunidade estudada. O estudo de uma comunidade agrícola, pode sustentar-se na observação do ciclo anual das colheitas, enquanto no trabalho sobre uma organização empresarial pode primar-se pelo ciclo de uma atividade concreta, como suporte à descrição. Nessa etapa de registro descritivo, anota-se tudo o que pareça significativo, ou que chame a atenção.

Quando, ao final do trabalho de campo, realiza-se a codificação sistemática, é a hipótese dominante (construída ao longo do trabalho etnográfico) a que impõe o critério de codificação e de seleção do material significativo.

b) A retirada do campo se realiza quando existe um volume

---

[116] M. Hamersley e P. Arkinson, 1994, p. 184-185.

suficiente de informação, quando se dá uma "certa saturação" informativa, para os propósitos da investigação.

É o momento de terminar o processo de campo para iniciar o produto de campo, submetendo os dados já codificados, em categorias susceptíveis de interpretação e diagnóstico.

1.7.2.7 Em conclusão

Registrar é descrever a realidade através de um suporte narrativo, geralmente escrito. O etnógrafo, ou recolhe os dados (observação participativa) ou os produz (entrevistas em profundidade).

A recolha de dados qualitativos etnográficos requer um grande volume de trabalho, daí que seja muito importante selecionar o material significativo (descrição densa) registrando e codificando convenientemente.

No entanto, o modelo naturalista tem feito com que muitas etnografias se centrem exclusivamente na descrição, menosprezando a relação entre descrição e análise. Assim, por exemplo, há descrições realizadas durante a ação, que costumam ser precisas e concretas, diante de outras efetuadas ao final da ação que tende a generalização. Por outro lado, existem diferenças notáveis entre a descrição realizada fora da ação e a realizada implicativamente dentro da ação. Essas diferentes "posições observacionais" supõem, não só, uma alteração da descrição, mas também, uma "interpretação densa".

Temos insistido na conveniência de um desenho inicial provisória da investigação para conduzir o processo de campo. Porém, também deixamos muito claro que esse desenho está constantemente submetido a revisões e mudanças, de acordo com o material que se vai recolhendo, já que a investigação é aberta e flexível. Poderíamos dizer que, na medida em que avança a investigação, a reflexão analítica do registrado e do descrito permite-nos uma crescente focalização do tema que se investiga. Na hora da retirada do campo e da consequente codificação, já se está em condições de "enunciar a hipótese que se investiga" (se é capaz de definir exatamente o que é que se investiga).

O processo de campo tem uma metodologia e uma técnica. Porém, também é uma arte e depende em grande medida da sensibilidade do etnógrafo. Onde alguns "não veem nada", outros descobrem uma enorme riqueza subjacente de dados.

Todo o processo de campo está inserido na interação e na contextualidade e tende mais sobre a intersubjetividade (biográfica e histórica) do que sobre uma população enfocada em um marco geográfico concreto.

Finalmente, o processo de campo termina com a retirada do cenário, quando já se recolheu material suficiente para a investigação e a hipótese emerge definida pela progressiva focalização do tema central a investigar. É então, quando o material registrado se codifica e seleciona para proceder a sua categorização.

1.7.3 Sobre o "produto" etnográfico

O material registrado, descrito e significativamente selecionado, é codificado pelo etnógrafo na forma que estima mais conveniente, para sua investigação.

1.7.3.1 Categorização etnográfica

A partir disso, o etnógrafo traduz a cultura investigada e as categorias de sua própria cultura ou as categorias da ciência em paradigma que lhe servirá de base para sua análise da realidade. Também se traduzem os relatos dos nativos à "retórica" do etnógrafo, com sua estrutura literária e sua semântica implícita. No fundo, a "tradução" é uma comparação que se desliza, partindo da estrutura da linguagem do nativo até as categorias da linguagem do etnógrafo (tradução da linguagem de uma cultura mediante a linguagem de outra cultura).

Tal conceito de tradução leva implícito o ato de comparação entre a linguagem *emic* e a linguagem *etic*, quer dizer, entre a cultura do etnografado e a do investigador. A influência da linguagem *etic* sobre a linguagem *emic*, através da categorização e interpretação, costuma ser predominante; no entanto, muitas vezes a narrativa *emic* influencia de tal maneira o investigador, que o modifica (já não é nem daqui nem dali).

Em vez do termo e do conceito de tradução, temos preferido o de categorização, já que o observado é definido através de categorias (unidades de significado). As narrativas *emic* são redefinidas através de categorias *etic*, extraídas das teorias que utiliza o etnógrafo para compreender a realidade (teorias fundamentadas ou teorias *a priori*). No caso de um doente que recorre a uma consulta com uma sintomatologia diversa, o médico pode categorizá-la, segundo os casos, como gripe, câncer de próstata, enterocolite etc., sempre que tenha "categorias teóricas disponíveis" para o diagnóstico da sintomatologia. Se não as tivesse, a mera descrição dos sintomas (patografia) não seria suficiente para estabelecer um diagnóstico teórico. Em etnografia, alguns tem insistido, de um particularismo militante, na singularidade de cada caso, pelo que havia de permanecer na "mera descrição" e em sua "interpretação densa" concreta. No entanto, sem algum tipo de teoria, não há possibilidade de ciência.[117]

Outros têm insistido em que as únicas categorias válidas seriam as extraídas de dentro da realidade cultural nativa (entender a realidade cultural com termos e conceitos próprios da comunidade estudada), porém, os processos de conceptualização que possibilitam a categorização são mais dos "donos da solução" (médico, terapeuta, etnógrafo etc.) do que dos "donos do problema" (demandadores do diagnóstico), já que não possuem "distância" suficiente que permita a "objetivação".

Em metodologia qualitativa, sobressaem dois tipos de análise categorial: os de análise estrutural (análise do discurso, etnociência etc.) e os de análise interpretacional (*groundede theory*, etnografia hermenêutica etc.). É evidente que a etnografia clássica e quase toda a etnografia atual seguem o modelo hermenêutico, desde o processo de análise de *emic* por *etic*, quer dizer, desde uma descrição do "significativo" no processo de campo até uma "interpretação" do registro uma vez codificado.

1.7.3.2 Interpretação etnográfica

a) Alguns pontos de partida.

A interpretação é uma informação que desvela o significado de algo que não está manifesto. Às vezes, a interpretação tem

---

[117] "As categorias formais englobam as categorias substantivas." (M. Hammersley e P. Atkinson, 1994, p. 223-224.

constituído uma forma canônica de entender os textos, como acontece na exegese bíblica ou na casuística jurídica.

O problema hermenêutico, diz Gadamer, tem uma dupla dimensão: ontológica (todo ato de conhecer é uma interpretação, sobretudo, do sentido da existência) e metodológica (o processo de cada ciência para compreender o sentido dos acontecimentos observados).

Em etnografia há dois momentos interpretativos: a interpretação densa, pela qual registramos no trabalho de campo o que consideramos significativo e a "interpretação diagnóstica" mediante a qual valorizamos os resultados da categorização etnográfica.

Podemos dizer que, da mesma forma, na psicanálise, a essência da etnografia fica contida no ato interpretativo.

Há duas formas de interpretar: a da "tradução" ou esclarecimento do sentido profundo de algo e a da "dinamização" mediante a qual o ato interpretador "potencia" não só novos conhecimentos, mas, sim, novos compromissos de ação.

A interpretação surge da conjunção de uma observação em profundidade e da contribuição teórica de que dispõe o investigador. Trata-se de aumentar o campo relacional dos acontecimentos, proporcionando novas vinculações e significados subjacentes.

b) A "re-presentação" etnográfica da cultura

A etnografia clássica nos apresentava aos outros como culturas simples, a-históricas, iletradas, primitivas etc., em uma palavra, culturas e sociedades passivas ante o colonialismo e a lógica interpretativa dominante ocidental. Em tal situação, o processo etnográfico era unidirecional, pois as culturas dos outros eram textualizadas por linguagens e lógicas exteriores a elas.

Por isso, a antropologia atual deve reorientar o sentido de sua busca, procurando uma nova representação das culturas e apresentando-as como relativas às demais e absolutas em si mesmas.

c) Interação

O objeto da etnografia é a investigação da interação dos sujeitos pertencentes a uma comunidade ou agrupamento. À interação ou intersubjetividade dos sujeitos (comunidade que se investiga) se soma a interação do investigador (não se estudam os sujeitos, senão "com" os sujeitos). Por isso, a etnografia não busca definir os feitos humanos como coisas, senão que realiza uma descrição interpretativa sobre as "relações significativas" entre os sujeitos.

Mais que enquadramentos isolados e quantificáveis, a etnografia estuda "situações" (com toda a carga "intencional" de abertura que o termo carrega) interpretáveis.

As situações são dinâmicas e, devidamente incrustadas, proporcionam a nervadura da cultura da comunidade estudada. Essa nervadura se manifesta e expressa, de uma maneira especial, através da linguagem, no "texto" etnográfico.

d) Crítica

O comparatismo etnográfico existe cada vez que o etnógrafo compara a cultura observada com sua própria cultura. Nesse ato comparativo, o investigador se situa, quase sempre (ainda que não o pretenda) "acima" dos etnografados, ainda que, às vezes, aconteça o contrário, quando o investigador adota uma posição liberacionista (talvez para acalmar seus arrependimentos de intelectual ocidental neocolonialista).

Essas posições se radicalizaram ao longo da história da etnografia. Assim, desde a posição clássica da etnografia, *etic* que representaria a "lógica forte e ativa" (resolutora de problemas) e *emic* viria a ser a linguagem "débil, demandante e passiva" (propor problemas); ou o contrário, o investigador (a posição *emic*) de uma espécie de síndrome de Estocolmo se passa ao "outro lado", gerando uma posição acusadora (há antropólogos comprometidos, em constante reivindicação, chegando inclusive alguns a liderar formações políticas ou a tomar as armas em defesa da causa dos nativos).

Muitas vezes, o antropólogo se encontra com abusos colonizadores sobre os nativos, com projetos de enculturação estatal de duvidosa legitimidade etc., o qual o leva à crítica, e inclusive, à denúncia social. Porém o etnógrafo, que é as vezes observador e participante, sabe que deve guardar um perfeito equilíbrio entre a distância do observador e a proximidade do participante. De fato, o etnógrafo deve retirar-se do processo de campo para construir "a distância" o texto etnográfico como produto de campo.

É preciso controlar a contratransferência, da mesma maneira que um terapeuta ao se apaixonar ou criar repulsa por uma paciente, e não pudesse controlar sua "contratransferência", deveria abandonar a terapia; na mesma linha, se um etnógrafo não controlar a contratransferência, acabará sendo político guerrilheiro ou membro de uma ONG. Porém, deixará de ser autenticamente etnógrafo, porque seu trabalho estaria submetido a riscos.

Outra coisa muito diferente é a antropologia aplicada. De fato, a etnografia ativa, como veremos na terceira parte, trata de resolver problemas culturais. De forma mais precisa, os etnógrafos situados exclusivamente no contexto acadêmico são muito pouco dados a resolver problemas culturais (etnografia ativa) e muito inclinados à "etnografia crítica um tanto idealista", o que evidencia seu distanciamento da realidade.

1.7.3.3 O Relato Etnográfico

a) As monografias etnográficas clássicas.

Luis Díaz Viana acertou quando disse que "o grande paradoxo da etnografia é que a 'autoridade científica' vem dada pela experiência subjetiva (esse trabalho de campo tão mitificado) e, apesar dele, durante anos o antropólogo tem se sentido na necessidade de relegar tudo o que 'cheira a pessoal' aos piadistas e memórias marginais. Essa contradição, considerada de forma minuciosa, é só aparente: o antropólogo procurava, estilisticamente falando, conferir um caráter ou tons objetivos à sua descrição, sabedor de que o seu 'certificado de autenticidade' dependia de um ato de subjetividade. Os etnógrafos mais audazes utilizariam, como aponta Pratt, também, o velho recurso dos viajantes dos séculos XVII e XVIII de combinar a narração subjetiva com descrições pretendidamente objetivizadas. Para não turvar em particular esse propósito de objetividade científica', os autores de obras antropológicas condenam tudo o que se refere à sua peripécia mais pessoal aos limites do prefácio. Por assim dizer, dão, primeiramente, fé de 'sua verdade', de sua presença na comunidade que vão estudar, passando logo a outras estruturas narrativas".[118]

Essa distância entre o pessoal e o objetivo é a que parece "separar", por exemplo, o Diário (1967) de Malinowski e sua obra *Argonautas do Pacífico Ocidental* (1922).[119] Até aqui, tudo parece lógico, as obras etnográficas estariam construídas desde observações e interpretações objetivas (escritas para o mundo acadêmico), enquanto os diários seriam uma espécie de monólogo pessoal, que não deveria sair ao público, por causa de sua subjetividade.

As etnografias deveriam ser "avaliáveis" (validadas) e "relevantes" (contribuição). Porém, isso não é assim. Por exemplo, Clifford Geertz fala do "antropólogo como autor",[120] insistindo na dimensão literária do discurso etnográfico, pretendidamente objetivo. Sua "poética vivencial" trata, simplesmente, de nos persuadirmos de que o autor "esteve ali" e "o percebeu vivencialmente". Essa crítica de Geertz destruiria a pretendida objetividade do discurso etnográfico clássico.

Por outro lado, há muito de projetivo em algumas monografias etnográficas clássicas como aconteceu na obra de Msargaret Mead sobre os samoanos, tal como manifestou a obra de Derek Freeman. A experiência projetiva dessas etnografias faz com que se construam "ao invés", de tal maneira que, de acordo com o exemplo, a objetividade da monografia de Mead residiria na análise da formação do adolescente norte-americano, enquanto a subjetividade seria dada pela projeção de suas ideias em uma (suposta) comunidade idílica, onde se passaria da infância à

---

[118] L. Díaz Viana, "Prólogo à edição espanhola", de J. Clifforde e G.E. Marcus (Eds.) *Retóricas da Antropologia*, Madrid: Júcar ([1986]1991, p.13-14).

[119] Cfr. P. Jimeno, "Os diários de Campo", em Á. Aguirre (Ed.) Etnografia, 1995, pp. 248 e ss. Os diários são algo diferente das notas de campo. Os *Diários* de Malinowski (1914-1915 e 1917-1918), por exemplo, representam outra leitura que *Argonautas do Pacífico Ocidental*, ainda que ambos os livros falem da mesma realidade.

[120] Cfr. C. Geertz, O *Antropólogo Como Autor* (1987]1989). Nessa obra, na qual se analisam textos de Lévi Strauss, Evans Pritchard, Malinowski e Benedit, "As obras de Evans Pritchard, tachadas de 'realistas', são tão complexas e polissêmicas como as de Lévi-Strauss, mestre do artifício, enquanto as de Malinowski nos apresentam como uma dramatização das esperanças de 'autotranscedência' do autor, e as de Ruth Benedit como um espelho alegórico através do qual a antropóloga questiona sua própria cultura" (L. Díaz, 1991, p. 15-16).

maturidade sem os traumas da adolescência ocidental.

b) As monografias etnográficas "ativas".

A profunda diferença entre as monografias etnográficas clássicas (e suas imitações atuais) a respeito das monografias etnográficas "ativas", reside nos destinatários.

Para quem Malinowski escreveu? Não precisamente para os trobriandeses, senão para seus colegas antropólogos e, secundariamente, para os interessados em relatos de "povos exóticos". Para quem escreve, atualmente, o etnógrafo "ativo" seu relato etnográfico? Basicamente, para os etnografados ou "donos do problema".

Na primeira parte deste estudo, ao referirmo-nos ao relato diagnóstico na metodologia qualitativa, falávamos dos cinco momentos de todo relato etnográfico ativo: o primeiro momento, ao que chamávamos "afetivo", era dado pela consciência de ter um "problema" ou uma necessidade, para cuja resolução se "escolhia" um profissional etnógrafo, não que se deposite confiança em que ele resolva o problema. Uma vez que se tenha analisado o problema, entramos no "momento cognoscitivo", mediante o qual constrói-se uma "decisão diagnóstica", que se entrega e explica aos etnografados para que a "dividam". Essa "devolução diagnóstica" nasce da investigação e supõe uma "afirmação científica", baseada nos fatos e nos dados. Ainda que esse diagnóstico, em alguns casos, seja devido à insuficiência do conhecimento científico ou à incapacidade técnica para avaliá-lo, supõe-se um "diagnóstico aproximado".

O reconhecimento do diagnóstico por ambas as partes leva a propor um "diagnóstico operativo", que também deve ser aceito pelas partes e que dependerá, sobretudo, das possibilidades técnicas.

É evidente que na tomada de decisões diagnósticas devem ter em conta, também, os critérios éticos e sociais.

Os estudos da etnografia clássica se referiam às comunidades primitivas (simples, ágrafas, a-históricas etc.), isoladas no espaço e no tempo. Mais adiante, utilizaram-se os mesmos modos etnográficos para o estudo de "comunidades campesinas", também um tanto isoladas, passando-se depois ao estudo de comunidades urbanas com isolamento marginal.

A partir das posições de Fredrik Barth, a etnografia se

introduziu na multiculturalidade urbana e em toda sua complexidade (grupos, organizações, instituições).

c) A redação do relato

Os relatos diagnósticos, em etnografia, devem redigir-se de acordo com público ao qual vão ser dirigidos. No relato se diferenciam duas partes: o processo, explicação mais extensa da ação investigativa (metodologia e técnicas utilizadas); e o produto (categorização, interpretação e diagnóstico) que costuma redigir-se de forma mais sumária.

O relato diagnóstico deve ser redigido de forma clara e deve comunicar "segurança diagnóstica" (é necessário que esteja fundamentado e que seja credível e operativo).

A categorização dará a formulação teórica do problema; a interpretação contextualizará e situará o problema "significando-o"; por sua vez, o diagnóstico clarificará e formulará o problema diante da sua aceitação e resolução.

REFERÊNCIAS BIBLIOGRÁFICAS

AGAR, M. (1980), *The Professional Stranger*. N. York: Academic Press.

AGUIRRE, Á. (1993a), (Ed.), *Diccionario Temático de Antropología*. Barcelona: Marcombo.

AGUIRRE, Á. (1993b), "El discurso etnográfico. El antropólogo como autor". *Anuario de Historia de la Antropología Española*, 2 (1993, p.43-48).

AGUIRRE, Á. (1995), (Ed.), *Etnografía. Metodología cualitativa en la investigación sociocultural*. Barcelona: Marcombo.

AGUIRRE, Á. (1995), "Émica, ética y transferencia", en Á. Aguirre (Ed.) *Etnografía*, Barcelona: Marcombo.

AGUIRRE, Á. y MORALES, J. F. (2000), *Identidad cultural y social*. Barcelona: Bardenas.

AGUIRRE, Á (2002), "El proceso etnográfico" en E. Valdivielso (Ed.), *Patrimonio musical*. Granada: Consejería de Cultura, J. de Andalucía, p. 1-10).

AGUIRRE, Á. (2004), *La cultura de las organizaciones*. Barcelona: Ariel.

ALLARD, G. y LEFORT, P. (1988), *La máscara*. México: FCE.

ARANZADI, T. y HOYOS SAÍNZ, L. (1917), *Etnografía y sus bases, sus métodos y aplicaciones en España*. Madrid: Biblioteca Corona.

ASCANIO, C. (1995), "Biografía etnográfica", en Á. AGUIRRE, *Etnografía*. Barcelona: Marcombo.

ATKINSON, P. A. (1990), *The Ethnographic Imagination. Textual constructions of Reality*. London: Routledge

ATKINSON, P. A. (1991), *Field and Text*. Beverly Hills: Sage.

ATKINSON, P. A. (1992), *Understanding ethnographie texts. Newbury park: Sage*.

AUGÉ, M. (1994), *El sentido de los otros*. Barcelona: Paidós.

BARANDIARÁN, J. M. (1984), "Una encuesta etnográfica". En A. MANTEROLA, *La etnia vasca*. San Sebastián: Ayube.

BARTH, F. (1986), *Los grupos étnicos y sus fronteras*.México: FCE.

BASLEZ, M. F. (1984), *L'Étranger dans la Grèce antique*. Paris: Les Belles Lettres.

BERGER, P. y LUCKMANN, T. (1986), *La construcción social de la realidad*. Buenos Aires: Amorrortu.

BRUYN, S. T. (1966), *The Human perspective: The Methodology of*

Participant Observation. N. Jersey: Prentice Hall.

BUENO, G. (1990), *Nosotros y Ellos*. Oviedo: Pentalfa.

BURGESS, R. G. (1984), *In the Field. An Introduction to Field Research*. London: Allen.

BUXÓ, M. J. y DEMIGUEL, J. M. (Eds.) (1999), *De la investigación audiovisual: fotografía, cine, video, televisión*. Barcelona. Cuadernos A.

CANTONI, R. (1972), *El hombre etnocéntrico. Madrid: Guadarrama*.

CAPEL, H. (1981), *Filosofía y ciencia en la geografía contemporánea*. Barcelona: Barcanova.

CARO BAROJA, J. (1970), *El mito del carácter nacional*. Madrid: Seminarios y Ediciones.

CLIFORD, J. y MARCUS, G. E. (1991) (Eds.), *Retóricas de la Antropología*. Madrid: Júcar.

CLIFORD, J. (1991), *Sobre la alegoría etnográfica*. Madrid: Júcar.

DAVIS, J. (1984), *Ethnographic Fieldwork*. London: Royal Anthropological Institute Newsletter, 61.

DEAL, T. E. y KENNEDY, A. A. ([1982]1985), *Culturas corporativas*. México: Fondo Educativo Interamericano.

DELGADO, J. M. y GUTIERREZ, J. (Eds.) (1994), *Métodos y técnicas cualitativas de investigación en ciencias sociales*. Madrid. Síntesis.

DÍAZ VIANA, L. (1991) "Prólogo a la edición española", en J. Cliford y G. E. Marcus, (Eds.). *Retóricas de la Antropología*. Madrid: Júcar.

DUMONT, L., (1975), *Introducción a dos teorías de antropología social*. Barcelona: Anagrama.

ELLEN, R. F. (1984) (Ed.), *Ethnographie Research: A Guide to General Conduct*. London: Academic Press.

ESPINA BARRIO, Á, (2005), *Manual de Antropología Cultural*. Recife: Massangana.

FREEMAN, D. (1083), *Margaret Mead and Samoa. The making and unmaking of an anthropological myth*. Cambridge: Harvard Univ. Press.

FREILICH. M. (Ed.) (1970), *Marginal Natives: Anthropologists at Work*. N. York: Harper & Row.

FREUD. S. (1937), *Análisis terminable e interminable*. O.C. III, Madrid: B. Nueva.

GARCÍA GUAL, C. (1992), "La visión de los otros en la antigüedad clásica", en L. Portilla et alt. (Eds.), *De la palabra en el Nuevo Mundo*. Madrid: S-XXI Eds. Vol. I.

GEERTZ, C. ([1983]1989), *El antropólogo como autor*. Barcelona: Paidós.

GEERTZ, C. ([1973]1988), *La interpretación de las culturas*. Barcelona. Gedisa.

GIMENO SALVATIERRA, P. (1995), "Los diarios de campo", en A. AGUIRRE, *Etnografía*. Barcelona: Marcombo.

GLADWIN, C. H. (1989), *Ethnographic Decision Tree Modeling*. Newbury Park: Sage.

GOETZ, J. P. y LECOMPTE, M. D. (1988), *Etnografía y diseño cualitativo en la investigación educativa*. Madrid: Morata.

GÓMEZ PELLÓN, E. (1995), "Evolución del concepto de etnografía", en A. AGUIRRE, *Etnografía*. (21-46). Barcelona: Marcombo.

GONZÁLEZ ECHEVARRÍA, A. (1987), *La construcción teórica de la antropología*. Barcelona: Anthropos

GOODENOUGH, W. H. (1970), *Description and Comparison in Cultural Anthropology*. Cambridge: Camb, Univ. Press.

GRAVEL, P. B. & RIDINGER, R. B. M. (1988), *Anthropological Fieldwork: An Annotated Bibliographic*. N. York: Garland.

GRIAULE, M. (1976), *El método de la etnografía*. Buenos Aires. Nova.

GUASCH, O. (1997), *Observación participante*. Madrid. CIS.

HAMMERSLEY, M. y ATKINSON, P. ([1983]1994), *Etnografía. Métodos de investigación*. Barcelona: Paidós.

HAVLICE, P. P. (1985), *Oral History: A Reference Guide and Annotated Bibliography*. Jeferson: McFarland.

JACOBS, G. (Ed.) (1979), *The Participant Observer*. N. York: G. Braziller.

JACKSON, A. (Ed.) (1987), *Anthropology at home*. London: Tavistock.

JONGMANS, D. G. y GUTKIND, P. (1967) (Eds.), *Anthropologists in the Field*. Assen N.L.: Van Gorcum.

JOHSON, J. (1990), *Selecting Ethnographic Informants*. London: Sage.

JORGENSENJ, D. C. (1989), *Participant Observation*. London. Sage.

JUNKER, B. (1960), *Field Work*. Chicago: Univ. Press of Chicago.

KAPLAN, A. (1964), *The Conduct of Inquiry: Methodology of Behavioral Science*. S. Francisco: Chadler.

KEESING, R. (1987), "Anthopology as Interpretative Quest". En

Current Anthropology, 161-176.

KRISTEVA, J. (1991), *Extranjeros para con nosotros mismos*. Barcelona. Plaza y Janés.

KUPER, A. (1973), *Antropología y Antropólogos*. Barcelona: Anagrama.

LAPLANTINE, F. (1992), *Anthropologie de la maladie*. Paris: Payot.

LAPLANTINE, F. (1996), *La descripción ethnographique*. Paris: Nathan.

LÉVI-STRAUSS, C. ([1958]1969), *Antropología estructural*. Buenos Aires: Eudeba.

LISÓN TOLOSANA, C. (1977), *Antropología social en España*. Madrid: Akal.

LISÓN TOLOSANA, C. (1983), *Antropología social y hermenéutica*. Madrid: FCE.

LOWIE, R.H. ([1937]1981), *Historia de la etnología*. México: FCE.

MAESTRE, J. (1990), *La investigación en antropología social*. Barcelona: Ariel.

MALINOWSKI, B. ([1922]1973), *Los argonautas del Pacífico Occidental*. Barcelona: Península

MALINOWSKI, B. ([1967]1989). *Diario de campo en Melanesia*. Madrid: Júcar.

MANNERS, R. A. & KAPLAN, D. (Eds.) (1969), *Theory in Anthopology*. London: Routledge.

MARCUS, G. E.& FISCHER, M. M. J. (1986), *Anthropology as Cultural Critique*. Chicago: Chicago Univ. Press.

MAUSS, M. ([1947]2006). *Manual de etnografía*. Buenos Aires: FCE.

MEAD, M. ([1928]1984), *Adolescencia, sexo y cultura en Samoa*. Barcelona: Planeta.

MERCIER, P. ([1966]1977), *Historia de la antropología*. Barcelona: Península.

NAROLLl, R. & COHEN, R. (1973) (Eds.), *A Handbook of Method in Cultural Anthopology*. N. York: Columbia Univ. Press.

PALERM, A. ([1974]1987), *Historia de la etnología*. México: La Alhambra Mexicana.

PANOFF, M. (1974), *Malinowski y la antropología*. Barcelona: Labor.

PELTO, P. J. y PELTO, G. H. (1978), *Anthropological Research. The Structure of Inquiry*. London: Cambridge Univ. Press.

PIKE, L. (1954), *Language in Relation to a Unified Theory of the Structure of Human Behavior*. The Hague: Gendale.

POWDERMAKER, H. (1966), *Stranger and Friend*. N. York: Norton.

PRITCHARD, E. ([1940]1977), *Los nuer.* Barcelona: Anagrama.

RABINOW, P. (1977), *Reflections of Fieldwork in Marocco.* Berkeley. Univ. Of California Press.

REYNOSO, C. (2008), *Corrientes teóricas en antropología. Perspectivas desde el S. XXI.* Buenos Aires: Ed. SB.

ROHEIM (1973), *Psicoanálisis y antropología.*

SCHATZMAN, L. & STRAUSS, A. (1973), *Field Research: Strategies for a Natural Sociology.* N. Jersey: Prentice Hall.

SPRADLEY, J. P. (1979), *The Ethnography Interview.* N. York: Holt.

SPRADLEY, J. P. (1980), *Participant Observation.* N. York: Holt.

SPRADLEY, J. P. & McCURDY, D. W. (Eds.), *The Cultural Experience. Ethnography in complex Society.* Chicago: Social Research Associates.

STOCKING, G. W. (Ed.) (1983), *Observers Observed: Essays on Ethnographic Fieldwork.* Madison: Univ. of Winsconsis Press.

TAJFEL, H. (1992), *Grupos humanos y categorías sociales.* Barcelona. Herder.

TURNER, S. ([1980]1984), *La explicación sociológica como traducción.* México: FCE.

URRY, J. (1984). "A History of Field Methods", en R. F. ELLEN (Ed.) *Ethnography Research.* London Academic Press.

URRY, J. (2001). "*Notes and Queries on Anthropology* and the Development of Field Methods in British Anthropology, 1870-1920" , en A. Bryman (Ed.) *Ethnography,* vol. I, London: Sage.

VAN MAANEN, J. (1988), *Tales of the field: On writing ethnography.* Chicago: Univ. of Chicago Press.

VOGET, F. (1975), *A History of Ethnology.* N. York: Holt.

WAX, R. H. (1971), *Doing Fieldwork: Warnings and Advice.* Chicago: Univ. of. Chicago Press.

WERNER, O. & SCHOEPFLE, G. M. (1987), *Systematic fieldwork.* N. York: Sage.

SEGUNDA PARTE

Luiz Nilton Corrêa

FESTA DO DIVINO: UM ESTUDO ETNOGRÁFICO

1 INTRODUÇÃO AO TRABALHO DE CAMPO ETNOGRÁFICO

A segunda parte deste trabalho foi extraída das investigações realizadas para elaboração de uma tese doutoral em Antropologia de Ibero-América pela Universidade de Salamanca nos anos de 2008 a 2012, e empenha-se em apresentar um exemplo de estudo de campo realizado em regiões distintas do globo e com características que, apesar de semelhantes, apresentam-se como um desafio no que diz respeito à etnografia e à consequente etnologia comparativa.

Tem como objeto as Festas do Divino Espírito Santo, realizadas no Brasil e em Portugal, mais precisamente na Freguesia de Santo Antônio de Lisboa, em Florianópolis, no Sul do Brasil, e na Freguesia da Relva no Conselho de Porta Delgada, em Portugal.

Nele, buscamos um estudo das funções sociais, hierárquicas e estruturais dessas manifestações dentro da sociedade onde se realizam, assim como o seu peso identitário e cultural nas comunidades que as praticam, além dos significados simbólicos e rituais das cerimônias realizadas durante todo o ciclo das festas. Identificamos padrões, semelhanças e diferenças rituais e sociais entre as festas do Sul do Brasil e as dos Açores.

O estudo das festas, nos Açores e no Brasil, parte do princípio de que ambas carregam um sentido hierárquico e de prestígio entre seus organizadores, além de representarem um fator importante na identidade cultural de cada uma das regiões, distantes geograficamente, porém, com ligações históricas que vale a pena destacar logo no enquadramento do estudo.

O trabalho de campo, no Brasil e nos Açores, contou com uma permanência de cerca de seis meses nos Açores e nove meses no Brasil. E teve como principal método a observação participativa, no caso dos Açores. Aproveitando a familiaridade com a comunidade local, onde foi possível participar dos eventos sem ser considerado elemento estranho, entrando no íntimo da comunidade, o que permitiu a elaboração de uma descrição etnográfica mais densa das manifestações realizadas.

No Brasil, o distanciamento pessoal em relação aos promotores da festa e a comunidade em que se organiza, induziram a optar por um trabalho etnográfico mais clássico, recolhendo informações através da observação dos rituais com um certo distanciamento, aprofundando a pesquisa apenas através de documentos, bibliografias e entrevistas com agentes culturais e alguns dos mais destacados investigadores da "cultura açoriana" local.

Nos estudos de campo, foi possível estabelecer um convívio prolongado e contínuo com "o outro". O que levou, naturalmente, a estabelecer, por vezes, um "etnocentrismo ao contrário", uma negativa da própria identificação pessoal. Levando a uma aceitação no "outro" aceitando-me a mim mesmo nos meus desconhecimentos. Nas palavras de Strauss: "...aceitar-se nos outros, objetivo que o etnólogo atribui ao conhecimento do homem, é preciso primeiro rechaçar-se em si" [121].

Esse processo decorreu ao longo do período de permanência nas comunidades estudadas, e continuou muito para além da estada no "outro" território. Isso porque, cada situação ou fato presenciado, reproduz-se mentalmente a cada nova informação ou estudos nos anos subsequentes, o que faz com que a aprendizagem inicial de um trabalho de campo etnográfico perdure como algo ativo e vivo muito para além do tempo de estudo prático.

1.1 FESTA DO ESPÍRITO SANTO: MARCO HISTÓRICO

Com sua data de celebração ajustada pela Páscoa, o dia de Pentecostes regula a semana dos impérios no Arquipélago dos Açores. Um calendário religioso com suas origens antes mesmo do Cristianismo, também não livre de controvérsias, uma vez que as comemorações da Páscoa não coincidiam entre as igrejas cristãs da Ásia e de Roma. A Igreja de Roma comemora a Páscoa cristã[122] no mesmo dia da Páscoa judaica, ao tempo que as da Ásia comemoram a Páscoa no domingo seguinte.

Da mesma forma que as celebrações de Natal vieram substituir a principal festa pagã do solstício de inverno, no hemisfério Norte, a festa de Pentecostes judaica, que comemorava as colheitas, deu lugar à comemoração do Espírito Santo[123]. Celebrado no sétimo domingo

---

[121] Cfr. Claude Lévi-Strauss, Antropologia Estrutural II. *In*: Angel Baldomero Espina Barrio. Op. cit., p. 139.
[122] Comemora a Páscoa no primeiro domingo de lua cheia após o equinócio de primavera do hemisfério Norte.
[123] Cfr. Alvarez Gomez Jesus, História de la Iglesia I – Edad Antigua, Madrid,

depois da Páscoa, o dia de Pentecostes relembra a descida do Espírito Santo sobre os apóstolos, no início da difusão da igreja pelos povos[124].

Não só os judeus, mas também as religiões pré-cristãs faziam comemorações no final das colheitas ou do período de colheita, momento de fartura e de esbanjamento.

Atualmente, o Domingo da Santíssima Trindade é comemorado no domingo seguinte ao Domingo de Pentecostes, uma data festiva, oficialmente atribuída pelo Papa João XXII, em 1334[125].

O que ajudou na cristianização desses festejos foram as ideias fomentadas pelo filósofo Joaquim de Fiore[126], do século XII, e sua teoria da história baseada nas três idades; idade do Pai, do Filho e do Espírito Santo, quando a humanidade celebraria uma última grande festa, caraterizada pela paz e fraternidade. Essas ideias se espalharam pela Europa, por seu caráter humilde e solidário, através dos franciscanos.

Em Portugal "Continental"[127], essas celebrações se mantiveram ativas até inícios do século XX, mas foram se extinguindo e acabaram por quase desaparecer, mantendo-se presente sobretudo nos Açores, ao ponto de se transformarem em importante caraterística da identidade cultural açoriana[128].

Sua origem em Portugal torna-se quase mitológica, remonta ao século XIV e está ligada ao reinado de Don Diniz, entre 1261 e 1325, inserindo-se assim na própria história de Portugal. Teria sua origem através de uma promessa paga ao Espírito Santo pela Rainha Santa Isabel. Esta, devota do Espírito Santo, inspirava-se nas ideias do monge franciscano Joaquim de Fiore, e sua teoria da História.

As referências falam de desavenças entre Afonso, filho legítimo de Don Dinis, e Afonso Sanches, filho bastardo, pela conquista

---

Biblioteca de Autores Cristianos, 2001, p. 150.

[124] Atos dos Apóstolos, 2,2 e 2,3. *In*: Bíblia Sagrada Online. Disponível em: http://www.bibliacatolica.com.br/. Consultado em: 24 out. 2010.

[125] Cfr. Eduardo Etzel. Divino: Simbolismo no Folclore e na Arte Popular, Livraria Kosamos Editorial, São Paulo, 1995, p. 33.

[126] Joaquim de Fiore era um monge eremita, nascido em 1130, em Célico, na Itália.

[127] Continental como é chamado pelos açorianos, em oposição à parte insular de Portugal.

[128] Cfr. Maria Antonieta Moreira da Costa, "Espírito Santo: O Culto e a Festa em espaços Lusófonos" - Uma lição de História. Disponível em: http://www.portaldodivino.com/Textos_2008/texto1.htm. Consultado em: 20 jun. 2010.

do trono. Dona Isabel, mãe de Afonso, prometeu ao Espírito Santo sua própria coroa e um dia de culto em troca da paz dentro da família e do reino, o que acabou por acontecer. A rainha pagou a promessa no dia de Pentecostes de 1296, na Igreja do Espírito Santo na Vila de Alenquer, ritual que passou a realizar-se todos os anos, na mesma data, incorporando-se no calendário das comemorações do Pentecostes com suas insígnias e rituais.

Nas comemorações do Pentecostes, a Rainha coroava um "pobre" e servia comida aos carenciados, adotando assim a doutrina da era do Espírito Santo. E foi graças a essa filosofia que criou, em 1296, a Confraria do Espírito Santo, em Alenquer. Mais tarde, como pagamento da sua promessa, doou sua coroa ao Divino Espírito Santo, coroando-o como imperador e espalhando esse costume por todo reino.

Para além das lendas e dos mitos que envolvem a origem das Festa do Espírito Santo em Portugal, acredito que seja correto afirmar que, tanto a Rainha Santa Isabel quanto o Rei Don Dinis, foram certamente os responsáveis por sua oficialização como festa e pela origem de muitos dos rituais ainda praticados[129].

Atualmente, a festa possui dimensões que dificilmente podem ser analisadas de forma independente, sua dinâmica plástica e estética está intrínseca num todo, são inspirações mágico-religiosas e morais, existindo sobretudo pelo compromisso social para com o Divino, um todo gerado em forma de contra-dádiva, em agradecimento às graças divinas[130], e que se estendem por todo o ano, intensificando-se nas semanas entre a Páscoa e o Domingo de Pentecostes, assumindo papéis dramáticos e artísticos envolvidos no âmbito sagrado e, por vezes, profano.

Em Portugal, encontramos vestígios dessa devoção, através das capelas dedicadas ao Espírito Santo, um pouco por todo território. Na região de Beira, podemos encontrar referências nos estudos de

---

[129] Toni Jochem, FESTA DO DIVINO ESPÍRITO SANTO. Disponível em: www.guiasantoamaro.com/colunistas/toni/colunista-toni2.php Consultado em: 25 jul. 2010.
[130] Cfr. José Reginaldo Santos Gonçalves; Marcia Contins, "Entre O Divino E Os Homens: A Arte Nas Festas Do Divino Espírito Santo", Universidade Federal do Rio de Janeiro – Brasil. In: Horizontes Antropológicos, V.14, Nº29, Porto Alegre, 2008. p. 69.

Maria Adelaide Salvado[131], referências a cerca de 32 capelas do Espírito Santo, sendo uma no centro da cidade de Castelo Branco, séc. XVI, uma em Nisa, e mais oito pelo Concelho de Idanha-a-Nova, construídas nos séculos XVI e XVII[132]. Outras duas capelas em Vila Velha de Rodão, duas no Concelho de Sertã, datadas do século XVI, uma no Concelho de Cernache do Bonjardim, do século XVIII, mais seis no concelho de Penamacor, outras seis capelas no Concelho do Fundão, duas no Concelho de Proença, a Nova, uma no Concelho de Oleiros, uma no Concelho de Covilhã, além de uma no Concelho de Belmonte[133].

Hoje, Portugal possui Festas do Espírito Santo sobretudo no Arquipélago dos Açores. No continente, a festa se limita a locais como Tomar, Soure, Faro, São Bartolomeu de Messines ou outras cidades que ainda mantêm suas tradições, ou locais onde a comunidade açoriana resgatou ou reintroduziu as festas que há tempos não eram realizadas, tendência que tem vindo a se fortalecer no decorrer dos anos, da mesma forma que tem vindo a acontecer no Brasil, Estados Unidos da América e principalmente no Arquipélago dos Açores, onde adquire seu máximo expoente.

Situados no meio do oceano Atlântico, aproximadamente a 2000 quilômetros de Portugal Continental, as nove ilhas dos Açores situam-se a meio caminho entre Europa e o EUA. O Arquipélago foi descoberto por volta de 1431[134], e povoado ao longo das décadas seguintes[135]. Serviu como ponto de parada obrigatória para os navios

---

[131] Cfr. Maria Adelaide Neto Salvado, O Culto do Espírito Santo em Terras da Beira Baixa – as longínquas raízes. Cáceres, BAND, 1998.

[132] Capelas do Espírito Santo de Alcafozes, Loreiro (séc. XVII), Monsanto (séc.XVI), Oledo (séc. XVI), Zebreira, Penha Garcia, Idanha-a-Verlha (séc.XVI) e Romaninhal. In: SALVADO, Maria Adelaide Neto. Op., cit., p. 41.

[133] João Leal faz referência também às Festas do Espírito Santo no Continente Português e seu desaparecimento ao longo do século XIX e XX. *In*: João Leal, Cerimonial Relações Sociais e Tempo: As Festas do Espírito Santo nos Açores, Tese de Doutoramento em Antropologia Social, Lisboa, Instituto Superior de Ciências do Trabalho e da Empresa, 1992. p. 349.

[134] Não há uma data definitiva para o descobrimento dos Açores, as mais fiáveis são o ano de 1427 por Diogo de Silves, ou Gonçalo Velho, em 1431. In: Alegria, Maria Fernanda; Garcia, João Caros. Cartografia e Viagens. *In*: Francisco Bethencourt; Kirti Chaudhuri, (Dir), *História da Expansão Portuguesa*, Navarra, Círculo dos Leitores e Editores, 1998, Vol.I p. 36.

[135] A primeira ilha a ser descoberta foi Santa Maria, depois São Miguel, no ano seguinte, e durante as décadas de 1430, 1440 e 1450 deu-se o descobrimento das outras sete ilhas do arquipélago.

das Índias ou das Américas, uma conexão entre Europa e o mundo Atlântico, comportando-se como região de fronteira ao longo de sua história. E talvez por isso, manteve-se sempre como um gerador de povoadores, contribuindo continuamente para uma expansão atlântica[136], uma "Diáspora Açoriana"[137], reproduzindo costumes, ideias e o culto ao Espírito Santo.

Hoje, podemos encontrar exemplos do culto ao Espírito Santo em todas as ilhas dos Açores, ao ponto de, atualmente, transformarem-se no símbolo de identidade cultural dos açorianos, inclusive dos que saíram dos Açores ao longo dos últimos séculos, transformando em marco diferenciador da "cultura açoriana" dentro de território português e dos próprios açorianos que, por vários motivos, seguiram destinos em outras regiões de Portugal, e mesmo em outros países e continentes, como exemplos mais marcantes, nos Estados Unidos da América e Canadá.

No Sul do Brasil e nos Estados Unidos da América, o Espírito Santo é manifestado também como símbolo identitário das comunidades açorianas residentes naqueles países, aspecto também explorado nos Açores, onde a data dedicada ao arquipélago é comemorada no dia de Pentecostes, conhecido como o Dia da Pombinha, sendo feriado regional desde 1980.

Nos últimos anos, essa conotação identitária tem vindo a ser explorada cada vez mais por todo o Arquipélago, havendo uma certa promoção turística voltada aos festejos do Espírito Santo, existindo inclusive uma festa promovida pela Câmara Municipal de Ponta Delgada, onde comparecem representantes das várias comunidades do Concelho e de outras localidades, havendo lugar para um desfile com as respetivas bandeiras e uma grande coroação com coroas vindas até mesmo dos Estados Unidos da América ou Canadá.

---

[136] Em 1550, a Coroa solicitava ao recém-povoado Arquipélago dos Açores 300 habitantes para povoar a recém-fundada cidade de São Salvador da Bahia. As ilhas estavam em início de povoamento, porém, com o estender da fronteira em direção às Américas, o objetivo passou a ser o de povoar a recém-descoberta terra. Ver: Carta de el-rei de 11 de setembro de 1550. "Fundação da cidade da Bahia e colonos das ilhas". In: Arquivo dos Açores, edição fac-similada da edição original, Ponta Delgada, Universidade dos Açores, 1980-1984, Vol. XII. p. 414 a 415.
[137] Expressão usada para referir-se às comunidades portuguesas de origem açoriana espalhadas pelo mundo.

1.2 ESPÍRITO SANTO: INSÍGNIAS E IMAGENS

A história da iconografia cristã começa já nos primeiros séculos depois de Cristo, e é provável que a forma como os deuses gregos e romanos eram representados, e com os quais os cristãos conviviam nos seus primeiros tempos, influenciaram a forma como esses cristãos passaram a imaginar as forças divinas do Cristianismo.

Os primeiros vestígios encontravam-se em Roma dos séculos II e V, nas catacumbas onde os primeiros cristãos enterravam seus mortos. Foram nessas catacumbas onde se produziram as mais antigas imagens do Cristianismo, símbolos codificados que representavam temas como o sacrifício e a salvação. O Cordeiro de Deus, o Bom Pastor, cenas da Bíblia, a Âncora que tem em seu desenho uma cruz, e o peixe, cujo nome em grego é acrônimo[138] de "Jesus Cristo Filho de Deus Salvador", e sobretudo, a Pomba.

Em 313, o Edito de Milão proclamou a liberdade de culto no Império Romano, dando liberdade aos cristãos que saíram da clandestinidade e aprimoraram ainda mais sua arte, crescendo em seguidores e importância até tornar-se a religião estatal em 380, após a última grande perseguição romana contra os cristãos com Diocleciano, e que teve efeito contrário, promovendo o Cristianismo até o mesmo tomar conta do próprio Estado[139].

Tolerados pelos seus dirigentes, os símbolos disseminaram-se, sendo usados com o pretexto de instrução. O Papa Gregório Magno insistia no caráter didático das imagens e das representações nas igrejas, porque, segundo ele, era preciso evangelizar os analfabetos. Poucos séculos bastaram para que ocorresse a transição entre os símbolos das imagens e as imagens propriamente ditas, como a de Cristo humano e não mais através de seu símbolo, o Cordeiro[140].

Os três livros sagrados das religiões abraâmicas, o Alcorão, a

---

[138] As letras da palavra peixe, em grego, eram as primeiras letras de cada palavra da frase fundamental para os Cristãos, "Jesus Cristo Filho de Deus Salvador".

[139] Cfr. Louis Rougier, *O Conflito Entre o Cristianismo Primitivo e a Civilização Antiga*, Lisboa, Vega, 1995. p. 80.

[140] Resolução de um Concílio local, realizado em Constantinopla, em 692. Concílio Quinisexto ou Trullano II, cânon 82. *In*: Juan Plazaola, *Arte Sacro Atual*: Estudo, panorama, documentos. Madri: Editorial Católica, 1965, p. 543.

Torah e a Bíblia, condenam a idolatria e a consideram crime. Porém, ao mesmo tempo em que o Cristianismo tentava ultrapassar suas querelas internas a respeito da utilização ou não de imagens e sua adoração, o Judaísmo e o Islamismo mantiveram-se iconoclastas, sendo que o segundo dedicou toda sua arte ao desenvolvimento de formas geométricas, uma vez que não se podia usar formas que representassem ícones.

A representação da Santíssima Trindade não ficou fora dessas proibições; sua evolução representativa sofreu muitas mudanças. Mas, foi somente em 1628, que o Papa Urbano VIII, condenou o uso da forma humana com três cabeças e, mais tarde, em 1745, o Papa Bento XIV afirmou, através de uma bula chamada *Sollicitudini Nostrae*, que as imagens da Santíssima Trindade poderiam ser permitidas da forma como aparecem nas sagradas escrituras[141], ou as que representam as três pessoas nas figuras humanas e em forma de Pomba, com Deus representado como um patriarca, Jesus como homem e o Espírito Santo em Forma de Pomba[142]. A figura antropomorfa foi proibida definitivamente em 1928[143].

Atualmente, encontramos a Pomba, como símbolo do Espírito Santo, representada das mais diversas formas, como "A Pomba da Paz", de Pablo Picasso, que é utilizada, por exemplo, como símbolo do Hospital Divino Espírito Santo em Ponta Delgada, nos Açores, ou os símbolos das mais diversas religiões Pentecostais, como a Igreja Universal do Reino de Deus, que utiliza uma Pomba dentro de um coração, ou mesmo na maçonaria, onde também é utilizada como símbolo do diaconato maçônico.

Nas Festas do Divino Espírito Santo, encontramos um simbolismo rico e singular. As representações da Terceira Pessoa da Santíssima Trindade ultrapassam a utilização simbólica da Pomba, passam pelo uso da cor vermelha, onipresente nas festas, e seguem com o uso de uma coroa imperial, de uma bandeira, de um cetro e, muitas vezes, de uma espada. Embora esses dois últimos não

---

[141] O Espírito Santo nos aspectos sob os quais ele é citado nos Evangelhos, a forma de Pomba ou as línguas de fogo do Pentecostes. Ver: BENEDITO XIV (1740-1758). *SollicitudIni Nostrae*. Breve dirigido ao bispo de Augusta. Roma, 1 outubro 1745. *In*: Juan Plazaola. Op. cit. p. 513-17.

[142] Cfr. Estefano de Fiores, *A Santíssima Trindade Mistério de Vida*: Experiência Trinitária em comunhão com Maria, Edizioni Sam Paolo, Milano, 2001. p.143.

[143] Cfr. Juan Francisco Estebam Lorete, *Tratado de Iconografia*, STIMO. p. 197.

representem diretamente o Divino Espírito Santo.

Mesmo que o Divino Espírito Santo seja observado apenas através das representações de uma Pomba, simbolizada no alto de muitas das coroas do Espírito Santo e em alguns mastros das bandeiras, ainda que, em muitos outros objetos, Ele não se encontre propriamente representado, há uma insígnia que é essencialmente sua marca, sem exceção, a Bandeira do Divino, ou a Bandeira do Espírito Santo. Em todas as formas de bandeira, é preciso que haja a referência a uma Pomba, uma pintura, escultura, moldura ou apenas desenhada, para que a mesma seja classificada como Bandeira do Espírito Santo.

Para além dessa particularidade da bandeira, há uma similaridade que não podemos deixar de mencionar, o fato de todas essas insígnias representarem também o poder Real de algum monarca, da coroa a bandeira, inclusive nos rituais de cortejo e coroação. Relação que faz jus ao comentário do estudioso Toni Jochem, que lembra que os símbolos de poder real, a coroa e o cetro, no tempo das festas, transformam-se no símbolo da Terceira Pessoa da Santíssima Trindade.

1.2.1 Pomba do Divino Espírito Santo

Associada a vários deuses pré-cristãos, a Pomba é o símbolo de Afrodite na Grécia, enquanto na Índia e parte da Germânia era a representação da morte. Os islamitas consideram um pássaro sagrado, uma vez que foi a Pomba que deu proteção a fuga à Maomé, tornando-se símbolo da aliança divina após o dilúvio descrito na Bíblia, sendo descrita como representante do Espírito Santo no episódio do batismo de Jesus Cristo. "O pombo é o animal sagrado dos assírios, egípcios e hebreus, e também um atributo de Astarte e Semiramis, que se transformaram em pombo depois da morte"[144].

Nas Festas do Espírito Santo, a Pomba simboliza o próprio Espírito Santo, especificamente, a Terceira Pessoa da Santíssima Trindade, mesmo que seja as três pessoas em uma, Cristo e Deus Pai são representados de outras formas. O Espírito Santo está representado por uma Pomba em meio a um esplendor, de asas abertas ou fechadas, no cimo das coroas do divino, com exceção das coroas dos Impérios da Santíssima Trindade.

---

[144] Cfr. Eduardo Etzel, *Divino*: Simbolismo no Folclore e na Arte Popular. Op. cit., p. 87.

1.2.2 Coroa do Divino Espírito Santo

Símbolo importante nas Festas do Divino, a Coroa do Divino Espírito Santo é indispensável na realização de todas as festas que conheci. Elemento monárquico, é o puro símbolo de poder temporal. O poder concedido através da coroação, do ritual simbólico, onde a tomada do poder é simbolizada no ato da coroação, e que a partir de Carlos Magno passou a ficar intrinsecamente ligado ao poder concedido pela igreja através do Papa.

A Coroa do Divino é, em todos os exemplos conhecidos, uma coroa fechada, de estilo imperial, como as utilizadas pela monarquia inglesa, ou as coroas imperiais brasileiras ou portuguesas, simbolizando o poder sobre o império, e encontra-se sempre sobre uma salva, normalmente em prata. Sua origem como símbolo da Festa do Divino vem da Rainha Santa Isabel e do Rei Dom Diniz, a quem é atribuída a origem da festa.

1.2.3 Cetro do Divino Espírito Santo

Durante as Festas do Espírito Santo, o cetro sempre exerceu um papel de coadjuvante, mas não menos importantes do que as outras insígnias, acompanhando a coroa e a bandeira nos cortejos e coroações, sem nunca representar um papel importante como o da própria coroa, nos Açores, ou da bandeira, no Brasil. O cetro é símbolo essencial do poder e da justiça na monarquia, sendo um elemento indispensável na heráldica, que, normalmente, possui um orbe ou símbolos referentes ao poder que representa.

Nos Açores, assim como nas festas que pude acompanhar no Brasil, ela está normalmente posicionada entre as imperiais (arcos) da Coroa do Divino, por vezes, sendo levada por uma menina durante o cortejo, mas quase sempre permanece cruzada dentro da coroa, sendo retirada somente no momento da coroação, onde o indivíduo a ser coroado a segura com a mão esquerda, enquanto com a mão direita equilibra a coroa em sua cabeça.

1.2.4 Bandeira do Divino Espírito Santo

Normalmente de cor vermelha, a Bandeira do Divino também pode ser branca como em algumas comunidades dos Açores, ou no Brasil, como em Guaratuba, no estado do Paraná, em Jacobina, no estado da Bahia ou, em Osório, no estado do Rio Grande do Sul. De acordo com Vera Langowiski[145], em Guaratuba, a bandeira vermelha representa o Divino Espírito Santo e a bandeira branca representa a Santíssima Trindade, ambas com a Pomba no centro. A mesma Pomba que surge nos Açores sobre um esplendor e num mastro de cerca de dois metros, que, por vezes, leva a escultura de uma Pomba em madeira no seu topo, outras vezes, surge apenas com um ramo de flores ou um orbe, ou mesmo isento de adornos.

Quando sai do espaço sagrado, a bandeira transforma em sagrado as residências por onde passa, acompanhando as outras insígnias por sua peregrinação durante as domingas ou os peditórios. Um ritual que acontece desde o Brasil aos Açores, ou mesmo no Canadá ou Estados Unidos da América, embora em algumas comunidades, o tempo transforma e altera muitos dos rituais, como no Havaí, onde, em Honolulu, a bandeira já não segue de casa em casa como antigamente[146].

1.2.5 Espada ou Espeto do Divino Espírito Santo

Menos conhecidas ou estudadas são as espadas, ou espetos do Espírito Santo; são o que o próprio nome diz, espadas ou espetos. Com origem incerta, são raras e podem ser encontradas tanto no Brasil como nos Açores, como o caso do Império da Santíssima Trindade na Relva, nos Açores, ou em Santo Amaro da Imperatriz, no estado de Santa Catarina, ou ainda em Monte Alegre, no estado de Goiás. Poucas vezes conseguimos encontrar explicações sobre suas origens. Algumas delas podem até trazer referências gravadas, outras vezes, simplesmente surgem num determinado período e passam a fazer parte das insígnias,

---

[145] Cfr. Vera B. Langowisk, Contribuição para o estudo dos usos e costumes do praieiro do litoral de Paranaguá. *In*: Cadernos de Artes e Tradições Populares Museu de Arqueologia e Artes Populares, Paraná, 1973.

[146] Bispo, A.A. (Ed.). "Bandeira e Coroa do Espírito Santo em Honolulu. A linguagem visual na manutenção de aspectos de identidade e na diferenciação cultural: expressões açorianas no Pacífico e no Brasil". Revista Brasil-Europa 126/3 (2010 p. 4). Disponível em: www.revista.brasil-europa.eu/126/Cultura-Acoriana-no-Havaí.html.Consultado em: 17 dez. 2010.

sem nenhuma função específica.

Em Santo Amaro da Imperatriz, assim como nos Açores, a espada é levada durante o cortejo; no caso de Santo Amaro da Imperatriz, ela é levada pelo imperador. E quanto à sua origem, Toni Jochem comenta que é utilizada a partir de 1957, pois se trata de uma doação feita através de uma promessa paga, oferecida ao padroeiro Santo Amaro, por Nemézio Coelho, membro de uma "antiga família de Santo Amaro da Imperatriz". Na espada, encontra-se gravada uma dedicatória ao Santo Amaro, por uma graça alcançada. Ao mesmo tempo em que, na Relva, a espada é chamada de Espeto e é levada, por vezes, por um elemento do cortejo, junto ao mordomo e próximo à coroa e à bandeira.

1.2.6 Império do Divino Espírito Santo: Teatro, Triato ou Teadro

Uma das construções mais marcantes que podemos encontrar nos Açores, são os Teatros ou Impérios do Espírito Santo, e são mais notórios na Ilha Terceira, onde uma profusão de cores e formas fazem-nos foco dos turistas e estudiosos que passam pela ilha. Nessa ilha, esses impérios adquirem maior notoriedade por suas caraterísticas e por ser a ilha onde as Festas do Espírito Santo são mais notórias dentro dos Açores. Existindo também por todas as ilhas do arquipélago, com menos cores e mais simplicidade. No Brasil elas permanecem na Freguesia do Ribeirão da Ilha, Trindade, Lagoa da Conceição, São João do Rio Vermelho e Campeche, todas no município de Florianópolis[147]. Também, nas comunidades açorianas nos Estados Unidos da América e Canadá, no Havaí e em muitos outros pontos da chamada Diáspora.

Numa observação rápida sobre os sessenta e oito Impérios do Divino contabilizados por Carlos Morgadinho na Ilha Terceira, podemos notar que surgem, sobretudo, em meados do século XVIII, com alguns poucos impérios construídos nos séculos XVI, XVII e XVIII, tendo sua maioria com construção a partir do século XIX, após o fenômeno de laicização da sociedade. Sendo apenas um em finais do século XVII, um segundo em fins do século XVIII, e um terceiro na primeira metade do século XIX. Os outros datam da segunda metade do século XIX e XX, sendo vinte e nove impérios entre 1858 e 1998,

---

[147] Jói Cletison. Festas do Divino Espírito Santo. Disponível em:
www.portaldodivino.com/nea/Joi.htm>. Consultado em: 20 jan. 2011.

vinte entre os anos de 1901 a 1945 e, por fim, dezessete outros impérios entre 1951 e 1998[148].

1.2.7 Bodos, Sopas e a Distribuição de Alimentos

São rituais de redistribuição de alimentos, os bodos, as sopas e os jantares que, em geral, revelam o caráter redistributivo das festas e representam a caridade franciscana e a era do Espírito Santo nos rituais tão antigos quanto a própria festa. Desde o período medieval nos reinos germânicos até sua permanência em algumas regiões de Portugal Continental, existindo ainda nos Açores e nas suas comunidades na América do Norte, Canadá e Bermudas e em algumas cidades brasileiras.

Os alimentos servidos na idade medieval eram basicamente o pão, o vinho e a carne, os mesmos que são distribuídos nas pensões e servido em muitas das Festas do Espírito Santo nos Açores. São os itens base da alimentação grego romana, alimentos cristianizados pela própria igreja, utilizados ainda nas cerimônias religiosas cristãs[149].

No Brasil, podemos encontrar esse costume em várias cidades de norte a sul. Em Pirenópolis, no estado de Goiás, ou em Parati, no litoral de São Paulo e, ainda, em Palhoça, no litoral de Santa Catarina, onde os organizadores resolveram introduzir esse costume, alegando resgate cultural, inspirado pelos estudos da "cultura açoriana", dos Açores, numa busca de identidade cultural, avaliada, nesse caso, como positiva por alguns integrantes do NEA (Núcleo de Estudo Açorianos).

1.3 EMIGRAÇÃO AÇORIANA: MARCO HISTÓRICO

1.3.1 A EMIGRAÇÃO NOS AÇORES

Povoadas a partir de meados do século XV, poucas décadas

---

[148] Caros Morgadinho, Os Impérios do Divino Espírito Santo. Disponível em: www.venuscreations.ca. Consultado em: 05 set. 2011.

[149] Maria Ângela Beirante, Ritos Alimentares em Algumas Confrarias Portuguesas Medievais, Atas do Colóquio Internacional: Piedade Popular – Sociabilidade, Representações e Espiritualidade, Centro de História da Cultura/História das Ideias. Faculdade de Ciências Sociais e Humanas da Universidade Nova de Lisboa, novembro de 1998. p. 561.

após o seu descobrimento, os Açores tiveram suas terras distribuídas na forma de sesmaria aos futuros povoadores o que fez com que rapidamente muitos recém-chegados se dispersassem pelas ilhas[150]. Bastou pouco tempo para que as maiores ilhas tivessem um número considerável de habitantes. O que também deu origem a povoadores que partiriam para muitos destinos até então desconhecidos. As ilhas comportaram-se como uma "placa giratória[151]", enviando povoadores para o Brasil, Norte de África e Índias.

Estrategicamente, os Açores passaram a ser um marco fronteiriço no Atlântico, desempenhando um importante papel no apoio à navegação; e como região de fronteira, instável, também dava condições para uma certa mobilidade social dificilmente conseguida em regiões mais estáveis[152]. Como região de fronteira, o arquipélago também esteve sempre vulnerável aos ataques de piratas e corsários, mantendo-se como uma zona periférica, frágil e distante do poder central[153].

Ao longo da sua história, foi como um gerador de povoadores que serviam para o alongar de territórios, expandindo-se pelo Atlântico, seguindo para o Brasil, aliciados por terras cultiváveis ou pelos sonhos de riqueza nas Minas Gerais, já em inícios do século XVIII. Os jornais do século eram ricos nesses temas e falavam dos que faziam fortuna no além-mar. Os que regressavam doentes e inválidos recebiam pouca notoriedade diante da sociedade em relação aos que regressavam em melhor situação.

No século XIX, o Havaí foi um dos destinos desses ilhéus. Contratados para as plantações de cana-de-açúcar, seguiam em direção ao Atlântico Sul e Pacífico, por um percurso arriscado que não poupava os menos descuidados. Por isso, muitas famílias deixavam

---

[150] Cfr. Relato sobre o povoamento da Ilha de São Miguel. *In: Arquivo dos Açores,* vol. XII, p. 159 a 160.

[151] Termo utilizado pelo Professor Doutor José Damião Rodrigues, na Universidade dos Açores, ao descrever as ilhas como geradora de emigrantes para várias partes do mundo.

[152] "Já no século XVIII, com a primogenitura ainda em vigor, muitos filhos não primogénitos preferiam a emigração a enfrentar um futuro incerto (...)". *In:* A. J. R. Russel-Wood, "A emigração: Fluxos e Destinos". *In:* Francisco Bethencourt; Kirti Chaudhuri, (Dir), *História da Expansão Portuguesa.* Navarra: Círculo dos Leitores e Editores, 1998. Vol. 3, p.158.

[153] A. J. R. Russel-Wood, "Emigração: Fluxos e Destinos". *In:* Francisco Bethencourt; Kirti Chaudhuri, (Dir). Op. cit., p. 158.

nos Açores parentes próximos, filhos ou irmãos que teriam a responsabilidade de cuidar dos bens e da linhagem, caso a viagem não fosse livre dos percalços.

Em fins do século XIX, os açorianos seguiam para os EUA, com destinos como Califórnia ou Nova Inglaterra, em busca de oportunidades, ou da caça da baleia, num movimento que se desenvolveu em duas fases: "A primeira dessas fases desenvolveu-se a partir de finais do século XIX e tem como motor principal a caça à baleia. Foi sob o signo dessa atividade que se estruturaram as primeiras comunidades açorianas na Nova Inglaterra e na Califórnia"[154].

Em 1870, contabilizava-se cerca de 9.000 açorianos em terras americanas[155], e esse número aumentou consideravelmente nos primeiros anos do século XX. Em 1930, já eram cerca de 280.000, entre primeira e segunda geração[156], tendência que se manteve até a grande depressão, período em que outros destinos também foram escolhidos como Argentina, Venezuela, Curaçau e República Dominicana[157], além de Brasil, Estados Unidos da América do Norte e Bermudas.

Atualmente, a relação entre os Açores e essas regiões conta com um papel ativo do Governo Regional dos Açoriano, resgatando, criando e mantendo canais de comunicação com comunidades no Brasil, Canadá, Havaí, Bermudas e Uruguai. Um trabalho desenvolvido através da Direção Regional das Comunidades, que promove projetos, investigações e divulga a cultura dos Açores nessas mesmas comunidades.

Quando se trata de Brasil, notamos que, em 1550, cerca de 100 anos depois do início do povoamento das ilhas, a Coroa solicitava, junto a Anes do Canto, provedor das armadas, que recrutasse 300 açorianos a fim de povoar a recém-fundada Salvador da Bahia, no

---

[154] Cfr. João Leal, Açores, EUA, Brasil: Imigração e Etnicidade, Direção Regional das Comunidades. Nova Gráfica, Lda, 2007. p. 12.

[155] Cfr. Roger Williams, And Yet They Come. Portuguese Imigratiom from the Azores to the United States, New York, Center for Migration Studies, 1982. p. 52.

[156] Cfr. João Leal. Açores, EUA, Brasil: Imigração e Etnicidade. Op. cit., p. 12.

[157] Os dados sobre a emigração de açorianos para República Dominicana e Curaçao foram alvos de pesquisas para o desenvolvimento de minha tese de mestrado em História Insular e Atlântica, apresentada na Universidade dos Açores.

nordeste Brasileiro[158]. Não sabemos se esses 300 ilhéus chegaram a desembarcar, ou mesmo a embarcar dos Açores com destino ao Brasil. No entanto, no século XVII, o fluxo de açorianos para o Brasil tornou-se uma realidade cada vez mais intensa, com destinos como Pará e Maranhão, algo em torno de 5.000 a 6.000 indivíduos, sem contar com os recrutamentos que levavam essencialmente jovens que, por exemplo, de 1637 a 1645, levaram mais de 2.600 homens em idade de casamento[159].

Foi uma reação às ameaças da invasão francesa naquela região. Na época, muitas famílias açorianas foram enviadas para povoar a chamada "Costa do Maranhão", região estratégica para a posse do estuário do Amazonas. E assim, como seria feito mais tarde no Sul do Brasil, nas regiões próximas ao estuário da Prata, esses açorianos deveriam ter uma idade máxima limite de 40 anos, para os homens, e 30 para mulheres, sobretudo jovens em idade de constituir famílias, ou casais em idade de gerar filhos. Gente que tinha o restrito objetivo de cultivar as terras, povoar e urbanizar a região e assegurá-la na posse da Coroa Portuguesa[160].

Exatamente um século depois das primeiras levas de açorianos seguirem para a "Costa do Maranhão"[161], as atenções da Coroa voltaram-se ao Sul do Brasil, ameaçado pelos espanhóis. E assim, Feliciano Velho Oldemberg passaria, nessa época, a transportar anualmente dois casais[162] ilhéus às terras do Brasil meridional[163].

---

[158] Cfr. Carta de El-Rei de 11 de setembro de 1550 – "Fundação da cidade da Bahia e colonos das ilhas". *In*: Arquivo dos Açores, edição fac-similada da edição original, Ponta Delgada, Universidade dos Açores, 1980/1984.Vol. XII, p. 414 - 15.

[159] Cfr. Gilberta Pavão Nunes Rocha, José Damião Rodrigues, Artur Boavida Madeira e Albertino Monteiro, "O Arquipélago dos Açores como Região de Fronteira". *In*: Arquipélago-história, Ponta Delgada, 2ª Série, vol. IX-X, 2005 – 2006. p. 105-140.

[160] Cfr. José Damião Rodrigues e Artur Boavida Madeira, "Rivalidades imperiais e emigração: os açorianos no Maranhão e no Pará nos séculos XVII e XVIII", Anais de História de Além-Mar, Lisboa, vol. IV, 2003. p. 247-263.

[161] José Damião Rodrigues refere-se ao estudo de Avelino de Freitas de Meneses, "Os ilhéus na colonização do Brasil". O caso das gentes do Pico em 1720, dizendo que as primeiras urgências em povoar o Sul do Brasil surgem no início do século XVII, no contexto das disputas fronteiriças com Espanha, que coincidem justamente com as atividades sísmicas e vulcânicas na ilha do Pico em 1717, 1718 e 1720.

[162] Recorda-se que um casal no século XVIII teria em média 5 (cinco) pessoas,

Alguns anos depois, em 1746, começaram também a surgir solicitações dos ilhéus dirigidas ao rei, com pedidos de passagens financiadas pela Coroa para se dirigirem ao Brasil, situação que já se havia repetido.

No ano seguinte, em 1747, a coroa adotava a política que já vinha aplicando ao longo dos séculos de expansão territorial, e que havia sido aplicada nos mesmos moldes nas proximidades do estuário do Amazonas (Costa do Maranhão), um século antes. Outorgou finalmente, em Provisão Régia, o envio de açorianos para a região Sul do Brasil, justamente onde o território, fronteira e ponto de expansão, mais necessitavam de povoadores.

A Coroa ainda criou uma série de vantagens, como a doação de terras, ferramentas, sementes, animais de tração, armas e muitas outras regalias[164]. O que fez com que 7.940 indivíduos[165] se inscrevessem para emigrar. Cerca de 5% do total da população das nove ilhas na época, sendo grande parte das ilhas do Pico, Graciosa e mesmo São Jorge, que chegou a contribuir com 20,15% de sua população[166]. E assim, como no Maranhão no século anterior, esses imigrantes deveriam ser gente em idade de constituir família, mulheres jovens e, sobretudo, estar em condições de cultivar a terra e povoar a região.

Paulo Miguel de Brito, em sua obra "Memória Política Sobre a Capitania de Santa Catarina", escrita em 1816[167], diz que os primeiros açorianos mobilizados através do edital de 1747 chegaram ao Sul do

---

que, nesse caso acompanhariam sogros, filhos e outros agregados familiares. *In*: José Damião Rodrigues e Artur Boavida Madeira, "A Emigração para o Brasil, As levas de soldados no século XVIII". *In*: Portos, Escalas e Ilhéus no Relacionamento entre o Ocidente e o Oriente, Atas do Congresso Internacional Comemorativo do Regresso de Vasco da Gama a Portugal, Ilhas Terceira e São Miguel, (Açores) Universidade dos Açores, 2001. 2° vol. p. 129.

[163] Cfr. Jaime Zuzarte Cortezão, Alexandre de Gusmão e o Tratado de Madri de (1750), Rio de Janeiro, 1950, tomo I, p. 289.

[164] Cfr. Arquivo dos Açores, V. XI, p. 525 a 529.

[165] Cfr. José Damião Rodrigues, São Miguel no Século XVIII: casa, elites e poder, Ponta Delgada, Instituto Cultural de Ponta Delgada, 2003, vol. I. p. 117.

[166] A ilha do Pico chegou à proporção de 8,8%, Graciosa 9,59% e a Ilha de São Jorge chegou a uma percentagem de 20,15% sobre a população total da ilha. *In*: José Damião Rodrigues, São Miguel no Século XV. Casa, elite e poder. Ponta Delgada, 2003, Instituto Cultural de Ponta Delgada, p. 117.

[167] Cfr. Paulo José Miguel de Brito, Memória Política sobre a Capitania de Santa Catarina. Escrita no Rio de Janeiro no ano de 1816. Lisboa, Topografia da Academia Real de Ciências, 1829.

Brasil em diferentes levas. Os primeiros 461 chegaram à ilha de Santa Catarina em princípios do ano de 1748; um segundo grupo chegou em março de 1749 e era composto por 600 indivíduos; o terceiro grupo chegou em dezembro do mesmo ano com 1066 imigrantes; e ainda um quarto grupo chegou em 20 de janeiro de 1750. O quinto e último grupo chegou à ilha de Santa Catarina nos finais de 1753, com 500 imigrantes.

A transfusão desses ilhéus dos Açores para o Brasil foi como um reimplante de uma parte de Portugal no mesmo corpo, levando consigo toda uma série de costumes, crenças e uma formatação cultural já há muito inserida na sua visão mais íntima, configurada tanto pela vassalagem para com o Rei de Portugal, quanto pela religião que deveria ser a Católica[168], dois pilares da identidade portuguesa na época. Costumes, superstições e regras moldadas ao longo de séculos nas ilhas e nas zonas de origem de seus antepassados foram literalmente transplantados, formando pequenos núcleos urbanos, cópias distorcidas das aldeias de Portugal nas regiões de floresta densa tanto do litoral norte quanto do litoral Sul do Brasil.

1.3.2 CULTURA POPULAR AÇORIANA NO SUL DO BRASIL

Qualquer estudo antropológico realizado nos Açores, não estaria completo sem uma observação muito importante a respeito de sua noção como região autônoma ou culturalmente distinta. Algo como uma identidade regional, próximo a uma "personalidade" dos povos (*Volkgeist*), na medida em que o açoriano se define primeiro como açoriano, antes mesmo de sua autodefinição como português, mesmo reconhecendo sua nacionalidade.

A identidade regional sobrepõe a identidade nacional, e isso é visto em várias situações distintas, desde um espetáculo com artistas nacionais ou internacionais, onde o público responde quando é chamado de açoriano, e mantém-se letárgico quando chamado de português. Ou ainda, quando levam consigo a bandeira açoriana para outros países e demostram com orgulho sua localização, sem ao menos mencionar Portugal como país.

---

[168] Exigência que consta na própria Provisão Régia, de 9 de agosto de 1747.

O litoral do estado de Santa Catarina, no Sul do Brasil, também possui uma identidade cultural açoriana. Embora se trate de uma criação mais recente, os estudos sobre história e cultura açoriana no Sul do Brasil tiveram início já em 1816, com o trabalho de Paulo José Miguel de Brito, "Memória Política sobre a Capitania de Santa Catarina"[169], sobre o episódio da chegada de povoadores açorianos em meados do século anterior. Porém, por mais de cem anos, a cultura e a história desses açorianos permaneceram quase esquecida.

Esse panorama começou a se alterar em meados do século XX, com a realização de um Congresso de História, em outubro de 1948, pelo IHGSC (Instituto Histórico e Geográfico de Santa Catarina), dentro das comemorações dos 200 anos da Colonização Açoriana. A partir daí começaram a surgir trabalhos como o de Borges Fortes, "Os Casaes", o de Osvaldo Cabral com "Os Açorianos" ou da Cecília de Meirelles com o "Panorama Folclórico dos Açores, especialmente da Ilha de São Miguel"[170].

Para o antropólogo João Leal, esse congresso representou um marco fundamental na redescoberta das raízes açorianas de Santa Catarina. Segundo ele, foi tal evento que elevou o acontecimento histórico da chegada de açorianos ao Sul do Brasil, em meados do século XVIII, ao estatuto de evento fundador do estado de Santa Catarina e a ser avaliado com orgulho[171]. Por outro lado, é difícil não associar esse evento e o entusiasmo com a identidade açoriana, com a carência identitária (antes germânica), causada pelo fim da segunda grande guerra e suas consequências.

A Professora Lélia Nunes Preira da Silva lembra que houve a chegada de importantes estudiosos portugueses ao Brasil, nessa época, como George Agostinho Baptista da Silva (Agostinho da Silva), licenciado em Filologia Clássica e teórico da Nova Era (Era do Espírito Santo). Esse estudioso deixa Portugal por questões políticas e, em 1956, é empossado como Diretor de Cultura do Estado de Santa Catarina, onde participa da fundação da Universidade Federal de Santa

---

[169] Cfr. Paulo José Miguel de Brito. *Memória Política sobre a Capitania de Santa Catarina* Escrita no Rio de Janeiro no ano de 1816. Lisboa: Topografia da Academia Real de Ciências, 1829.

[170] Cfr. *Revista Insulana*, vol. XI, 1º semestre. 1955.

[171] Cfr. João Leal, Açores, EUA. *Brasil*: Imigração e Etnicidade. Direção Regional das Comunidades: Nova Gráfica, Lda, 2007. p. 145.

Catarina.

Por um tempo, a ditadura militar inibiu os movimentos populares ou de cultura local no Brasil. Porém, ao longo da década de 1970, surgem outras iniciativas em prol do fortalecimento das relações entre o litoral catarinense e os Açores, com viagem de Franklin Cascaes e de Nereu do Vale Pereira[172] para os Açores. Enquanto na década de 1980, de acordo com a Professora Lélia Nunes a "porta se escancara" e começam a acontecer encontros entre Açorianos e Catarinenses, tanto nos Açores como em Santa Catarina.

Em 1999, com a Direção Regional das Comunidades, esse processo teve um novo impulso do lado dos Açores em relação a todas as comunidades açorianas fora dos Açores, desde o Uruguai até o Canadá, passando pelo Brasil, EUA, Bermudas e Havaí. Com encontros como "A Descoberta das Raízes", além de Colóquios, Congressos, Encontros e apoios que englobam todas as comunidades açorianas e estudos ou eventos que envolvam a promoção dessas raízes comuns dentro e fora dos Açores.

Em Santa Catarina, outras instituições surgiram ao longo das décadas de 1980 e 1990, todas com objetivos centrados no resgate e na divulgação da cultura popular local, e que foram fundamentais para o reconhecimento e a valorização da cultura popular local e do reconhecimento dela, dentro e fora do país. Uma dessas instituições foi o Núcleo de Estudos Açorianos, com um projeto democratizador dos estudos da cultura popular local.

Essas mudanças relativas às instituições e aos eventos relacionados à cultura popular e à influência açoriana nessa cultura, desenvolvem-se em conjunto com uma considerável alteração no sentido de identidade cultural das populações do litoral catarinense, sobretudo na década de 1980.

Esse período foi fundamental para a cultura popular em vários níveis. Foram criados grupos como o Grupo Arcos, Pró-resgate a memória Histórica, Artística e Cultural de Biguaçu, institucionalizaram-se grupos populares como os grupos de Terno de

---

[172] Nereu do Vale Pereira, professor de Sociologia na Universidade Federal de Santa Catarina - UFSC, estudioso da cultura catarinense de origem açoriana lançou, em 1971, no Ribeirão da Ilha, um projeto museológico de vocação açorianista.

Reis[173], ou folguedos, como Boi de Mamão[174]. Além de uma maior promoção das referências aos Açores, com nomes de ruas, lojas, edifícios, restaurantes e toda uma produção artística dedicada ao Arquipélago dos Açores em Santa Catarina.

Chegou a existir uma espécie de exagero na classificação dos aspectos de origem açoriana dentro da cultura popular do litoral catarinense, a "cultura açoriana" passou a ser identificada preferencialmente em todo o conjunto das produções da cultura popular no litoral de Santa Catarina, independentemente da sua origem[175]. Bastava ser cultura popular para ser chamada de "cultura açoriana". Já em finais dos anos 90, isso gerou ainda uma tentativa de reverter tal generalização com a criação de termos como "cultura de base açoriana", ou "cultura de tronco açoriano".

1.3.3 FESTAS DO DIVINO ESPÍRITO SANTO: A DIÁSPORA E O BRASIL

Com a emigração de açorianos para o novo mundo, do Canadá ao Uruguai, houve uma transfusão cultural das ilhas para essas novas terras. Os açorianos trouxeram consigo as festas que cada vez mais lembravam as ilhas maternas. No Havaí, EUA, Canadá, Bermudas, ou no Brasil, locais que, ao longo do século XIX e XX, receberam gentes vindas dos Açores, esses ilhéus passaram a organizar festas dedicadas ao Espírito Santo, como nos Açores, e que, atualmente, representam o expoente máximo da cultura dos antepassados nessas novas terras.

São centenas as festas promovidas por esses emigrados em toda a América do Norte. Só na Califórnia, atualmente, contabilizam-se mais de duas centenas de Festas do Divino Espírito Santo realizadas. Na Nova Inglaterra, embora não existam números exatos, João Leal menciona que podem contabilizar-se cerca de seis dezenas de festas e irmandades nessa região[176]. São instituições que, em uma visão *etic*, representam uma caraterística explícita da "cultura açoriana", algo que

---

[173] Grupos de músicos que saem nas noites de Natal, Ano Novo e Dia de Reis, nas casas das freguesias a cantar em homenagem aos santos do dia.

[174] Manifestação da cultura popular onde se narra uma história através de personagens alegóricos como um boi, provavelmente de origem africana.

[175] Cfr. João Leal. *Açores, EUA, Brasil*: Imigração e Etnicidade. Op. cit., p. 23.

[176] Cfr. João Leal. *Açores, EUA, Brasil*: Imigração e Etnicidade. Op. cit., p. 28.

se transfere em parte para o interior da comunidade, onde muitos justificam sua organização e participação como um chamado da fé, para além do identificador cultural. Caso do Havaí, onde ainda podemos encontrar essa manifestação nas comunidades de origem açoriana[177].

Tais manifestações, para além de preservarem e promoverem a lembrança da terra natal, e, muitas vezes, de antepassados que já não vivem entre esses grupos, também preservam as formas da linguagem simbólica comum nas comunidades de origem açoriana em várias regiões do mundo[178]. Assim, a festa é recriada tendo por modelo as festas realizadas na ilha de origem e, às vezes até, de acordo com as festas realizadas nas freguesias de origem dessas comunidades, ou assimilando caraterísticas diferentes de ilhas diferentes numa festa onde participam açorianos de ilhas diferentes[179].

No Brasil, as primeiras Festas do Divino conhecidas datam de 1761 em Pindamonhangaba, no estado de São Paulo; em 1765, em Salvador, na Bahia[180], onde também há uma Irmandade do Divino Espírito Santo, fundada em 1770[181], no Bairro do Carmo. Porém, é provável que antes dessas datas já existissem festas dedicadas à Santíssima Trindade, mesmo celebradas nas comunidades portuguesas que se formavam ao longo do Brasil, deste o século XVI, e que reproduziam a cultura transplantada de Portugal para a nova terra.

Podemos afirmar sem margem para dúvidas que as Festas do Espírito Santo que existem hoje nos Estados Unidos da América, Canadá, Bermudas e Havaí tiveram origem nos Açores, e mesmo regiões que não receberam propriamente um fluxo de imigrantes chegados diretamente dos Açores, como no caso de Colorado

---

[177] Bispo, A.A. (Ed.). "Bandeira e Coroa do Espírito Santo em Honolulu. A linguagem visual na manutenção de aspectos de identidade e na diferenciação cultural: expressões açorianas no Pacífico e no Brasil". *Revista Brasil-Europa* 126/3 (2010:4). Disponível em: www.revista.brasil-europa.eu/126/Cultura-Acoriana-no-Havaí.html. Consultado em: 12 jan. 2009.

[178] Bispo, A.A. (Ed.). "Bandeira e Coroa do Espírito Santo em Honolulu. Op. cit.

[179] Cfr. João Leal. *Açores, EUA, Brasil*: Imigração e Etnicidade. Op. cit., p. 36.

[180] Cfr. Eduardo Etzel. *Divino*: Simbolismo no Folclore e na Arte Popular. Op. cit., p. 43.

[181] Cfr. Eduardo Etzel. *Divino*: Simbolismo no Folclore e na Arte Popular. Op. cit., p. 172.

Springs[182]. Porém, grande parte das Festas do Espírito Santo realizadas por todo Brasil podem não ter origem diretamente nos Açores, uma vez que em Portugal (continente), durante o século XVIII e XIX, existiam inúmeras Festas do Espírito Santo com coroação, cortejo, bodos e todas as insígnias que encontramos em comum nas Festas do Espírito Santo conhecida na Europa e Américas.

Foi somente a partir do século XVIII, e com mais intensidade no século XIX, que as festas tiveram plena difusão pelo Brasil[183]. Esse é um fator que podemos associar também aos Impérios (Teatros) do Espírito Santo nos Açores; na Ilha Terceira, por exemplo, a grande maioria destes edifícios teriam sido construídos sobretudo a partir da segunda metade do século XIX em diante.

No Brasil, encontramos Festas do Espírito Santo desde o litoral até o interior, das praias do Maranhão, às pequenas baias de Florianópolis e até Minas Gerais, Goiânia, ou pelo Amazonas, realizadas por gentes de diversas etnias distintas, de descendentes de alemães do Sul do Brasil aos descendentes de africanos no nordeste ou centro-oeste, e mesmo pelos índios, como os Karipuna no interior do Amapá.

Uma das mais interessantes pode ser a Festa do Divino Espírito Santo dos índios Karipuna no interior do Amapá, praticamente na divisa com a Guiana Francesa. Tem nove dias de duração e preserva vários símbolos da Festa do Divino Espírito Santo, a bandeira, a coroa, e uma novena rezada em latim, além de foliões e recolha das esmolas[184]. A festa tem seu ponto alto na semana que antecede o Domingo de Pentecostes, e assim como no Sul do Brasil, os devotos beijam as fitas penduradas na imagem do Espírito Santo, a pombinha. Sua origem[185] está associada ao Capitão Teodoro Fortes, que

---

[182] Esse foi o tema da Reportagem "A Cor da Saudade", produzido pela RTP Açores e exibido em 13 de junho de 2006.

[183] Cfr. Eduardo Etzel. *Divino*: Simbolismo no Folclore e na Arte Popular. Op. cit., p. 43.

[184] Jói Cletison. Festas do Divino Espírito Santo. Disponível em: www.portaldodivino.com/nea/Joi.htm. Consultado em: 20 jun. 2011.

[185] Tassinari, Antonela Maria Imperatriz. No bom da festa: o processo de construção cultural das famílias karipuna do Amapá. São Paulo, EDUSP. 2003, p. 413. Disponível em: http://www.portaldodivino.com/Karipuna/karipuna.htm. Consultado em 22 mar. 2010.

organizava a festa em sua própria casa. Ele construiu a primeira capela do Divino Espírito Santo na década de 1930, na aldeia onde morava, atualmente chamada de Aldeia do Espírito Santo[186].

Na cidade de Bocaiúva, em Minas Gerais, durante o mês de maio é realizada a Festa do Divino Espírito Santo de Bocaiúva, criada por João Vieira Dias em 1985. Passou a tornar-se um dos pontos fortes da cultura local. O neto de João Dias, Luiz Fernando Dias Leite[187], conta que depois da Morte de Sebastião Safaroza, primeiro comandante de um congado na cidade de Bocaiúva, houve uma disputa pela presidência do grupo de congado, seu avô acabou por criar um segundo grupo de congado na cidade e batizou-o com o nome de Congado do Divino Espírito Santo[188].

No Vale do Guaporé, no estado de Rondônia, há uma Festa do Divino Espírito Santo que, segundo os moradores da região, é comemorada desde 1899 e foi introduzida por Manuel Fernandes Coelho[189]. Nos meses da festa, entre abril e junho, os foliões, remadores e as insígnias do Espírito Santo seguem num batelão, conhecido como Barco do Divino, pelas cidades ribeirinhas, colhendo donativos para os festejos, iniciando sempre na cidade onde foi realizada a festa no ano anterior, e onde o imperador entrega a coroa e a bandeira.

Assim como em outras partes do Brasil, há a presença de um caixeiro que toca acompanhando outros instrumentos próprios durante a aproximação do barco no porto das comunidades onde o barco passa. Também, há os foliões, crianças de oito a quatorze anos que cantam, há o caixeiro, o encarregado da Coroa que leva a coroa de prata e o alferes de bandeira, que carrega consigo a bandeira, além de outros personagens.[190]

Em Pirenópolis, uma cidade do estado de Goiás, à cento e

---

[186] Tassinari, Antonela Maria Imperatriz. Da mudança à tradição: o processo de construção da religiosidade dos índios Karipuna do Amapá/Brasil. Disponível em: http://www.naya.org.ar/religion/XJornadas/pdf/6/6-Tassinari.PDF. Consultado em 22 mar. 2010.

[187] Luiz Fernando Dias Leite é músico, compositor e presidente da Associação do Grupo de Congado Divino Espírito Santo de Bocaiúva.

[188] Entrevista com Luiz Fernando Dias Leite, realizada em 22 de agosto de 2011.

[189] Quando de sua mudança de residência de Vila Bela do Mato Grosso para a localidade de Ilha das Flores, levando consigo os festejos com a coroa e a bandeira do Divino.

[190] Festa do Divino Espírito Santo, Vale Guaporé. Disponível em: www.pakas.net/di1.htm. Consultado em: 18 set. 2011.

cinquenta quilômetros de Brasília, é realizada uma Festa do Divino Espírito Santo, que já possui mais de 200 anos. A cidade foi fundada em inícios do século XVIII, e foi ponto de exploração mineira no auge do ouro no Brasil. A Festa Divino de Pirenópolis é registrada pelo Instituto do Patrimônio Histórico e Artístico Nacional (IPHAN) como Patrimônio Cultural Brasileiro, e é realizada, segundo Eduardo Etzel[191], pelo menos desde 1819, data do primeiro registro de imperadores[192].

Em Santo Amaro da Imperatriz, uma cidade do Litoral Catarinense, a festa é realizada desde 1854 e, segundo consta, originou-se pelo desejo da população maioritariamente de origem açoriana e do consentimento do Padre Macário César de Alexandria e Souza, pároco de São José, na época. Porém, uma vez que, em 1845, a região recebeu a visita do casal imperial Dom Pedro II e Dona Teresa Cristina, é provável que essa visita tenha exercido uma forte influência no desejo da comunidade em realizar a festa. Somente mais tarde, em 1875, foi criada a Irmandade do Divino Espírito Santo de Santo Amaro da Imperatriz.

Toni Vidal Jochem comenta que, em Santo Amaro da Imperatriz, a festa adquiriu suas particularidades com adaptações regionais desde seu início, em maio de 1854. Uma dessas particularidades é o "Enterro dos Ossos", ritual que não encontramos em nenhum outro lugar estudado, e acontece, de acordo com Toni Jochem, na segunda-feira após a festa. "...o festeiro é colocado por populares num caixão de madeira enfeitado com flores e conduzido pelo meio do público, acompanhados pela Banda de Música. Na sequência, outras pessoas se revezam no caixão"[193].

Em Florianópolis, as referências mais antigas sobre a realização de Festas do Divino Espírito Santo e das Irmandades do Divino, remontam ao ano de 1776. A Irmandade do Divino Espírito Santo da Paróquia de Nossa Senhora do Desterro, por exemplo, tem sua data de fundação no ano de 1773, a primeira coroação só vem a acontecer em 1806. A atualmente, há apenas três irmandades, a da Capela do Divino Espírito Santo da Paróquia de Nossa Senhora do

---

191 Cfr. Eduardo Etzel, *Divino*: Simbolismo no Folclore e na Arte Popular. Op. cit., p. 96.
192 Consultado em www.maxpressnet.com.br/e/iphan/iphan_13-04-10b.html. Consultado em: 20 set. 2011.
193 Entrevista com Toni Jochen, em 24 de julho de 2011.

Desterro, a da Paróquia Nossa Senhora da Lapa do Ribeirão da Ilha e da Capela de Nossa Senhora das Necessidades de Santo Antônio de Lisboa[194].

Hoje em Florianópolis, acontecem em quatorze comunidades: na Trindade, em Santo Antônio de Lisboa, em Canasvieiras, em Monte Verde, em São João do Rio Vermelho, na Barra da Lagoa, na Lagoa da Conceição, na Prainha, no Ribeirão da Ilha, no Campeche, na Cachoeira do Rio Tavares, na Armação, no Pântano do Sul e no bairro do Estreito, que fica na parte continental do município de Florianópolis[195]. Nessas festas, a identidade cultural muitas vezes se confunde com a identidade religiosa.

2 OBSERVAÇÕES DE CAMPO: FESTA DO DIVINO

2.1 CONSIDERAÇÕES SOBRE AS OBSERVAÇÕES E DESCOBERTAS

No âmbito dos trabalhos desenvolvidos junto às Festas do Divino Espírito Santo nas Freguesias da Relva, nos Açores, e em Santo Antônio de Lisboa, em Florianópolis. Desenvolvi meus trabalhos, lapidando as informações etnográficas e possibilitando um estudo Antropológico mais profundo, iniciado nos Açores. Os estudos foram completados durante minha última estada no Brasil, num período de mais de quatorze meses, entre novembro de 2008 a maio de 2010, onde pude acompanhar várias das festas que já conhecia pelo litoral catarinense.

Nos Açores, vivi grande parte de minha vida acadêmica, na Ilha de São Miguel, onde pude participar do Grupo Folclórico Cantares e Bailados da Relva, tendo a oportunidade de participar de vários festejos em homenagem ao Divino Espírito Santo, por quase toda a ilha. Por vezes, acompanhei os preparativos para as Festas do Divino Espírito Santo do Império da Trindade, na Freguesia da Relva, mais tarde escolhida para o estudo comparativo, juntamente com as festas da Grande Florianópolis.

Não há como fazer Etnografia sem estar presente, no local e no

---

[194] Cfr. Lélia Pereira da Silva Nunes, *Um Olhar Sobre o Espírito Santo em Santa Catarina*. Op. cit.

[195] Cfr. Lélia Pereira da Silva Nunes, *Um Olhar Sobre o Espírito Santo em Santa Catarina*. Op. cit.

ato ao qual se propõe estudar. Mas não basta apenas estar presente, é preciso se despir de preconceitos culturais adquiridos, praticados e aguçados justamente nestes momentos. Aos poucos, pude despir-me dos preconceitos, o que me possibilitou visualizar fatores culturais da cultura estudada que não seriam possíveis em período menos demorado, o que me ajudou a conhecer muito mais sobre minha própria cultura.

Outro ponto considerado foi como interagir com o objeto de estudo. Assim, observei que o ato de pedir uma informação não existente no repertório cultural do agente cultural, poderia obrigá-lo a criar uma resposta que, na sua concepção ainda não existisse, alterando assim a forma como ele vê e vive sua própria cultura. Seria como, ao pedir a um indígena que desenhe (materialize) seus deuses ou as fases de sua criação mitológica, obrigá-lo a criar formas nunca antes necessárias para seus deuses ou criadores, fazendo assim com que a sua cosmovisão crie elementos até então inexistentes.

A indagação "agressiva" e "forçada" provoca no informante alterações na forma como vê e interpreta sua própria cultura, sobretudo na forma como apresenta suas respostas, forçando muitas vezes a encontrar respostas e ligações lógicas para explicar as manifestações culturais ricas em significados ilógicos e não estruturais e tornando o processo mais complexo do que o esperado, a execução do trabalho de campo, etnográfico e investigativo. Esse deve ser carregado de interpretações sobre as ações, baseados nos atos involuntários e ocultos, evitando a moldagem do ato pelos agentes culturais, devido a presença do observador.

No decorrer deste trabalho tentei formular questões de forma a obter respostas simples, diretas e já conhecidas do investigado, a fim de encontrar nelas sinais de resposta a outros atos que, questionados de maneira direta, obrigaria ao interrogado a uma reformulação daquilo que pensa e daquilo que vive e que conhece como resposta. Isso me permitiu entender melhor as manifestações culturais estudadas numa perspectiva *emic*, apoiado pelos conhecimentos acadêmicos e práticos que adquiri ao longo das minhas participações nesses eventos.

Tudo isso evidenciou o fato de que o significado da cultura em si não deve necessariamente ser decifrado pelo agente cultural. Ele executa os rituais, idealiza as suas razões, tem seus objetivos, mas não sente necessidade, nem se preocupa, com a interpretação dos seus atos (e talvez nem deva). Assim, quando interrogamos algum dos participantes das festas estudadas, sobretudo as pessoas intimamente mais envolvidas com os rituais, tive sempre em mente que minhas interrogações poderiam muitas vezes alterar a forma como a manifestação cultural se desenvolvia, influenciando assim todo o meio.

Um outro ponto interessante que encontrei durante meus estudos de campo e as entrevistas foi que as respostas de alguns de meus informantes apresentavam um discurso quase perfeito no que diz respeito à fé católica, ao Divino Espírito Santo e aos princípios cristãos. Porém, na prática, notei que as ações denotavam uma preocupação menor a respeito da fé em si no momento das festas. Tratava-se da simples relação do que se diz e do que se faz, do ideal e do real, o que pude comprovar durante os meses a acompanhar os eventos.

As técnicas e as metodologias utilizadas em ambas as festas, Santo Antônio de Lisboa e Freguesia da Relva, foram diferentes e com particularidades distintas. Na Freguesia da Relva, onde possuo uma ligação pessoal e individual com os moradores locais, pude me comportar como membro da comunidade, sentindo minha presença muitas vezes como indiferente junto dos preparativos dos festejos, o que me deu possibilidade de uma melhor observação do comportamento dos intervenientes da festa.

Durante as festas, participei ajudando nos afazeres, tendo atenção especial em todos os detalhes e rituais; como músico, toquei violão, cantei e me diverti, e evitei a todo momento ingerir bebidas alcoólicas, limitei-me ao mínimo possível, sempre sem deixar transparecer que não era um "igual", o que nem sempre pude fazer, notando que, por alguns elementos, ainda era visto como um estranho.

Os apontamentos e as anotações eram feitos nos momentos mais tranquilos da festa, à noite quando chegava em casa, durante o dia após as refeições, em instantes menos tumultuados, ou quando os participantes não davam muita atenção ao que se fazia, tentava descrever não só os atos em si, mas também como eram executados e como se comportava cada agente ao executá-lo.

No Brasil, o trabalho de campo foi distinto, na medida em que fui apenas um espectador da festa, um turista ou como somente mais um dos estudiosos da "cultura açoriana" que por lá costumam ir para estudar a Festa do Divino. Estive presente durante os dias da festa; nos meses anteriores, pude presenciar a peregrinação das insígnias do Espírito Santo à busca de prendas para o dia da festa, e participei algumas vezes de cerimônias religiosas, além de manter contato ativo com meus informantes locais.

Em Santo Antônio de Lisboa, a festa é organizada por uma comissão organizadora, composta por membros da comunidade envolvidos em grupos sociais e religiosos, chegam a envolver toda a comunidade numa hierarquia organizacional com a nomeação de juízes em grupos de dez pessoas orientadas a trabalhar em áreas e funções específicas, o que torna a organização mais formal, sem o caráter popular e natural dos Açores, o que me manteve um pouco mais afastado do interior da festa.

Ali, minha observação foi externa, e realizada como um estudioso externo, observador, com apontamentos e entrevistas, o que me deu um material diferente dos Açores, uma fonte em terceira pessoa para ser trabalhada e interpretada, impedindo assim uma observação *emic* mais precisa, ao contrário dos Açores, onde me inseri junto dos intervenientes da organização e da festa.

Nas duas regiões onde executei meu trabalho de campo, tentei destacar a forma real das coisas dentro da forma ideal como eram narradas, sem esquecer que ambas seguem conectadas, uma como guia e objetivo sempre presente dentro das comunidades, e outro como resultado dessa busca pelo ideal, e que acaba por ser real, algo muitas vezes não aceito dentro do sistema cultural em questão[196]. E dessa forma, tornou-se possível recriar uma narração contínua sobre os rituais e as festas em ambos os territórios, da forma mais clara e direta possível, dentro dos meus padrões, concepções e interpretações, como será descrito nos pontos a seguir.

2.2 SANTO ANTÔNIO DE LISBOA: FLORIANÓPOLIS

Atualmente com uma população de cerca de 5.400 habitantes, e uma área de 22,45 quilômetros quadrados, o Distrito de Santo Antônio de Lisboa, antiga Nossa Senhora das Necessidades, foi criado

---

[196] A maioria dessas normas ideais tem como fim a preservação e a coesão do grupo e, às vezes, a permanência da estrutura social e do sistema de classes e hierarquias estabelecido. *In*: Angel Baldomero Espina Barrio, *Manual de Antropologia Cultural*, Recife, Editora Massangana, 2005. p. 30.

pela Provisão Régia de 26 de outubro de 1751. Foi um dos primeiros centros urbanos de Florianópolis, a antiga Nossa Senhora do Desterro, e, atualmente, é um dos dez distritos do município de Florianópolis, localizado a Noroeste da ilha de Santa Catarina, a cerca de quinze quilômetros do centro da cidade de Florianópolis, na região insular do município, na ilha de Santa Catarina, de frente para o continente.

Sabe-se que as primeiras sesmarias da região foram concedidas em janeiro de 1698, a algumas famílias vindas de Portugal Continental e, nesse sentido, também é importante lembrar que naquela época, as Festas do Espírito Santo eram comuns no continente português. Mais tarde, com a chegada de açorianos em 1748, Santo Antônio de Lisboa foi elevada à freguesia por D. João V e,` em 27 de abril de 1750, com o nome de Nossa Senhora das Necessidades da Praia Comprida, nome que permaneceu até 1948, quando passou a ser chamado de Santo Antônio de Lisboa, em homenagem ao santo lisboeta.

O grande impulso no desenvolvimento de Santo Antônio de Lisboa aconteceu com a imigração de açorianos, em meados do século XVIII, e foi algo que aconteceu em muitas das freguesias pelo litoral catarinenses, como São Miguel da Terra Firme, criada por ocasião da chegada desses açorianos, ou outras já existentes como Nossa Senhora do Desterro. Também Nossa Senhora da Conceição, Ribeirão da Ilha e quase todo o litoral Sul do Brasil tiveram a população fomentada por esses povoadores.

É importante lembrar ainda que, tanto a ilha quanto o continente já eram parcialmente povoados por portugueses vicentistas, índios Carijós e açorianos que já chegavam na região antes mesmo de meados do século XVIII. O que fez com que, quando as principais levas de açorianos chegaram, entre 1748 e 1756, já havia na região uma cultura pré-formada, com produção agrícola e a pesca, com técnicas aprendidas dos antigos moradores.

Hoje, a freguesia é um bairro do distrito com o mesmo nome, Santo Antônio de Lisboa, e tem como centro a própria igreja de Nossa Senhora das Necessidades, também chamada de Igreja de Santo Antônio de Lisboa, junto de um aglomerado de casas e ruas que remontam a séculos passados, e um conjunto de costumes e uma valorização da cultura popular local, que atraem turistas e estudiosos que buscam em sua história e cultura conhecer um pouco do passado da região.

Próximo ao Centro Histórico de Santo Antônio de Lisboa, encontramos o Restaurante Samburá. Seu proprietário, o senhor Fausto Agenor de Andrade, filho de Agenor Andrade, é um dos informantes deste trabalho, sendo também elemento chave na realização da Festa do Divino da Região; seu Fausto Agenor de Andrade é incomparável no entusiasmo quando fala de cultura popular.

Antigo proprietário de engenho em Santo Antônio de Lisboa, é ele quem normalmente realiza a previsão do tempo e verifica a viabilidade da festa já nos primeiros dias do ano. De acordo com ele, cada dia do início do mês de janeiro de cada ano, representa um mês no ano que começa, e a ocorrência de chuva em algum desses dias significa chuva no mês correspondente. "... temos de ver os primeiros 12 dias do ano... Cada dia representa um mês, e se nos dias 6 e 7 de janeiro (meses de junho e julho) for tempo bom ... é sinal que será um período seco, e a festa pode ser realizada na data certa, se trovejar, é um período molhado e será preciso alterar as datas normais da festa".

Essa forma como o senhor Fausto Agenor de Andrade descreve todo imaginário e prática da cultura popular local fez com que ajudasse a manter, junto de seu restaurante, um engenho de processamento de farinha de mandioca de mais de um século, conhecido como Engenho Andrade, e onde são promovidos eventos culturais que buscam resgatar, proteger e divulgar a cultura popular local, sobretudo em épocas festivas como os meses que antecedem a Festa do Divino Espírito Santo de Santo Antônio de Lisboa.

Os engenhos de farinhas passaram a representar toda a Etnografia da região, por todo o litoral de Santa Catarina, como elemento fundamental da cultura popular, assim como em Santo Antônio de Lisboa, onde podemos encontrar meia dezena desses edifícios e suas engrenagens, que funcionam como um pedaço de história perdido no presente da comunidade. São eles, os Engenhos de Fausto Agenor de Andrade, o de Cláudio Agenor de Andrade, o de José Roberto de Andrade, o de Djalma Teodoro Dias, na localidade de Barreira, e o Engenho de Amauri dos Santos, na Barra do Sambaqui.

Chegando em Santo Antônio de Lisboa, através do Caminho dos Açores, logo encontramos a Igreja de Nossa Senhora das Necessidades, como que num cartão postal, de frente para o mar, semelhante a outras igrejas da região, como a igreja de São Miguel da

Terra Firme ou de Nossa Senhora da Piedade, na Armação da Piedade, ou mesmo de Nossa Senhora da Conceição, na Lagoa da Conceição. Todas fundadas em meados do século XVIII e construídas ao longo dos últimos dois séculos, o que lhes confere uma arquitetura com similaridades na estrutura e nos detalhes, símbolos do passado e da história local, caraterísticas que provavelmente colaboram, ao longo dos anos, com a valorização que a comunidade local confere à história, à cultura e às tradições herdadas dos antepassados.

A Igreja de Nossa Senhora das Necessidades, como centro religioso da região, possui de um lado o Cemitério Paroquial, local onde repousam os antepassados da freguesia. Do outro, o salão paroquial, onde se organizam as festas anuais, jantares e casamentos ao longo do ano. Um conjunto que engloba ao longo da vida dos seus fregueses a maioria dos rituais de passagem da comunidade católica local, os eventos religiosos, festas comemorativas, casamentos, batizados, velórios, além de representar um centro de convívio social, cultural e até mesmo político.

Seu edifício principal, construído desde meados do século XVIII, é um edifício semelhante a muitos outros da arquitetura colonial portuguesa pelo Brasil, em estilo maneirista ou "Arquitetura Chão". Seu interior é composto de um altar mor e dois altares laterais, possui uma única nave e um púlpito lateral junto a sua parede com cerca de um metro e meio de espessura, construída em pedra e barro, ao estilo da época.

O edifício tem duas portas laterais, um mezanino sob a entrada com acesso em uma escada em caracol, uma saída lateral para a sacristia, seu assoalho é em madeira lisa. Seu altar-mor e os dois altares laterais possuem talha do período entre barroco e rococó, pintados em branco, e um teto forrado em arco, enquanto, em sua única nave, tem o teto em asnas, também chamada de tesoura de linha suspensa.

Como muitos edifícios religiosos da época, foi construída em local alto, de fácil visualização e de onde poderia se observar o mar, aonde chegavam e partiam pescadores e moradores da região. Seu exterior possui uma torre sineira lateral à sua esquerda e um frontão triangular, cuja cimalha inferior tem apenas suas extremidades sobre uma fachada quadrada com óculos em forma circular sobre sua única porta. As janelas laterais quadradas e paredes lisas com superfícies brancas, colunas sobressalentes de cor amarelo ouro semelhante às cimalhas, e uma porta frontal com aberturas em granito descoberto.

As telhas conhecidas como colonial portuguesa ou telha capa e canal, feitas em argila, também são chamadas em Portugal de "telhas mouriscas", e terminam em um galbo sobre beiras que protegem as altas paredes brancas da água da chuva, tendo ainda em seu frontão dois pináculos e um crucifixo no ponto mais alto, com alguns traços barrocos, como que sinalizando o centro religioso da região.

As casas mais antigas próximas à igreja e ao longo da orla marítima ainda preservam seus traços ao estilo colonial português, são edificadas ao nível do chão e no limite das calçadas em alinhamento com as ruas. Seus quintais ou eiras encontram-se nos fundos dos terrenos, muitas vezes adaptados para funcionarem como restaurantes ou bares que se enchem todo ano com turistas de outros estados ou países e gente local que busca tranquilidade e um pouco das raízes históricas que as caraterísticas do lugar fazem lembrar.

A configuração da antiga freguesia, de frente para o mar, com vista para a Baia Norte da Ilha de Santa Catarina, bordada pelas Avenidas Beira-Mar Norte e Continental e pelos edifícios residenciais que dão ar urbano à cidade. Tem no ponto mais visível a igreja, que protegia em tempos os pescadores locais dos perigos que a pesca proporcionava, além de servir de marco sempre presente para os que se afastavam ou retornavam à sua terra, na faina, hoje transformada quase que em indústria de subsistência, ao ponto que o cultivo de mariscos serve de renda para muitas famílias de pescadores e ex-pescadores da região.

Ladeando a praia de águas mansas e areia grossa, há uma série de restaurantes que tem promovido turismo gastronômico, que tende a crescer a cada ano. Se em outras épocas o mar auxiliava na subsistência da população que dedicava parte do tempo à pesca, atualmente o mar traz os turistas que promovem também o artesanato, os eventos culturais locais e as tradições, entre elas a Festa do Divino Espírito Santo e de Nossa Senhora das Necessidades, uma das que mais chama a atenção dentre as cerca de quatorze festas desse tipo, realizadas em todo município de Florianópolis.

O mar por vezes parece um lago de águas calmas, sem ondas, e com sua calma semelhante à calma dos pescadores que navegam ao longe com suas canoas e barcos, lançando tarrafas em busca de algum peixe. Na areia, normalmente, podemos avistar algumas canoas escavadas em troncos de árvores, por vezes garapuvu[197], uma herança dos índios que viviam na região antes da chegada dos europeus, além de inúmeros veleiros, que por vezes enchem a baía de vida, ondulando ao sabor do vento.

A cerca de cem metros da areia, no mar, podemos observar algumas estruturas rústicas, em madeira e cordas, usadas para a criação de ostras que, em sua maioria, abastecem os restaurantes locais, transformando-se também em um atrativo turístico e servindo de rendimento extra para as antigas famílias locais.

Junto ao mar, o cenário se prolonga no sentido norte, em direção ao bairro Sambaqui. Na rodovia entre a colina e o mar, podemos observar barcos e canoas dos pescadores artesanais locais. Uma pequena faixa de areia, alguns trapiches e casarões modernos mostram a atração que a região exerce junto às famílias abastadas da região. De quando em quando, um restaurante típico com pratos à base de frutos do mar, muitos deles em edifícios históricos reconstruídos e reconvertidos em estabelecimentos.

E talvez seja essa conjugação ou diferenciação entre o histórico e o moderno, a tecnologia e a cultura popular, os antigos moradores e os novos habitantes, os residentes e os turistas, o fator responsável por despertar na população local, um sentido natural de defesa do que chamam de "cultura açoriana" e que, na verdade, é a soma de tudo que aprenderam ao longo das últimas décadas, seja dos ensinamentos dos pais e avós, dos historiadores e pesquisadores locais e dos meios de comunicações, sejam eles científicos ou não.

2.3 FREGUESIA DA RELVA: AÇORES

Localizada na Costa Sul da ilha de São Miguel, ilha que compõe o grupo oriental do Arquipélago dos Açores, a Freguesia da Relva faz parte do Concelho de Ponta Delgada, capital administrativa do Governo da Região Autônoma dos Açores, juntamente com Angra do Heroísmo na Ilha Terceira, sede da Diocese, e a cidade da Horta na Ilha do Faial, sede do Parlamento Regional.

---

[197] Garapuvu (*Schizolobium parahyba*) é a arvore símbolo da cidade de Florianópolis; por suas caraterísticas específicas, era muito usada para a construção de canoas.

Ponta Delgada possui cerca de 70 mil habitantes[198] e um considerável desenvolvimento urbano, com *shopping*, marina com cais para navios de cruzeiros, área industrial, universidade e um desenvolvimento turístico que recebe anualmente dezenas de milhares de turistas de todo mundo, o que gera uma dinâmica talvez maior do que muitas das principais cidades de Portugal Continental.

A Freguesia da Relva, por sua vez, possui uma população de cerca de 2.700 habitantes, em uma área de 10,98 quilômetros quadrados, encontrando-se a 6 quilômetros da cidade de Ponta Delgada, o que faz com que seus habitantes tenham acesso a toda dinâmica que essa cidade proporciona.

Como freguesia, a Relva foi fundada antes de 1526, ano em que surgem as primeiras referências sobre sua existência. Gaspar Frutuoso[199] refere-se a ela justificando seu nome pelo fato de haver boa relva para o gado. No seu "centro urbano" ainda é possível encontrar ruas com os nomes originais da época de seu povoamento, como a Rua da Guiné, a Rua de Cima, a Rua de Baixo, a Rua da Corujeira, entre outras.

A emigração também influenciou o desenvolvimento humano na freguesia. Entre os anos de 1800 e 1813 uma leva de emigrantes composta por duzentos e trinta emigrantes relvenses seguiu para o Brasil. Mais tarde, outros grupos seguiram para os Estados Unidos da América, acompanhando um fluxo natural existente na ilha de São Miguel, desde o século XIX. E já na segunda metade do século XX, esse fluxo direcionou-se também para o Canadá, em busca das condições que não encontravam nos Açores. Esses emigrantes passaram a unir-se em agremiações e convívios, como em Rhode Island, em 1997, quando foi promovido o Primeiro Convívio de Relvenses na vila de Bristol, existindo também a Associação Cultural Relvense, que promove anualmente uma festa anual que reúne relvenses de várias partes da Nova Inglaterra[200].

---

[198] Dados preliminares do Censo 2011. Disponível em www.ine.pt. Consultado em: 22 set. 2011.
[199] Cronista açoriano da primeira metade do século XVI, descreveu todas as Ilhas do Arquipélago dos Açores, da Madeira e das Canárias com referências ainda a Cabo Verde, recorrendo a depoimentos de terceiros, reunidos numa obra chamada *Saudades da Terra*.
[200] Cfr. José de Almeida Mello; José da Costa Melo (Coord.). Monografia da Relva, Subsídios para a Sua História, Relva, 2005. p. 325.

Atualmente, acompanhando o desenvolvimento urbano de Ponta Delgada, encontramos muitos novos habitantes da Freguesia da Relva que não possuem ligações históricas com o local. Em alguns casos, criam laços com os antigos habitantes, participando das forças vivas da comunidade, sejam na filarmônica, no grupo folclórico ou nas festas que acontecem nas datas mais marcantes do ciclo religioso local. Porém, muitos dos novos habitantes utilizam a freguesia apenas como dormitório ou passagem durante viagens ou nos fins de semana, no caso dos que trabalham em Ponta Delgada, passando apenas as noites na Relva.

Um dos fatos que colabora com essa população "virtual" é a existência em seu território de área industrial com instalações de fábricas, lojas e outras empresas que proporcionam postos de trabalhos para habitantes de toda região e de outros concelhos. Também, por localizar-se na Relva o único aeroporto da ilha de São Miguel, Aeroporto João Paulo II, de forma que todos que chegam à ilha de São Miguel por ar aterram na Freguesia da Relva.

Seu caráter predominantemente rural faz com que o tempo passe mais lentamente, seguindo a dinâmica da própria natureza, e cumprido as tarefas diárias, alguns de seus moradores costumam passar o tempo vago nos bares e tabernas que existem pelas ruas da freguesia, confraternizam regados a cerveja e vinho tinto. Em décadas anteriores, as tabernas eram divididas por profissões[201], havendo a taberna dos carroceiros e a dos camponeses, entre outras, onde esses profissionais poderiam beber e pagar as contas apenas ao fim de cada semana.

Hoje, as alterações na dinâmica da população local fazem com que os lavradores sejam a cada dia um menor número. Porém, para além desses, ainda há uma parte da população que se dedica ao trabalho na própria freguesia: as mercearias, carpintarias, padarias, vendas de automóveis, restaurantes, cafés e pequenos mercados. Parte da população se envolve nas várias forças vivas da freguesia e se reúnem cada vez mais na Junta da Freguesia.

Anualmente, as principais festividades que acontecem na Freguesia da Relva, depois das Festas do Espírito Santo, são as comemorações do Dia da Freguesia, celebrado em 05 de agosto,

---

[201] Cfr. José de Almeida Mello; José da Costa Melo (Coord.). Op. cit., p. 39.

também as Festas de Nossa Senhora das Neves, que acontecem de 05 a 09 de agosto, o Grande Festival de Folclore da Relva, que acontece no fim de semana da Festa de Nossa Senhora das Neves, entre 5 e 9 de agosto e a festa de Santa Maria de Agosto, organizada na Rocha da Relva, na semana a seguir as Festas de início de agosto.

Notamos assim que, para além das Festas do Espírito Santo que acontecem nas semanas seguintes ao Domingo de Páscoa, as Festas da Freguesia, de Nossa Senhora das Neves, o Festival de Folclore e aFesta de Santa Maria de agosto, também se aglutinam nos primeiros quinze dias do mês de agosto. O que proporciona dois períodos específicos de festas, o tempo das Festas do Espírito Santo, normalmente no mês de maio, em início do verão nos Açores. O outro período, já em pleno verão, engloba também quinze dias seguidos de festas e comemorações, possibilitando programação das viagens de visita por parte dos relvenses emigrados, para que possam conviver durante esse período de duas semanas na freguesia natal, aproveitando as festas com os familiares.

Esses eventos são propícios também para o culto ao passado através da visita a dois dos monumentos arquitetônicos paisagísticos mais importantes da freguesia, o Lavadouro Público e a Rocha da Relva. O primeiro deles, o Lavadouro da Relva, é citado inclusive no século XVI, por Gaspar Frutuoso, e é constituído por oito pias construídas em pedra e utilizadas no passado para lavar roupas. Ficam abaixo da falésia, ao nível do mar, numa fonte onde é preciso descer quase duas centenas de metros, por trilhos de pedra rente à falésia, e são tão importantes para seus moradores que passou a ser inclusive promovido como ponto turístico da região.

Ainda um pouco no caráter do culto ao passado, mas também por um costume que se mantém ainda hoje, acontecem as Matanças do Porco, uma tradição comum em quase todo território ibérico, e na Relva, tendo em vista sua ruralidade e a caraterística própria dos meios rurais em ser autárquico; a matança do porco acontece nos meses de inverno, fornecem alimento que podem ser armazenados durante todo ano. É como uma poupança onde durante o ano o animal é alimentado com milho, sobras de comida e outros alimentos, e o culminar acontece com a matança, que envolve todos os familiares e amigos próximos, num ritual que dura dias com a preparação de temperos, enchidos e uma grande confraternização.

As casas da freguesia hoje são na sua maioria caiadas de branco, muitas construídas já nas últimas décadas, porém ainda há edifícios centenários e ruínas de casas que poderiam ter sido construídas há muitos séculos. As casas mais antigas eram feitas em basalto; as famílias com mais poder aquisitivo rebocavam e pintavam com cores mais vivas que variam do ocre ao rosa, vermelho, amarelo e verde[202], diferente do branco que toma conta de toda ilha nos tempos atuais.

Um outro elemento interessante na Relva, no âmbito religioso, são as alminhas, pequenos oratórios encravados nas paredes das casas, normalmente com uma cruz em pedra e um espaço vazio onde normalmente há um azulejo com a imagem de algum santo ou almas do purgatório. São referenciados em trabalhos acadêmicos ou artigos de jornais, e são respeitadas pelos habitantes locais que, por vezes, fazem o sinal da cruz ao passarem por elas ou deixam flores[203].

Das festividades, como mencionado, a mais importante depois das Festas do Espírito Santo é a festa em honra de Nossa Senhora das Neves, padroeira da Freguesia, realizada na segunda semana de agosto, em sua homenagem há uma celebração composta por missa e uma procissão que incluía uma procissão que até a década de 60, do século XX, levava consigo as dezesseis imagens dos santos existentes na igreja.

Outro evento realizado nesse período é um Festival de Folclore, promovido pelo Grupo Folclórico de Cantares e Bailados da Relva, fundado em 29 de junho de 1976, e que tem sido o grande dinamizador cultural local, com seu festival internacional realizado anualmente, desde 1993. O Grande Festival de Folclore, marcado com a presença de grupos folclóricos de todas as ilhas do arquipélago, da Madeira, de Portugal Continental e de grupos vindos do Brasil, EUA, Espanha, Canadá, República Checa, Áustria e Itália, entre outros, tem levado também seus membros em digressões de retribuição a diversos pontos da Europa e Américas.

No passado, celebrava-se a Procissão do Santíssimo Sacramento, com notícias da realização da mesma em 1849, acompanhada da filarmônica e promovida pela confraria do Santíssimo Sacramento. Também, realizava-se a procissão do Senhor

---

[202] Cfr. José de Almeida Mello; José da Costa Melo (Coord.). Op. cit., p. 42.
[203] Cfr. José de Almeida Mello; José da Costa Melo (Coord.). Op. cit., p. 64.

dos Passos, havendo referências de sua realização desde 1660, desaparecendo no início do século XVIII, com o desmoronamento da igreja. Também há a Festa das Almas, havendo uma confraria das Almas existente até fins do século XIX, mantendo-se a celebração até a década de 70, do século XX, sendo retomada em 1994[204].

Além da confraria do Santíssimo Sacramento, referenciada já em 1568, existiam também as confrarias de Nossa Senhora das Neves, a confraria Nome de Deus (ou de Jesus); em 1569, também já havia sido criada a confraria dos Fiéis de Deus; em 1660, a de Santo Antão, e nos finais do século XVII ainda existiam referências à confraria do Nome de Deus (ou de Jesus) e a dos Fiéis de Deus, já com referências também das confrarias do Senhor Bom Jesus e das Almas, e ainda a de Nossa Senhora do Rosário[205].

No que diz respeito às forças vivas da Freguesia da Relva, além do Movimento Amigos da Rocha, há a Filarmônica Nossa Senhora das Neves, criada em janeiro de 1866, alterando seu nome em 1879, para Banda Popular Progressista Relvense, e voltando ao nome original no seu primeiro centenário. Sua contribuição na dinâmica local não está só nas apresentações regionais e representações, também realiza deslocações para as outras ilhas do arquipélago e países como Canadá e Estados Unidos da América[206].

Também, há uma escola de viola da terra,[207] que nasceu de uma necessidade do Grupo Folclórico de Cantares e Bailados da Relva, e da falta de músicos para compor a cantoria do grupo. Também há a Associação de Escoteiros de Portugal, que surgiu na Relva, em março de 1998, através do Grupo de Escoteiros 193. Também o Grupo Coral da Igreja de Nossa Senhora das Neves, fundado em 1939, e o Grupo de Jovens a Dois Passos, que surgiu em fevereiro de 2002, e o Grupo de Romeiros da Relva ou o Rancho de Romeiros da Relva, que ressurge em 2005, após 30 anos sem participar desse ritual secular.

A igreja de Nossa Senhora das Neves remonta aos finais do século XV e, ao longo dos séculos, foi recebendo sucessivas obras, reconstruções e acréscimos. É o principal edifício religioso, mas ainda

---

[204] Cfr. José de Almeida Mello; José da Costa Melo (Coord.). Op. cit., p. 114.
[205] Cfr. José de Almeida Mello; José da Costa Melo (Coord.). Op. cit., p.269.
[206] Cfr. José de Almeida Mello; José da Costa Melo (Coord.). Op. cit., p. 200.
[207] Um instrumento típico da Ilha de São Miguel, com boca em forma de dois corações, e com 12 cordas e afinação similar à viola caipira brasileira.

existem na freguesia a ermida da Nossa Senhora da Aflição, na Grota do Contador, construída em 1618; a Ermida da Senhora da Saúde, construída por volta de 1627; as ruínas da ermida de Nossa Senhora da Vitória, construída entre 1666 e 1669; a Ermida de São José desaparecida em meados do século XIX e a de Nossa Senhora da Ajuda, ambas construídas no século XVII.

2.4 IMPÉRIO DA SANTÍSSIMA TRINDADE

Na Freguesia da Relva, durante os trabalhos de campo, propus-me a acompanhar alguns dos rituais e das cerimônias na Freguesia com o objetivo específico de identificar símbolos e rituais dentro da festa realizada pelo Império da Trindade. E sobretudo, identificar, através do estudo etnográfico, as principais caraterísticas do ciclo do Divino Espírito Santo naquele Império.

Para isso, um dos meus informantes na Freguesia da Relva foi João Medeiros[208]. Com algum conhecimento histórico sobre os Açores, ele disse que, durante sua adolescência, participava dos festejos, auxiliando em algumas tarefas e atuando como outros tantos em sua freguesia. Porém, atualmente, já não encontra tempo e disponibilidade para tal, uma vez que tem assumido alguns cargos importantes nas "Forças Vivas" da freguesia.

Seu papel como diretor do Grupo Folclórico de Cantares e Bailados da Relva, um grupo confederado[209], faz com que tenha uma preocupação maior com a originalidade e a fidelidade das informações que passa. Por isso, além de ter o cuidado de transmitir dados fundamentados com pesquisas, demostra certa preocupação com as mudanças rápidas nas manifestações culturais, tentando sempre referenciar documentos históricos e estudos para autenticar determinados rituais e costumes.

Por essa razão, não vê com bons olhos as mudanças ou adaptações que acontecem por vezes em alguns impérios da ilha, como por exemplo, o bodo de leite oferecido por um dos impérios da

---

[208] João Medeiros, presidente do Grupo Folclórico da Relva e historiador autodidata que tem trabalhado em investigações sobre a história da freguesia, além de promover a cultura local.
[209] Federação criada em 1977, que agrupa associações ligadas ao folclore em Portugal.

freguesia. Diz que é algo importado, uma vez que não é original da Ilha de São Miguel, segundo ele o "Império da Festa" é o único a ter essa prática em toda a Ilha de São Miguel, e que consiste em servir um bodo (refeição), composto por massa sovada e leite, na Segunda-Feira da semana de Pentecostes, pela manhã, em frente à Igreja de Nossa Senhora das Neves.

Uma entrevista prévia feita a João Medeiros ajudou-me a relembrar conceitos e o vocabulário utilizado nesses rituais, em alguns casos, somente na Freguesia da Relva. Assim, é possível esclarecer que os Teadros do Espírito Santo que, em muitas ilhas, assim como no Brasil, também são conhecidos como Impérios do Espírito Santo, na Relva chamam-se "Triato", ou "Teadro", de acordo com minha outra informante da Freguesia da Relva, Carolina Soares[210]. João Medeiros informa que naquela freguesia existem dois "Triatos", um do Império da Trindade e outro do "Império da Festa", também conhecido como "Dia de Pentecostes".

Dentro dos rituais que envolvem as Festas do Espírito Santo na Freguesia da Relva está o Sorteio das Domingas, onde se define quem ficará com as insígnias do Espírito Santo durante as semanas que antecedem o dia de Pentecostes. A esse ritual chama-se "Sortear as Domingas" ou "Tirar as Domingas" ou mesmo "Tirar a Sorte das Domingas". E para tirar as Domingas é preciso pôr a "Sorte no Vaso", e "pra já", Dominga é o nome dado a cada uma das seis semanas que antecede a semana da festa, quando, em cada uma delas, um residente da freguesia fica responsável pela guarda das insígnias do Espírito Santo em sua residência.

Na Freguesia da Relva, existem seis Impérios do Espírito Santo: Império de São Pedro, Império de São João, Império do Corpo de Deus, Império da Trindade, Império da Festa e Império Bandeira da Ascensão. Todos organizam seus impérios e tornam o tempo das festas mais rico, havendo, no entanto, dois impérios mais tradicionais e mais antigos, o Império da Trindade e o Império da Festa. Outros menos proeminentes, como o caso do Império da Bandeira da Ascensão que, na maioria das vezes, realiza apenas uma cerimônia religiosa na semana a seguir à semana da Festa de Santo Cristo dos Milagres, realizada nos fins de maio.

---

[210] Entrevista com Carolina Soares, realizada em junho de 2010.

É importante lembrar também que "Império" é o nome que se dá a uma instituição virtual que é promotora e organizadora dos rituais que compõem a Festa do Espírito Santo, e ao mesmo tempo, a própria festa, de modo geral, a todo o ritual que acontece durante a festa[211], ou seja, o nome que se dá à festa em si, desde a preparação e o consumo dos alimentos até a procissão e a escolha dos organizadores da festa do ano seguinte. Tudo se torna sagrado dentro das celebrações do Espírito Santo, envolvendo também rituais que, aos poucos, desaparecem das festas de muitas das freguesias açorianas: "O matar o gado, o cozer do pão, da massa sovada, do vinho, e o desfile do gado, o distribuir as pensões acompanhadas por foliões do Espírito Santo, da missa, da festa com coroação, a distribuição das sopas e depois, à tarde, a procissão"[212].

Carolina lembra que na Relva o Teadro, que, segundo João Medeiros, também é chamado de Triato, é o local onde são expostos os símbolos do Espírito Santo: a coroa, a bandeira, o espeto, além da salva e do cetro, o último também conhecido por Mesura. São poucos os dias que essas insígnias permanecem no seu interior, uma vez que na maior parte do tempo está nas casas dos responsáveis em cada domingo, ao longo do ano, permanecendo no edifício apenas na semana da festa, quando a mesma é realizada por uma comissão.

O edifício é simples, diferente dos edifícios coloridos e ricos em detalhes que se conhecem na Ilha Terceira, por exemplo. Na Freguesia da Relva, o Triato da Trindade é um edifício de quatro paredes, duas águas, caiado de branco e com os fundos para uma falésia de dezenas de metros de altura. Tem sua porta de entrada ladeada por duas colunas em basalto negro, uma entrada larga com duas portas em madeira e vidros quadriculados e, em sua parte superior, um vitral em forma de meia lua, com uma cruz latina, também em basalto, no seu topo. É o único edifício daquele lado da Rua de Baixo, e fica de frente para uma esquina com a Rua da Guiné, o que cria um espaço aberto propício para a realização de eventos.

---

[211] Em Santa Maria, acontece o mesmo. *In*: João Leal, Cerimonial Relações Sociais e Tempo: As Festas do Espírito Santo nos Açores, Tese de Doutoramento em Antropologia Social, Instituto Superior de Ciências do Trabalho e da empresa. Lisboa 1992. p. 35.

[212] João Medeiros, entrevista realizada em maio de 2010.

Apesar da simplicidade do edifício, costuma-se decorá-lo, especialmente em épocas de festa. Quando as festas estão no seu auge, sobretudo as Festas do Espírito Santo, é comum uma decoração especial que se intensifica na semana do império, ocasião em que grandes ramos de flores são colocados no seu interior com luzes e decoração vermelha, alusiva ao Espírito Santo. Há ainda a presença da comunidade com novenas rezadas sempre ao fim da tarde. Na semana do Império de 2011, podia-se encontrar uma grande escultura em forma de Pomba no centro do Teadro, à frente da Coroa da Trindade, tomando a atenção de qualquer observador que fosse curioso para observar o interior do Teadro.

Outro símbolo importante na Freguesia da Relva, assim como em quase todas as Festas do Espírito Santo, das quais encontrei referência nas comunidades açorianas nos Açores e fora delas, são os Foliões ou a "Folia do Divino". Um grupo[213] de músicos que acompanha muitos dos rituais durante a realização do império, dando um caráter lúdico a atos como a entrega das pensões, buscar o vinho, entre outros. No Sul do Brasil são músicos que seguem pelas comunidades onde são realizadas as festas com seus instrumentos a pedir oferendas para o divino, levando sempre a coroa e a Bandeira do Divino, com sua Pomba ao centro. Vão também acompanhadas de um tambor e, dependendo da região, levam gaitas, violas, rabeca e triângulo, e cantam a pedir oferendas junto a cada residência.

Um dos rituais que talvez possa ser definido como o início de um novo ciclo das Festas do Espírito Santo é a escolha do mordomo e o sorteio das domingas. Ritual que acontece no fim da festa, nas últimas horas do dia principal. Após tirar as domingas, assim como nos outros impérios da Relva, no Império da Trindade, o mordomo da festa sobe no Teadro e pergunta aos presentes se há alguém que deseja se apresentar como mordomo para o próximo ano, e ali, diante de todos, os interessados se apresentam e declaram suas intenções. É o povo que possui a responsabilidade de dizer se aceita ou não o voluntário para mordomo do próximo ano[214].

---

[213] O jornal *O Relvense*, de 05 de julho de 1952, menciona naquele ano que a Folia do império da Trindade era composta por quatro homens de opa, com violino e pandeiro a entoar cantos específicos para o momento. *In*: José de Almeida Mello; José da Costa Melo (Coord.). Op. cit., p. 52.

[214] É interessante lembrar que em alguns lugares do Brasil, como em São Romão

Isso é algo interessante, pois, de todas as vezes que pude presenciar esse ritual, tudo acontecia sem muito planejamento, na sua devida hora e sem percalços, e quem subia para mordomo sempre foi aceito. Porém, quando pergunto a João Medeiros se já houve situações em que os presentes não aceitaram o voluntário, João Medeiros é categórico na resposta; "sim, se for algum maluco ou bêbado ou alguém que não seja sério, o povo não aceita... e se o povo não aceitar ele não pode se apresentar mais naquele ano", e lembra ainda que de uns trinta anos[215] para cá, o que tem acontecido é de grupos de amigos ou parentes[216] formarem uma comissão para juntos organizarem a festa. "...na Relva desde há uns trinta anos, para ficar mais fácil, em vez de subir um só mordomo, sobe uma comissão de várias pessoas, para ser mais suave a organização.... É assim para evitar que a festa desapareça, pois havia anos que não apareciam mordomos individuais que quisessem subir"[217].

E aqui também encontramos outro termo utilizado para definir uma situação, "subir", na expressão citada, significa aceitar a organização da festa, e se diz que "alguém subiu" ou "o mordomo subiu". E para não deixar nada de fora, mordomo é o nome dado ao organizador do Império, e o Império normalmente é realizado na sétima semana a seguir o dia da Páscoa, ou, na sétima dominga. João Medeiros lembra que os mordomos podem ser pobres ou ricos, e, independente das condições financeiras ou estatuto social, devem ser pessoas sérias e que o povo confie para a organização do império.

Nos Estados Unidos da América, por exemplo, ou em outras comunidades açorianas mais recentes, também se utiliza o termo mordomo para distinguir quem realiza a direção das festas num

---

em minas Gerais por exemplo, há notícias de que o mordomo é escolhido através de sorteio. *In*: Eduardo Etzel, *Divino: Simbolismo no Folclore e na Arte Popular*, Livraria Kosamos Editorial, São Paulo, 1995. p.153.

[215] João Leal também fala de alterações ocorridas, por volta desse período, nas Festas do Espírito Santo, em Santa Maria. *In*: João Leal, Cerimonial Relações Sociais e Tempo: As Festas do Espírito Santo nos Açores, Tese de Doutoramento em Antropologia Social, Instituto Superior de Ciências do Trabalho e da empresa. Lisboa 1992. p. 37.

[216] O jornal *O Relvense*, de 05 de julho de 1952, mencionava que o Império da Trindade, realizado naquele ano, havia tido dois mordomos. *In*: José de Almeida Mello; José da Costa Melo (Coord.), Monografia da Relva, Subsídios para a Sua História, Relva, 2005. p. 52.

[217] João Medeiros, entrevista realizada em maio de 2010.

determinado ano, e domingas para distinguir o período em que é celebrada a festa, o sétimo Domingo a seguir ao Domingo de Páscoa, que termina no Domingo de Pentecostes, semana hierarquicamente superior em importância às semanas anteriores. E, em muitos lugares para além dos Estados Unidos da América, por exemplo, é preciso despender grandes quantidades de dinheiro para a organização de uma dominga, sobretudo se trata da sétima dominga, a semana do Império[218].

Na organização das Festas do Espírito Santo, são imprescindíveis a escolha de um mordomo ou uma comissão mordoma. Porém o império, que neste caso se refere a toda a festa e sua organização, é realizado pelo povo, as pessoas da freguesia, os amigos e parentes dos mordomos e pessoas que se envolvem nas forças vivas da comunidade, e é por isto que quando se pergunta sobre a organização do Império na Relva, é comum dizerem que o império é do povo, e assim, o papel dos mordomos é de assumir o comando e as responsabilidades.

Como dito, desde há trinta anos que as Festas do Espírito Santo do Império da Trindade na Relva são organizadas por comissões, o que facilita a organização e torna as despesas menos pesadas. A atual comissão, da qual Carolina Soares faz parte, já existe há três anos; ela própria já foi mordoma pela terceira vez. O grupo possui seis membros e sempre há novos membros à medida que antigos membros vão se retirando, existindo sempre um grupo com mais experiência, o que não significa que que os antigos mordomos não deixem de trabalhar na organização das festas, como Carolina Soares diz: "... a comissão antiga por vezes convida alguém a subir e essa pessoa aceita ou não, o que foi o caso do meu tio Marco, em que o convidamos a subir e ele aceitou. Mas também pode subir uma pessoa que não tenhamos conversado para subir".

Porém, por vezes, como faz referência a própria Carolina Soares, há situações em que toda a comissão é dissolvida e surge uma nova comissão que sobe e assume a organização do Império, e apesar de o Império envolver toda a comunidade e as forças vivas da

---

[218] Cfr. José Reginaldo Santos Gonçalves; Marcia Contins, Entre O Divino E Os Homens: A Arte Nas Festas Do Divino Espírito Santo, Universidade Federal do Rio de Janeiro – Brasil. *In*: *Horizontes Antropológicos*, V.14, Nº 29, Porto Alegre, 2008. p. 76.

comunidade durante todo o ano, as funções dos mordomos só envolvem assuntos relacionados à Festa do Espírito Santo, o que não impede que seus membros possam pertencer aos grupos folclóricos, filarmônicas, grupos de jovens ou músicos da freguesia.

Quanto aos requisitos para subir como mordomo, Carolina Soares diz que basta pertencer à freguesia, e não é preciso pertencer a nenhuma força viva da freguesia, nem mesmo a alguma comissão, porém é imprescindível organizar equipe ou grupo para que se torne viável a organização da festa, e é o povo que decide se o candidato e sua equipe serão mordomos ou não.

Carolina Soares ainda lembra que, caso exista mais de um grupo a candidatar-se, a função de escolher qual será o mordomo é do próprio povo, e todo o grupo será chamado de mordomo. Porém, há a liberdade de se candidatar individualmente, sem o apoio de listas ou comissões, será um mordomo e não vários, o que não indica que não aceite a ajuda do povo, das pessoas da comunidade, que por respeito e tradição, auxiliam sempre na organização das festas.

Outro ponto interessante que pude verificar é que a comissão é composta também por pessoas mais jovens, que começam a fazer parte da comissão por influência de familiares. A própria Carolina Soares, com seus 20 anos, já foi mordoma nos anos 2010, 2011, assumindo também junto à comissão mordoma em 2012, e comenta que também seus pais, padrinhos e alguns tios, incluindo o seu tio mais novo, Marcos Carvalho, de 22 anos, que subiu no último ano para mordomo, todos já foram mordomos. Além desses, também faz parte da comissão Joana 23 anos, Luísa, mãe de Carolina, com 43 anos, Pedro, 33 de anos e Carlos Lousada, com cerca de 48 anos. "...meus pais foram mordomos quando eu era pequena, cresci com essa "tradição"... Quando eu achei que tinha capacidades e responsabilidades para subir para mordoma, juntei-me a uma comissão onde fui aceita e subi, e já lá vão três anos".

Dos seis impérios, todos possuem comissões, e seus membros não podem pertencer a mais de uma outra comissão. Porém, podem trabalhar nos outros impérios como o que acontece com os membros da comunidade que costumam auxiliar nos trabalhos de mais de um império, e mesmo a Carolina Soares faz referência que também gosta de participar nos trabalhos dos outros impérios da Relva. Tudo isso faz com que seja difícil contabilizar a quantidade de pessoas envolvidas nos trabalhos de cada império, confirmando a frase já dita, de que o império é do povo.

Dentro dessas comissões, não há hierarquia, cada membro se responsabiliza por uma tarefa, e essas são divididas em reuniões mensais, realizadas nos dias mais apropriados para seus membros, não existindo um dia fixo, e, durante essas reuniões, dividem as tarefas que precisam ser geridas, além de ser realizada, também, a prestação de contas dos fundos gerados pelas pensões, que são cabazes ou cestas com os alimentos, como carne, pão, vinho e, por vezes, algum doce ou outro alimento, representativos das Festas do Divino.

Assim, há quem fique responsável pelo pão, ou pela carne, ou ainda pelo vinho ou outras tarefas específicas. Cada um faz aquilo que se acha mais apto a fazer, assumindo e gerindo sua tarefa. Quanto ao dinheiro arrecadado para as despesas, o mesmo é gerido através de uma conta bancária em nome do próprio império, onde são depositados fundos ao longo do ano, de acordo com as doações ou arrecadações, algo que na Relva parece ser feito somente pelo Império da Trindade.

Sobre as tarefas executadas pela comissão, há uma que ocupa todos os elementos do grupo, a arrecadação do dinheiro das pensões: cada pessoa fica responsável por duas ruas da freguesia, para as quais, todos os meses, devem programar uma visita para receber os valores determinados por cada pessoa, de acordo com o tipo de pensão que escolheram.

Os preparativos da Festa do ano seguinte começam sempre quando termina a festa do ano anterior, com a subida do mordomo, as domingas e os primeiros preparativos que acontecem logo após a subida do novo mordomo, num ritual que passa por um ano completo de preparativos e que culmina na semana após o dia de Pentecostes.

Na Freguesia da Relva, podemos notar um empenho da comunidade em auxiliar e ajudar a patrocinar o Império através da compra de pensões, trabalhos voluntários e doações.

No Brasil, onde a festa normalmente é organizada por pessoas ligadas à igreja, notamos que é preciso sempre fundos para a organização e a preparação da festa, embora tenha uma concepção e objetivos gerais diferentes, entre os quais, o valor conseguido pela angariação de fundos fica para a igreja, e não há distribuição gratuita de alimentos. Quando se trata de rituais, no Brasil, assim como nas comunidades açorianas nos Estados Unidos, é preciso a participação de alguém com fundos monetários disponíveis para o aluguel ou compra de trajes a serem utilizados no cortejo imperial ou na queima de fogos.

Sobre os outros impérios da Relva, João Medeiros lembra que duas das principais festas da Relva são realizadas com uma semana de diferença, isto faz com que os rituais relacionados com as domingas sejam atrasados em uma semana no império da Trindade em relação ao Império da Festa. Sendo que o Império da Festa tem sua primeira dominga logo a seguir a Páscoa, e o Império da Trindade inicie suas domingas apenas na semana seguinte. E assim, dividindo as seis semanas seguintes em cada uma das domingas, os festejos acontecem entre cinquenta e sessenta dias depois da Páscoa, sendo primeiro o Império da Festa e depois o Império da Trindade.

Durante os trabalhos de campo, notei que a diferença de uma semana entre a realização do Império da Trindade e do Império da Festa gera uma perceptível competição entre os dois impérios para ver quem promove o melhor império, o mais alegre. Naturalmente, o Império da Trindade tem vantagem, uma vez que tem a oportunidade de participar do Império da Festa, antes da realização de seu império. O que não significa que não haja uma grande confraternização entre mordomos e voluntários de ambos os impérios.

No Domingo à noite, depois de todos os rituais e com a festa dando sinais de terminar, dá-se início a um novo ciclo na Festa do Espírito Santo. Primeiro, com o sorteio das domingas, e quem fica responsável pela primeira dominga assume a responsabilidade de ficar com as insígnias do Espírito Santo em sua casa durante todo ano, saindo dali somente na primeira semana após a Páscoa; no caso do império da Trindade, somente duas semanas após a Páscoa, para, então, seguir até a casa de quem recebeu a Segunda Dominga.

Essas cerimônias acontecem automaticamente sem que ninguém precise apresentar ou dar muita notoriedade. Das vezes que presenciei essa cerimônia, notei que quando tudo parecia mais calmo, as vozes menos alteradas em clima de final de festa, deparávamos com o mordomo já a dizer os nomes dos que ficariam responsáveis pelas domingas. E era esse o momento que provocava mais silêncio dentre todos, pois a escolha do mordomo, ou da comissão mordoma, feita minutos antes, acontecia um pouco de surpresa, apesar de serem comuns, durante o dia, conversas sobre o tema, de forma que no momento da escolha, pode-se imaginar quem possivelmente poderá ser o mordomo, o que não significa que seja algo premeditado. Carolina Soares revela que é tudo decidido na hora; o futuro mordomo decide na hora e sobe, um pouco por impulso.

O ritual era feito num palco improvisado junto ao Teadro, por vezes sem iluminação e com o auxílio de um microfone, uma pessoa à escolha de quem está organizando o ritual, normalmente uma criança, por vezes um adulto, retira daquilo que chamam de vaso, mas que pode ser um saco de papel ou um recipiente qualquer. Um pedaço de papel com o nome de um candidato que ficará responsável pela respetiva dominga, em ordem de sorteio. O primeiro nome para a primeira dominga, e assim sucessivamente. A cada nome citado ouvia-se murmúrios em comentários a falar algum aspecto da pessoa, elogiando ou criticando, mais ainda aos que não tinham seus nomes sorteados nas domingas, faziam piadas em tom de brincadeira, mas de forma discreta.

João Medeiros lembra que são seis domingas para cerca de vinte interessados, e todos os anos muitos pretendentes ficam sem a dominga. Porém, não há nenhum tipo de ressentimento, uma vez que consideram que é a vontade do Espírito Santo, e não se deve pôr em causa as vontades Dele. E isso, por si só, pode demostrar que as cerimônias são realizadas por razões intrínsecas de cada indivíduo da comunidade, e nada que acontece dentro dos rituais e cerimônias deve ser contestado, mas sim respeitado como vontade do Espírito Santo.

Cada um dos sorteados deverá receber as insígnias sagradas em sua residência, transformando o espaço onde elas serão colocadas em local sagrado. Preparam uma sala especial para receber esses símbolos, a que chamam de Sala do Espírito Santo, muitas vezes em forma de altar, com paredes decoradas com cores brancas e vermelhas, enfeita-se com velas e uma mesa que serve para a Coroa, o Cetro, a Bandeira e a Espada (espeto) do Espírito Santo. O teto é muitas vezes forrado com tecido, possibilitando a criação de formas alegóricas com papel, cartolina, plásticos, luzes coloridas que chegam a parecer alegorias carnavalescas.

Durante todo o ciclo do Espírito Santo, há sempre responsabilidades por cumprir por parte do mordomo, também daquele que recebeu a primeira dominga e que tem em sua posse as insígnias do Espírito Santo. Deve celebrar novenas e manter as insígnias em local apresentável durante todo ano. Esse ciclo, que tem seu culminar com a aproximação da Páscoa e as consecutivas domingas que antecedem o Domingo de Pentecostes, num ritual de coroações, novenas, preparativos, recepção e confraternização[219], serve tanto para manter a boa relação entre os indivíduos da sociedade quanto a hierarquia social local.

A coroa do Império da Trindade, coroa fechada, do tipo imperial, semelhando-se à coroa imperial do Brasil ou das coroas reais de muitos reinos europeus, possui um orbe (globo) e é feito em prata lavrada com seis hastes. Sobre o orbe, encontra-se uma cruz e não uma Pomba, como nas Coroas do Espírito Santo que encontramos em muitos impérios. Sobre isso, João Medeiros lembra que, pelo menos, como é costume nas coroas do Espírito Santo em São Miguel, os Impérios da Trindade possuem sempre uma cruz e não uma Pomba sobre o orbe.

A coroa do Império, a Trindade, fica sobre sua salva de prata e está sempre acompanhada do cetro que, na Relva, de acordo com João Medeiros, também é chamado de "mesura". O cetro, sim, tem uma Pomba no seu cimo, também em prata, em sentido de repouso. Essas três peças estão sempre juntas, a coroa sobre a salva e o cetro cruzado dentro da coroa. Por vezes, são transportados com o cetro separado da coroa, sobretudo durante o cortejo.

Essas insígnias normalmente têm como local de base o Teadro, porém, João Medeiros lembra que nem sempre estão no Teadro. Lembra que, quando era criança, não tinha mesmo coroa no Teadro, só era levada, durante a realização do império, "a coroa principal", a mesma que normalmente está na casa das pessoas responsáveis pelas domingas. Porém, atualmente, há uma coroa quase que permanentemente no Teadro, o que implica haver mais de uma coroa, pelo fato de existir a coroa que permanece na casa dos responsáveis pelas domingas.

Sobre a Bandeira do Espírito Santo, o Império da Trindade possui duas bandeiras vermelhas, com esplendores bordados e uma Pomba em tecido recheado no centro, formando um relevo, com detalhes em metal reluzente, e bainhas bordadas em tecido dourado. O mastro em madeira possui algumas fitas vermelhas e brancas

---

[219] Cfr. José Reginaldo Santos Gonçalves; Marcia Contins. Op. cit., p. 76.

amarradas ao seu cimo. Um detalhe diferencial no Império da Trindade é que os mastros não possuem a escultura de uma Pomba em seu topo. Em outras ilhas, pude testemunhar a existência de bandeiras brancas, também com as mesmas caraterísticas.

A Espada ou Espeto do Espírito Santo do Império da Trindade é um dos itens mais interessantes do conjunto, não pelo seu aspecto comum para uma espada, mas por ser uma insígnia pouco comum nos impérios; testemunhei a existência de menos de uma dezena delas na Ilha de São Miguel, e acompanha sempre as outras peças. Nos cortejos, há alguém especificamente para transportá-la em punho, como preparado para um duelo. João Medeiros diz que "...é estranho, porque existe na Relva e em muitos poucos lugares, a maioria das freguesias não tem, eu já tentei saber do significado, mas não consegui nada".

Sobre a espada, podemos encontrar também em Santa Catarina, onde presenciei a existência de uma na Festa do Divino Espírito Santo de Santo Amaro da Imperatriz, e nesse caso, Toni Jochem[220] lembra que, de acordo com as inscrições contidas na espada, teria sido doada, na década de 1950, como pagamento de uma promessa por um habitante local ao próprio Santo Amaro, passando a fazer parte das insígnias do Divino Espírito Santo ao longo dos anos.

Esses elementos, na Relva, ficam na casa da pessoa responsável pela dominga. A primeira fica com as insígnias do Espírito Santo durante todo ano. As peças saem da casa do mordomo ou do Teadro e seguem diretamente para a casa do responsável pela primeira dominga, onde ficará até a Páscoa seguinte, quando entra na sua última semana antes de seguir para a casa do responsável pela Segunda Dominga.

Durante o ano, o responsável pela primeira dominga deve se comprometer a rezar um terço todos os dias; não é considerado uma obrigação, porém, ao considerar-se que foi por vontade do Espírito Santo que o nome do responsável pela primeira dominga foi sorteado como primeira, não se deve desrespeitar a vontade do Espírito Santo.

Nos sábados da quaresma, o terço é rezado com a presença da vizinhança. E uma vez que o altar do Espírito Santo é o ponto de encontro de todos, e local de visibilidade, é importante deixá-lo o mais

---

[220] Estudioso da Festa do Espírito Santo de Santo Amaro da Imperatriz, em Santa Catarina, e um dos mais importantes historiadores da cultura alemã no Estado.

bem decorado possível e localizado na dependência da casa mais acessível aos vizinhos, com mais espaço e onde se pode apresentar melhor.

Os responsáveis pelas domingas seguintes devem rezar um terço todas as noites e preparar um altar com flores e velas para receber as insígnias do Espírito Santo; ficam com elas em casa durante uma semana, até serem levadas para a casa do responsável pela dominga seguinte e, assim por diante até a sétima semana, quando as insígnias são levadas para a casa do mordomo ou para o Teadro, onde passam a fazer parte do Império.

Na Relva, no final de cada dominga, acontece uma coroação. O responsável pela dominga, por vezes, escolhe um filho ou filha para ser coroado(a), outras vezes escolhe um parente, uma criança ou um adulto que tenha interesse em ser coroado; pode haver mais de uma coroa. Conversam com os amigos, combinam ou atendem pedidos de interessados e fazem a coroação com a coroa principal do império. Podem ainda pedir coroas emprestadas para coroar outras crianças ou adultos, e assim, pode haver coroações coletivas, basta conseguir uma coroa, e ter o pedido atendido para poder participar da cerimônia com uma coroação.

No dia da coroação, o responsável pela dominga, que tem a posse da coroa principal, segue em procissão para a igreja. Segue a pé, normalmente com a família ou mais algumas pessoas em grupos, ou mesmo, pode chamar a filarmônica para acompanhar a procissão, isso depende também das condições financeiras de cada um. João Medeiros diz que, "se a pessoa tem dinheiro faz uma procissão como a que o mordomo faz no dia da festa"[221], o que revela também uma certa questão de estatuto econômico inserido na cerimônia.

Das vezes que acompanhei esse ritual, percebi que é algo muito profundo para os participantes, e parece quase imprescindível a presença de crianças a participarem de cada rito. Por vezes, é um adulto quem leva a coroa, mas as outras insígnias - o cetro e o espeto - são transportadas normalmente por crianças. Já as bandeiras são levadas por adultos ou jovens, por seu tamanho e peso. Seguem todos com seus melhores trajes, os homens normalmente com trajes sociais, alguns de óculos de sol, e as mulheres de vestidos de gala, assim como

---

[221] João Medeiros, entrevista realizada em maio de 2010.

as crianças, numa forma de demostrar respeito ao Espírito Santo.

O percurso escolhido nem sempre é o mais curto, por vezes dão algumas voltas por ruas do bairro onde as pessoas se posicionam nas portas das casas ou janelas. Em forma de respeito, estendem uma colcha ou um lençol na janela, algo vistoso e o mais belo da casa. Alguns penduram uma bandeira ou um arraiolo[222], e vão se juntando atrás da procissão em direção à igreja onde é celebrada a missa do Domingo, seguida da coroação.

No Império da Trindade, no dia de Pentecostes, quando acontece a missa da sexta domingo, que coincide com a celebração do Império da Festa, e no Domingo seguinte, a missa é celebrada em espaço aberto, uma missa campal. João Medeiros refere que isso acontece há cerca de trinta anos, para facilitar a presença de todos. O padre opta por rezar a missa no dia da festa junto ao Teadro, talvez também como forma de aproximar a igreja dos festejos que normalmente acontecem fora do ambiente sagrado da igreja.

A coroação acontece após a missa, com o padre no altar, o mordomo junta-se a ele com seus acompanhantes que trazem as insígnias do Espírito Santo, entre elas, a coroa. O padre então retira a coroa da salva e realiza a coroação, colocando a coroa sobre a cabeça de quem vai ser coroado. A seguir, executa algumas orações em latim[223] e depois realiza um ritual de purificação com incenso e água benta; depois, retira a coroa da cabeça de quem foi coroado, terminando assim o ritual.

Após a missa e todo o cerimonial de coroação, as insígnias são entregues ao mordomo seguinte que segue em direção à sua residência onde repete o ritual de preparação de um altar ou sala para abrigar o Espírito Santo, com as condições e disponibilidades para receber os vizinhos e promover suas obrigações durante a semana em que fica responsável pela dominga.

Durante as seis semanas que se seguem ao dia de Páscoa, cada responsável por sua dominga realiza coroações após as missas de cada

---

[222] Arraiolo é um tipo de tapete confeccionado no Alentejo português, feito manualmente, recebe o nome da localidade que o produz, Arraiolos .

[223] Padre Otavio de Medeiros, Vigário episcopal de São Miguel e Professor da Universidade dos Açores, em entrevista realizada em julho de 2010, lembra que atualmente essa oração, oração do dia de Pentecostes, já pode ser rezada em língua portuguesa.

domingo, também fazem as orações em casa e os cortejos, até o início da semana da festa que se realiza na sétima dominga. No caso do Império da Trindade, esse ritual começa uma semana depois do dia de Páscoa, e não na semana seguinte. Isso faz com que o Império da Trindade seja realizado na semana seguinte ao "Império da Festa". Também faz com que a sexta dominga do Império da Trindade aconteça na semana da sétima dominga do Império da Festa, dando à essa dominga um caráter diferenciado, ao ponto da coroação dessa sexta dominga, do Império da Trindade, ser realizada na missa campal da sétima dominga, do Império da Festa.

Na semana da festa, da realização do Império, as insígnias do Espírito Santo podem seguir para a casa do mordomo responsável pela sétima dominga, ou seguir diretamente para o Teadro, o que acontece no caso das comissões mordomas. No primeiro caso, ela permanece na casa do mordomo até o dia de Pentecostes, quando é levada para o Teadro; se a coroa segue para o Teadro no início da semana da festa, deve ficar lá até o fim da festa, seguindo depois para a casa do responsável pela primeira dominga do ano seguinte.

A organização da festa do ano seguinte começa logo na noite de domingo da última dominga, no momento que o mordomo "sobe no Teadro" e pergunta se há alguém interessado em ser o mordomo no ano seguinte. Quando esse se apresenta e é aceito pelos presentes, começa imediatamente a preparar os festejos do ano seguinte, conversando com seus familiares e amigos, projetando como serão feitos os preparativos e toda a logística da festa.

Não é exatamente um ritual de passagem, tudo acontece como em continuidade, a festa não termina nem começa, o ciclo segue sem interrupção, numa continuidade sem fim; apenas os agentes promotores é que são outros, os articuladores, uma vez que todo o mecanismo, incluindo os voluntários é sempre o mesmo. As regras e os rituais se manterão inalteradas, senão com leves alterações de ano para ano.

Para a organização do império é necessário aplicar um elaborado plano logístico que, com o tempo, passou a fazer parte do ritual, de forma que tudo é organizado e executado quase que automaticamente, sem a necessidade de estudos ou planos minuciosos, basta apenas refazer tudo que é feito ano após ano, em forma de rituais e regras que não podem ser quebradas. Divisão de tarefas, reuniões, preparativos e muito trabalho que começa logo após a subida do mordomo.

Uma das primeiras tarefas consiste em "Arrolar as Pensões", ou seja, nos dias seguintes à subida do mordomo, esse corre de casa em casa na freguesia para verificar quais as famílias que desejam receber as pensões do Espírito Santo na semana da festa do ano seguinte. Não há uma regra específica que defina quais as ruas. Cada império poderá arrolar pensões; as famílias podem ficar com mais de uma pensão de impérios diferentes, mesmo de outras freguesias, o que acontece também com os impérios da Relva que também podem arrolar pensões fora da Relva. Isso depende da escolha de cada família e, normalmente, segue os costumes de outros anos.

As famílias que desejam receber as pensões devem pagar por elas. Escolhem o tipo de pensão que desejam e pagam, de uma só vez ou em pequenas parcelas ao longo do ano. Porém, há casos de algumas famílias mais carentes que recebem as pensões gratuitamente, além dos que trabalham no império que também podem receber uma pensão como retribuição ao trabalho prestado.

Os preços por vezes não condizem com o valor econômico dos produtos entregues nas pensões, porém, não se pagam as pensões pelo seu valor real, mas por serem do Espírito Santo, algo que denota um elemento sagrado no conteúdo das pensões. Sobre isso, João Medeiros lembra:

> (...) as pensões são distribuídas para quem as pagou, ... exceto os carenciados, ... quem ajuda pode até não pagar pensão, quem paga recebe, pão vinho carne e massa sovada; aos pobres é de graça. Quando o mordomo sobe corre a freguesia a bater às portas a saber de quem quer, ... sobe para o triato, é aceito. Dias depois vai correr a freguesia, costuma dizer-se vai arrolar as pensões; ... cada um paga como quer, tudo de uma vez ou vai pagando durante o ano em prestações; ... agora as mais baixas são sessenta euros, é mais caro (que no mercado), mas ao mesmo tempo, é uma oferta para o Espírito Santo[224].

As pensões são formadas basicamente por carne, pão, massa e vinho, e são separadas em quatro categorias de acordo com seu peso e preço. Carolina Soares lembra que, começando pelas pensões mais

---

[224] Entrevista com João Medeiros realizada em maio de 2010.

baratas, há a de sessenta euros[225], constituídas por cinco quilos de carne, um pão, uma argola de massa pequena e cinco litros de vinho de cheiro. Também há as pensões de cinquenta e sete euros, composta por sete quilos e meio de carne, um pão, uma argola de massa pequena e cinco litros de vinho. Há as pensões de cem euros, que são formadas por dez quilos de carne, um pão, uma argola de massa grande e cinco litros de vinho. E por último a "pensão de criador" de cento e cinquenta euros, a maior, composta por vinte e dois quilos de carne, dois pães, uma argola de massa grande, um pão de ló e dez litros de vinho.

As pessoas que trabalham durante a semana ou que fazem algo importante e simbólico pela festa, recebem a pensão de sessenta euros como forma de gratificação. E essa entrega é um ritual à parte, com a presença dos Foliões que caminham em cortejo pelas ruas a cantar até a casa daquele que vai receber a pensão, cantam à porta ou entram na casa dos que ficam com a "pensão de criador", a mais cara, sempre com carrinhas das pessoas da comunidade, decoradas com símbolos do Espírito Santo, lembrando de outras épocas em que esse ritual era feito acompanhado de carros de boi pelas ruas da freguesia.

Cada massa sovada é embalada de forma especial, papéis coloridos, ou plásticos, por vezes ramos de flores ou laços, como se tratasse de uma oferenda especial para dias especiais, o que não deixa de ser verdade. A carne e o vinho são todos muito bem apresentados, e tudo é acompanhado pelos Foliões do Divino e seus instrumentos. Os produtos seguem em carros enfeitados com flores, laços e estrelas douradas com muitos ramos de plantas e flores e bastante referências ao dia de Pentecostes com Pombas, raios e coroas. Por vezes, chegam a parecer carros alegóricos, como acontece na Festa do Espírito Santo organizada pela Câmara Municipal de Ponta Delgada, onde o intuito passa também por apresentar cenas dos rituais dos Impérios ou das origens mitológicas da Festa com figurantes a representarem a Rainha Santa Isabel.

Os Foliões seguem cantando e tocando violas, violinos, guitarras e um pandeiro cadenciado, acompanhando um canto com versos específicos para a ocasião; seguem com os carros, caminhando e animando o ritual. São queimados alguns fogos de artifícios, e uma

---

[225] Dentro de um cenário em que o salário-mínimo em Portugal está estabelecido em quatrocentos e oitenta e cinco euros.

pequena comitiva costuma acompanhar o cerimonial pela freguesia, por vezes, com camisas com o nome do império ao qual pertencem. Os foliões levam uma mitra vermelha e uma opa também vermelha, de mangas e agaloada[226], um costume que remonta ao século XVI.

Em algumas freguesias da Ilha de São Miguel, não se utiliza a mitra, somente opa de mangas longas; e o ritual, por vezes, alonga-se com a entrada dos foliões na casa onde foi entregue a pensão, sobretudo, quando se trata de "pensões de criador", e seguem com uma canção de agradecimento na presença de todos na casa.

Ao receber a pensão, o dono da casa ou responsável, coloca-a sobre uma mesa ou um espaço específico, preparado como um altar, normalmente com uma toalha vermelha, imagens de santos e algumas velas acesas; e é comum ficarem ali por algum tempo, por serem considerados semi-sagrados, assim como a refeição que será preparada com a pensão. Tudo sempre acompanhado da Bandeira do Divino e sob o som de violinos, violas, pandeiros e os cantos dos foliões que entoam um verso ritmado e específico para a ocasião, e não deixam a casa antes de todos beijarem a Pomba que fica no centro da bandeira.

Até há poucos anos, nas semanas seguintes à subida do novo mordomo, ao mesmo tempo em que ele arrolava as pensões, também tratava de tarefas como a compra de gado que devia ser abatido no ano seguinte para a celebração do Império. O gado era adquirido pelo mordomo que pedia aos lavradores para que os criassem durante aquele ano até o dia da sétima dominga do ano seguinte, quando havia uma espécie de desfile para buscar o gado, com as vacas enfeitadas com flores de papel e figuras alusivas ao Espírito Santo. O mordomo entregava uma vaca a cada um dos lavradores que aceitassem criar o gado, e esses o faziam voluntariamente.

Esse papel de voluntariado que envolve todo o Ciclo do Divino Espírito Santo é fundamental para a sua realização, desde o momento em que o novo mordomo sobe, ele mesmo um voluntário, até o momento em que ele, como mordomo, pergunta ao povo se há alguém que deseja servir como próximo mordomo, já no final da festa, dando continuidade ao ciclo.

Uma vez apresentado e aceito pelo povo, o novo mordomo deverá cumprir todos os rituais para reproduzir um império tão bom

---

[226] Virtual Memories. Disponível em: http://virtualandmemories.blogspot.com/2010_10_24_archive.html Consultado em 05 nov. 2011.

quanto o anterior. Prima-se pela alegria, inclusive há uma certa disputa para saber qual o império mais alegre, o que não impede que tudo seja elaborado com responsabilidade e respeito. É preciso respeitar o Divino, e não faltam histórias que falam das recompensas e das consequências de quem ajudou ou se recusou a ajudar o Divino.

Em Santa Catarina, no Brasil, por exemplo, conta-se que um empresário da Região de São Miguel da Terra Firme, no município de Biguaçu, decidiu decretar falência de sua empresa por conta das dívidas e prejuízos que acumulou durante o ano, mas quando foi solicitado a patrocinar os trajes imperiais de uma criança pobre para a Festa do Divino Espírito Santo do lugar, aceitou sem pensar. Os trajes são requintados e caros, e faz parte das cerimônias no litoral Sul do Brasil, vestir as crianças com trajes de luxo, imitando um cortejo imperial. Conta-se que, no dia seguinte ao cortejo, o empresário foi sorteado com um grande prêmio da loteria nacional, com o que conseguiu pagar todas as suas dívidas e repor sua empresa.

Por outro lado, nos Açores fala-se de um grupo de três amigos que subiram juntos para mordomo, porém os pais de um deles, não deixou o filho ser mordomo com os amigos, e conta-se que, enquanto os amigos organizavam a festa, ele ficava doente, foi levado para Lisboa e acabou por falecer.

Essas e outras muitas histórias alimentam o respeito que os açorianos têm pelo Espírito Santo, e esse respeito ficou claro já nos primeiros dias de convívio com os micaelenses. Foram várias as situações em que repetiam que com o Espírito Santo não se brinca, que não se desrespeita o Espírito Santo, ao ponto de faltarem ao trabalho, de gastarem as economias, deixarem qualquer tarefa por fazer para prestar o serviço ao Espírito Santo, o que nos mostra a importância que há em não negar o trabalho voluntário ao império quando é solicitado. Pode-se mudar, contornar um pouco o compromisso, altear a tarefa, mas nunca deixar de cumprir aquilo com que se comprometeu.

João Medeiros lembra que a partir do momento em que os lavradores aceitavam criar o gado, os animais eram levados ao respectivo lavrador para serem criados durante aquele ano. Eram sempre tratados da melhor forma, por vezes, melhor do que o próprio gado de quem os estava criando, pois sabiam bem que seriam eles também a comer a carne do gado que criavam, e o mais importante, era para o Espírito Santo, e qualquer falta, por mais discreta que fosse, era vista pelo Espírito Santo. Costume que já deixou de ser realizado pelo Império da Trindade, mas que ainda existe em muitos impérios da Ilha de São Miguel.

Na época em que o Império da Trindade ainda criava o gado, na semana do Império, realizava-se a "busca do gado", algo que se tornava um ritual especial inserido no ciclo da festa, uma vez que tinha acompanhamento dos foliões e da bandeira. João Medeiros lembra que era quase uma festa à parte, com distribuição de vinho, massa sovada, e cantorias, quando todos se demostravam alegres e disponíveis. Seguia-se até o local onde o gado estava guardado, e enfeitava-se o gado com flores de papéis que eram coladas no próprio couro do animal, de forma que passava a ser um animal sagrado. Realizava-se depois uma espécie de desfile pelas ruas com os bois enfeitados em direção ao espaço de trabalho do império. Ritual que nos últimos anos tem vindo a desaparecer aos poucos por toda a ilha de São Miguel.

No Brasil, podemos encontrar um ritual semelhante em Alcântara, no Maranhão, região que recebeu uma grande leva de povoadores ilhéus, no século XVII, e onde as vacas são enfeitadas com flores e laços para seguirem em uma espécie de desfile em direção ao matadouro, inclusive com distribuição de leite, lembrando um pouco o que acontece nos Açores[227].

O Império da Trindade da Relva possui um espaço próprio para a preparação dos alimentos, que chamam de "Barracão do Espírito Santo"; e é exatamente o que o próprio nome descreve, um galpão improvisado, feito com partes de madeira, chapas e telhas doadas pela gente local. É ali que é preparado todo o Império, desde os jantares, a preparação das pensões e as sopas que são servidas logo em frente do barracão, que fica na mesma rua do Teadro da Trindade.

Sobre outras épocas, João Medeiros lembra que o império era realizado na casa do próprio mordomo, como ainda hoje é realizado em muitas freguesias por toda ilha de São Miguel. Em alguns lugares, são construídos caramanchões especialmente para a realização da festa, o que mudou com o tempo. Ainda hoje, podemos ver em algumas freguesias Teadros desmontáveis em madeira, que são montados apenas na semana da realização do Império. Atualmente na Relva, além do Barracão, ainda há as duas casas ou Teadros do Espírito Santo.

---

[227] Cfr. Eduardo Etzel, *Divino*: Simbolismo no Folclore e na Arte Popular, Livraria Kosamos Editorial: São Paulo, 1995. p. 69.

Na Rua de Baixo, uma rua que acompanha a linha da costa ao longo da freguesia, é onde acontece a maioria dos rituais do Império da Trindade, desde a missa campal no Domingo de Pentecostes, até as sopas que são servidas em uma mesa montada ao longo da rua. E é ali que o mordomo sobe e são tiradas as sortes das domingas; muito próximo está localizado o Barracão do Império da Trindade, onde quase tudo acontece.

Após desfilar com o gado, quando ainda havia os criadores, com a companhia quase constante dos foliões e das bandeiras do Espírito Santo, o gado era abatido; e, no império, tratava-se dos cortes e separavam-se as carnes, e pesavam-se cada parte para as pensões e o que seria servido nas sopas. Atualmente as coisas mudaram, nas palavras de João Medeiros: "com as novas leis da União Europeia[228], o gado tem de ser morto no matadouro, antigamente, sim, era morto no local, mas depois de morto vem um açougueiro contratado pelo mordomo para o local partir a carne".

Em meio a todo esse ritual, vale a pena lembrar que a organização é feita sem que haja uma instituição propriamente dita, nem confraria, nem irmandade, nem instituição com estatuto ou documentos, ou reuniões reguladoras, apenas uma comissão que se reúne voluntariamente. Embora João Medeiros lembre que encontrou referências históricas, em testamentos do século XVI, sobre a existência do Império da Trindade, e do fato de provavelmente ter sido uma irmandade organizada, uma vez que num dos testamentos é doado um bezerro para o Espírito Santo da Trindade, onde o testador era irmão de uma irmandade com o mesmo nome, que dizia: "...deixo um bezerro ao Espírito Santo da Trindade de onde sou irmão, está na cara que era irmandade"[229]. Atualmente, não há instituição propriamente dita.

Apesar de toda a complexidade, o mordomo, após subir no Teadro, passa a organizar e formar seu grupo com voluntários, amigos e o conhecimento que adquiriu nos anos a acompanhar essas organizações, e a semana do Império é algo tão carregado de tarefas quanto possível. Nas palavras de João Medeiros:

---

[228] As Leis da União Europeia as quais João Medeiros se refere, são as Leis da área de Segurança Alimentar aplicadas e fiscalizadas severamente por todo território português.

[229] Entrevista com João Medeiros, realizada em maio de 2010.

> (...) a semana do império é isto, tem o cozer da massa sovada e do pão, o matar o gado e ir buscar o vinho, depois há a distribuição das pensões, a missa da festa que há trinta anos é campal, a coroação, as sopas e a procissão..., a subida do novo mordomo e as sortes das domingas (...); o pão e a massa são cozidos também entre a Quarta e a Quinta.

Regida pelos costumes seculares, nessa semana, em meio aos preparativos da festa, é rezado um terço junto ao Teadro todas as noites entre às dezenove e vinte horas, de segunda à sábado, e todos os dias há jantares e convidados, movimento junto ao Barracão do Espírito Santo, e trabalhos que se prolongam noite a dentro, sem horário fixo para seu término, iniciando normalmente pelas oito horas da manhã e indo até as três da madrugada, de acordo com as tarefas, as obrigações do dia e o movimento de pessoas no barracão.

Na Segunda-Feira da semana do império acontece a prova do vinho que, no caso do Império da Trindade, é feita na Adega Rainha[230], localizada na Ribeira das Tainhas em Vila Franca do Campo, cerca de 35 quilômetros da Relva. No regresso da viagem, todos param, costuma-se parar no miradouro do Pisão, em Vila Franca do Campo, um local preparado para almoços ao ar livre. E ali, com comidas prontas, preparadas previamente, almoçam e se demoram algumas horas a comer e a divertir-se.

Nesse dia, os mordomos levam apenas um barril de cinquenta litros de vinho para a Relva, o suficiente para abastecer o barracão durante a semana, enquanto o restante do vinho é levado em garrafões de cinco litros, preparados para serem entregues com as pensões, e também alguns barris que serão servidos durante as sopas no Domingo, quando uma dezena de homens e mulheres correm ao longo da mesa a servirem vinhos em jarros aos que desejam.

É importante destacar também que se trata de Vinho de Cheiro, um vinho utilizado essencialmente nas Festas do divino, produzido com a casta americana Isabela, e que tem sua venda proibida pela União Europeia, por razões que podem beirar o protecionismo ou mesmo suas fórmulas químicas e caraterísticas

---

[230] Adega de Manuel F. Simas Rainha, localizada na Vila Nova - Ribeira das Tainhas - Vila Franca do Campo, Açores.

organolépticas. Sua prova, no caso do Império da Trindade, é acompanhada pela Bandeira do Espírito Santo e pelos Foliões que dão um tom lúdico ao ritual que dura quase todo o dia.

Levar a Bandeira do Espírito Santo, na Segunda-Feira, para buscar o vinho, não é uma obrigação rígida no Império da Trindade. Porém, a presença da Bandeira transforma o ritual em sagrado, embora esse sagrado, por vezes, pareça estar presente apenas em uma observação *emic*, e não *etic*, assim como em muitos outros rituais realizados ao longo do ano dentro do ciclo das Festas do Espírito Santo.

Nessa mesma Segunda-Feira da semana do império, era servida uma ceia especial aos lavradores que criavam o gado do Espírito Santo, uma espécie de agradecimento ao trabalho de cuidar do gado. O mesmo gado que era devolvido ao império na Quarta-Feira da semana do império, quando se ia buscar o gado que seria abatido na Quinta-Feira daquela semana, para a carne das Pensões que seriam distribuídas a partir de Sexta-Feira e no Sábado da semana do império.

Outros impérios até possuem costumes que são realizados na Segunda-Feira da semana do império, como o Bodo de Leite, realizado na Relva pelo Império da Festa, e que consiste em uma refeição à base de massa sovada e leite, o qual João Medeiros considera tratar-se de algo que veio da Ilha Terceira, por não existir, segundo ele, em mais nenhum lugar na Ilha de São Miguel. De acordo com João, esse ritual teve início há cerca de trinta anos[231], e acontece justamente um dia depois do Domingo de Pentecostes, Dia dos Açores[232], também conhecido como Dia da Pombinha, o primeiro dia da semana do Império da Festa.

Na Terça-Feira e na Quarta-Feira começa a distribuição de alimentos para os idosos e para as crianças da Relva. Os mordomos chamam as crianças da creche ou os idosos para um almoço no Barracão, e quem ajuda no império também janta no Barracão do Império. Ficam por ali a trabalhar em tarefas normais da semana, como a preparação de alimento, decoração do espaço, também rezam o terço

---

[231] É interessante lembrar que uma vez que João Medeiros fazia referência a esses rituais em conversa, pediu para não ser mencionada a existência do Bodo na Relva, por se tratar de algo que não é tradicional da Freguesia da Relva.

[232] Dia dos Açores, instituído em 1980 pelo Parlamento Açoriano, através do Decreto Regional n.º 13/80/A, de 21 de agosto, com o objetivo de comemorar a açorianidade e a autonomia, e tem vínculos particularmente fortes com a identidade açoriana através das Festas do Espírito Santo.

todos os dias, a partir das 19 ou 20 horas, e programam os dias seguintes.

Oficialmente, na programação do Império da Trindade de 2011, que foram divulgadas, as tarefas iniciavam na Quarta-Feira com a abertura do Bazar e da Barraca às 20 horas, e estaria limitada a venda de comidas e *souvenirs*. Porém, como Carolina Soares faz referência, por vezes alguém da comunidade doa um porco criado em casa, especialmente para o Império, como pagamento de promessa ou forma de contribuição, e, quando isso acontece, é comum fazerem a matança na Quarta-Feira, no barracão do Espírito Santo, por volta das 19 horas, e entram noite adentro preparando debulho e outros derivados e separando a carne para alimentação durante a semana e para a ceia dos criadores.

Na Quinta-Feira, de acordo com a programação "oficial" da festa, às 20 horas, são abertos o Bazar e a Barraca, e costumam selecionar sempre pessoas de confiança, familiares ou amigos próximos para o trabalho, e o dinheiro arrecadado é usado nas despesas que vão surgindo durante a semana, na compra de produtos de limpeza, algum equipamento necessário e, sobretudo, comida. A barraca é fornecida pela Câmara Municipal de Ponta Delgada, enquanto o Bazar, construído há alguns anos, pertence ao Império da Trindade. Ambos são montados junto ao Teadro da Trindade, na rua de Baixo, e são essenciais para animar os dias de festa.

Na barraca, vendem-se cerveja, vinho de cheiro, sumos e alguns petiscos como tremoços, chouriço, morcela, asas de galinha, ovos cozidos e batatas com pimenta[233]. Enquanto no Bazar vendem-se uma espécie de rifa, sorteada na hora e que sorteiam doces e prêmios doados pelas empresas e gente da freguesia. Essas rifas consistem em pequenas folhas de papel, de cerca de 7 X 7 centímetros, enroladas de forma a parecerem palitos redondos, e dobrados ao meio, cujo interior escondem um número ou uma letra que corresponde a alguma oferta ou prêmio. São vendidos em sacos de plásticos com um punhado de papéis, cerca de vinte folhinhas, em que as pessoas ficam longos minutos a desenrolar um por um, com cuidado, à espera de encontrarem algum prêmio, de forma que basta poucas horas para que

---

[233] São batatas lavadas e cozidas inteiras, com um corte profundo recheado com massa de pimenta, uma pimenta leve e utilizada em muitos alimentos da região.

as calçadas fiquem repletas de papéis em branco, soprados pelo vento de um lado para outro e anunciando a presença do bazar e da festa.

Ainda na Quinta-Feira, são convidados grupos de idosos e as crianças da freguesia para um almoço festivo, servido no Barracão do Espírito Santo. O espaço não é um espaço grande, porém, os mordomos e voluntários se esforçam para agrupar todos dentro do barracão, com mesas algumas vezes improvisadas e bancos longos, e conseguem servir a todos sem precisar sair do recinto. Ao final do dia, na hora marcada, fecham-se o bazar e a barraca para que possam rezar o terço, abrindo logo a seguir para o entretenimento das gentes.

Na Sexta-Feira, já nos últimos dias da semana do Império da Trindade de 2011, a programação apresentou a abertura do bazar e da barraca às 20 horas e, logo em seguida, às 21 horas, um momento mais atrativo com a atuação de um grupo local de *Hip-Hop*, chamado *New Generation*, o que demostra o caráter jovem dos organizadores e a intenção de atrair jovens e adolescentes da freguesia para os eventos da semana do Império.

Para além da programação "oficial", Sexta-Feira também é o dia em que chega a carne de vaca vinda direto do matadouro. Logo pela manhã, começam os preparativos para receber a carne e preparar as pensões. São cerca de dez a doze vacas, dependendo do número de pensões arroladas durante o ano. Antigamente, eram animais criados pelos lavradores locais, cada um ficava responsável por uma vaca; atualmente, são compradas diretamente do matadouro.

O Barracão do Espírito Santo é preparado com uma estrutura em tubos metálicos apropriados para pendurar a carne dividida em quartos, que já chega do matadouro dividida assim, e são entregues durante à tarde. Após pendurada na estrutura, começam os trabalhos de desmanche e divisão em partes adequadas para as pensões, ou pedaços menores para as sopas. Para esse trabalho são contratados profissionais dos açougues da região, gente que antigamente trabalhava por gosto ao Espírito Santo, mas agora precisam cobrar as horas trabalhadas para ajudar nas despesas pessoais. Carolina Soares ainda lamenta ao fazer referência à crise que os obrigam a cobrar pelo trabalho no barracão.

A carne é cortada em bocados, pesada e colocada em sacolas ou sacos para serem distribuídas com as pensões. Um trabalho que segue noite adentro e envolve cerca de doze a quinze pessoas.

Enquanto oito ou dez homens cortam, serram e separam a carne por peso, algumas senhoras fazem um trabalho mais minucioso de separar pequenos pedaços para as sopas ou para a carne guisada de Domingo.

O barracão mantém-se movimentado noite adentro. O chão por baixo da estrutura que suporta a carne é forrado com funcho, uma erva aromática também utilizada na alimentação. O funcho é também pendurado junto à estrutura dando um aroma caraterístico ao espaço. Por volta das dezoito ou dezenove horas, o padre da freguesia vai até ao Barracão para benzer a carne, a massa sovada e o pão das pensões, que começam a ser distribuídos logo a seguir, a partir das vinte ou vinte e uma horas, primeiro para fora da freguesia, deixando as pensões da freguesia para o Sábado.

A entrega das pensões se estende por todo Sábado, em todas as ruas da freguesia, de acordo com o interesse daqueles que, ao longo do ano, garantiram sua pensão com pagamentos fracionados e de fácil acesso. E é no Sábado que os preparativos se intensificam. À noite, após a entrega das pensões, organizam-se apresentações folclóricas com os grupos da freguesia, abrem-se a barraca e o bazar, e reforçam-se os trabalhos de preparativos das sopas e da carne guisada a serem servidas no dia seguinte.

A programação de 2011 faz referência à distribuição das Pensões pela freguesia, e apresenta a abertura do bazar e da barraca às vinte horas. As vinte e uma horas e trinta minutos constava a atuação do Grupo Folclórico Cantares e Bailados da Relva - alguns componentes também faziam parte da comissão mordoma do Império daquele ano -, seguindo por uma confraternização regada a vinho e comida.

No Domingo, acontece o culminar da festa, com os trabalhos a amanhecerem com o dia, após uma noite inteira a preparar as sopas e a carne guisada. Depois de todos os ingredientes prontos, em tachos de noventa centímetros de altura, cozinham toda a noite. Carolina Soares lembra que ficam toda a noite nessa tarefa, enquanto decora-se o local onde será rezada a missa no Domingo.

Os horários são previamente anunciados na programação, e se repetem de ano para ano, com início ao meio-dia, com a Missa Campal, e, em seguida, são servidas as Sopas do Espírito Santo. Às dezoito horas tem a coroação acompanhada pela Banda Nossa Senhora das Neves. Também se abrem o bazar e a barraca às vinte horas e as vinte e três são sorteadas as domingas, seguida pela subida do mordomo e com o enceramento da festa marcado para as vinte e quatro horas.

Quando a missa começa, as sopas já estão preparadas em grandes panelas no barracão, muita carne e pão, sucos de laranja e vinho de cheiro, um aroma de hortelã que anuncia o sabor da sopa. Nas sopeiras são colocadas fatias de pães regionais, alguns ramos de hortelã e conchas de sopas com muito caldo, carne e legumes sobre os pães.

A missa é rezada em campo aberto, uma missa campal, junto ao Teadro do Espírito Santo, em um palco montado para os festejos e as cerimônias, onde todos podem observar a mesa posta ao longa da Rua de Cima, uma mesa com cerca de cinquenta metros, por vezes um pouco mais, que começa próximo ao Teadro e termina junto à entrada do Barracão do Espírito Santo. E, antes de terminar a missa, o padre convida todos para se reunirem ao fim da tarde junto ao Teadro para a cerimônia de coroação.

Dentro do barracão, é montada uma mesa em separado para algumas autoridades locais, como o presidente da junta da Freguesia da Relva. Enquanto servem a sopa na rua, dentro do Barracão, cerca de quarenta a cinquenta pessoas trabalham na cozinha. Os mordomos com camisa azul-turquesa identificados com a palavra mordomo em letras brancas nas costas e os outros ajudantes com camisas brancas e uma coroa vermelha estampada com os dizeres, Império da Trindade 2011.

A mesa ao longo da Rua de Baixo é montada com bancos longos e tábuas sobre cavaletes, de forma a criar uma mesa única e longa na rua, coberta com uma toalha que, em 2011, era de um plástico de cor azul, combinando com as camisas utilizadas pelos membros da comissão e com as pinturas feitas em frente ao barracão do império, com detalhes cor-de-rosa e os símbolos do Espírito Santo em azul.

Nessas mesas, são postos dois pratos para cada lugar, um prato raso para a carne guisada e outro que fica por cima, específico para a sopa. Também há um jarro de vidro transparente que é usado para o suco de laranja, enquanto utilizam um jarro de aço inoxidável para o vinho de cheiro, que são servidos ao longo de toda a mesa.

Em 2011, serviram-se sopa para cerca de mil pessoas, incluindo os próprios voluntários, em mesas com capacidade para duzentas pessoas, que se revezam cedendo lugares a quem ainda não havia se servido, ao longo da tarde, até que todos estejam satisfeitos e que os últimos a serem servidos, no caso os próprios mordomos e voluntários, sentam-se quando a tarde já está avançada.

A sopa é servida em sopeiras apropriadas para a tarefa, servidas pelos voluntários da freguesia e de outras que se oferecem para ajudar. São distribuídas sopeiras ao longo da mesa, assim como jarros de vinho e outros com suco de laranja. Com conchas, os voluntários servem prato a prato aqueles que já estão de pratos vazios, na quantidade desejada por quem está sentado. Nas sopeiras, a sopa é posta sobre grandes fatias de pão regional, ao costume local, e um ramo de hortelã para dar o gosto.

Quando cada um termina de comer a sua sopa, é servida no prato uma porção de carne guisada, que também é levada à mesa em sopeiras, as mesmas utilizadas pela sopa. Primeiro, serve-se a sopa e só depois a carne guisada, ao gosto de quem está sendo servido, com vinho de cheiro e aroma de hortelã. Assim que alguém termina a refeição, levanta-se, cedendo seu lugar a outro que vai chegando ao longo da tarde, também para a sopa.

Ao fim da tarde, com horário marcado na programação para as dezoito horas e trinta minutos, acontece o "cortejo" que, na Relva, é conhecido apenas como coroação, mas que consiste em uma procissão ou desfile pelas ruas da freguesia, e que possui uma ordem hierárquica inserida no contexto da festa, onde as crianças assumem uma importância destacada sobre os adultos, e mesmo sobre as autoridades locais. Tem início junto ao Teadro, seguindo pelas ruas da freguesia, de forma a contornar toda a área urbana da Relva, e que termina onde começou, junto ao Teadro, local onde é realizada a coroação.

É importante lembrar que na Freguesia da Relva, o termo coroação não se limita apenas ao ato de coroar alguém, criança ou adulto, o que é feito após a missa que acontece ao fim de cada uma das seis domingas que antecedem o último dia do império. Define, também, todo o cerimonial que envolve a procissão ou o cortejo, em uma ordem pré-estabelecida, acompanhado das insígnias do Espírito Santo, e que acontece no Domingo da sétima dominga, ou seja, no principal dia do Império e que culmina com o ritual de coroação propriamente dita.

As pessoas se vestem com suas roupas mais requintadas, como para um casamento ou evento social. Os homens de trajes e gravata, sapatos pretos muito lustrosos, com penteados que não dispensam o gel de cabelo e os óculos de sol do último modelo. As mulheres com vestidos de gala, longos, de cores vivas e com decotes discretos, muitas vezes comprados especialmente para a ocasião, sapatos de salto alto, com penteados aprimorados e maquiagem, por vezes exagerada.

Carolina diz que a coroação não se limita aos organizadores e mordomos, também há lugar para pessoas da freguesia que queiram participar, e que seguem juntos no cortejo/coroação, que é iniciada sobretudo por crianças: "Crianças da comunhão, jovens ou crianças com flores ou cabeceiras com a pombinha, pessoas que queiram ir à coroação. Depois, segue o ramo do mordomo, a coroa, os mordomos e a finalizar a bandeira real do divino Espírito Santo aberta e a banda fecha a coroação".

No cortejo/coroação realizado no Império da Trindade, em 2009, pude contar um total de cerca de oitenta a noventa pessoas. No mesmo ano, somou-se ainda cerca de vinte e cinco membros da Banda Nossa Senhora das Neves, uma filarmônica fundada em janeiro de 1866, e que costuma estar presente em todos os eventos da freguesia. É de lembrar que todos que participam do cortejo/coroação, em sua maioria, fazem parte da organização, entre autoridades locais, mordomos e familiares, na maioria crianças que abrem a coroação transportando as bandeiras, espeto e outras insígnias do Espírito Santo.

Logo no início do cortejo/coroação seguem as duas bandeiras do Espírito Santo do Império da Trindade, sendo levadas por dois jovens da freguesia. Cada uma das bandeiras é estendida com a ajuda de duas meninas de entre dez e quinze anos, vestidas de branco, com trajes semelhantes aos utilizados nas cerimônias de primeira comunhão. O grupo é seguido por um jovem de cerca de quinze anos que leva o espeto do Espírito Santo, empunhado com um lenço vermelho. Esse espadachim segue ladeado por duas meninas também de vestidos claros, seguidos por mais uma menina de menos de dez anos. Essa, por sua vez, também é seguida por mais três meninas, sendo que a do centro leva um ramo de flores atado em uma fita branca que se estende até as duas outras meninas que a ladeiam.

Essa formação se repete com mais seis meninas, as três primeiras sem nenhum apetrecho, enquanto as três seguintes estão ligadas com um laço que seguram e que está preso ao ramo de flores levado pela menina do centro. Logo atrás seguem mais três meninas, com a do centro levando uma coroa sobre a salva, com o cetro em seu centro; nota-se que é a coroa que traz a Pomba do Espírito Santo. Logo a seguir, vêm mais três meninas com fitas ligando umas às outras; a do centro traz um buquê de rosas brancas, sendo seguidas, depois, por mais três meninas que portam uma espécie de almofada, chamada na Relva de cabeceira, vermelha, com uma Pomba em tecido no centro, alusiva ao Espírito Santo.

Um outro grupo que segue na coroação é composto por oito meninas, vestidas de branco, com idades entre 10 e 15 anos; uma vai ao centro com uma espécie de almofada em tecido, de cor vermelha com uma Pomba em tecido no centro, de onde saem sete fitas brancas com letreiros em letras vermelhas, descrevendo cada um dos sete dons do Espírito Santo: sabedoria, entendimento, conselho, fortaleza, ciência, piedade e temor a Deus.

A seguir a essas meninas que levam almofadas, ou cabeceiras, podem ir pessoas da comunidade que queiram participar, em grupos de dois, três ou cinco elementos, por vezes, mordomos de outros impérios, alguns transportando coroas e são seguidos pelo Ramo do mordomo, seguro por uma jovem ligada por fitas a mais quatro ou cinco pessoas; depois, segue a Bandeira Real do Divino Espírito Santo. Notamos que, à medida que a coroação segue, os acompanhantes são cada vez mais velhos. O cortejo inicia com crianças, depois adolescentes, após jovens e adultos até os mais velhos e algumas autoridades.

Após a Bandeira Real do Divino Espírito Santo, segue o presidente da Junta da Freguesia da Relva que leva a coroa do Espírito Santo da Trindade, a coroa principal com um crucifixo sobre o orbe, acompanhado por outros elementos da coroação e seguido pelos mordomos daquele ano, numa lenta marcha que termina com a filarmônica, dando o compasso da coroação.

É o compasso da filarmônica que marca a velocidade em que segue a procissão, e sua presença é fundamental para o seguimento da coroação. Ela leva à frente dois porta-bandeiras, um com a bandeira dos Açores, azul e branca com o Açor de asas abertas e nove estrelas representando cada uma das ilhas açorianas, outro com o estandarte da filarmônica da Relva, em cor vermelha e letras bordadas em dourado. A filarmônica participa da coroação com vinte e cinco componentes, entre músicos e porta-bandeira. A Filarmônica segue de uniforme e executa temas que se repetem ano após ano, por mais de um século.

Ao longo das ruas, notamos a sensibilização de todos da Freguesia, gente que se prostra à janela, abre as portas e se coloca na calçada; os mais velhos em bancos improvisados ou cadeiras que levam para a rua para homenagear o Espírito Santo. Nas janelas, podem-se ver colchas coloridas, algumas bandeiras e tapetes que, pendurados nos parapeitos das janelas, ladeiam as ruas por onde as insígnias do Espírito Santo passam.

O percurso da coroação pode levar mais de duas horas para ser concluído. Sua marcha lenta e compassada tem início junto ao Barracão do Espírito Santo, local onde todos se reúnem para formar o cortejo, que segue pela Rua de Baixo, junto ao Teadro, e depois sobe pela Rua Nova. Segue o cortejo pela Estrada Regional, descendo pela Avenida da Igreja, entra pela Avenida 05 de Agosto, desce pela Rua da Guiné, segue pela Rua de Cima, em direção à igreja, novamente descendo, por fim, até a Rua de Baixo, quando chega ao local da partida, o Teadro do Império da Trindade.

É um percurso de cerca de três quilômetros e meio, e passa por quase todas as ruas da freguesia, serpenteando a área urbana até chegar novamente ao ponto de origem; e tudo isso sem a presença do Padre local. A cerimônia termina com o hino do Espírito Santo, executado pela Banda Nossa Senhora das Neves, junto ao Teadro, onde é finalizada a coroação.

Por vezes, no período entre a coroação e os espetáculos na noite de domingo, são feitos leilões com animais doados, por vezes, uma cabra ou um porco, também galinhas ou bolos e doces. Na Relva, Carolina Soares lembra que faz alguns anos que não são oferecidos animais para leilões, por isso, ultimamente, os leilões não têm sido realizados. O que pode ser mais uma das alterações geradas por condições econômicas, como a crise que tem atingido a Europa nos últimos anos, ou por conveniência, como no caso do vinho entregue diretamente ao império.

Após a coroação, a festa segue com a abertura do Bazar e da Barraca, às vinte horas, seguindo com atuações artísticas que, em 2011, teve como atração o Grupo Musical *Fashion Girls*. Finaliza-se com o sorteio das domingas, às vinte e três horas. Logo a seguir, acontece a subida do próximo mordomo, que dará continuidade ao ciclo do

Espírito Santo no Império da Trindade da Freguesia da Relva, como algo que não termina.

Na Quarta-Feira, após a realização do Império, ainda há eventos ligados aos antigos mordomos, como a Ceia de Criadores, que acontece a partir das vinte horas e que, por vezes, conta com músicos convidados. Essa ceia acontece no Salão Cultural e Recreativo de Nossa Senhora das Neves. Os mordomos decoram a sala e fazem a comida com a ajuda das famílias e de amigos. Para essa ceia, vêm todas as pessoas que receberam "pensão de criador" (cento e cinquenta euros) e todas as pessoas que estiveram a ajudar durante a semana do império.

2.5 FESTA DO DIVINO DE SANTO ANTÔNIO DE LISBOA

A Festa do Divino Espírito Santo de Santo Antônio de Lisboa de 2011 teve início logo no mês de maio, muito antes dos festejos locais. Começou com o desfile dos Cortejos do Divino e o Encontro de Bandeiras que acontece no centro de Florianópolis, e contou com a presença dos representantes das quatorze festas realizadas anualmente no município. Todas elas são reconhecidas oficialmente pela principal instituição cultural local, a Fundação Franklin Cascaes[234], a mesma que promove o evento.

Essa cerimonia em 2011 aconteceu no último sábado de maio, dia 28, e teve início logo pela manhã, com uma concentração que reuniu os festeiros de cada uma das comunidades envolvidas, todos com suas insígnias do Divino, seus trajes especiais de imperador e imperatriz acompanhados pelo séquito real, como uma prévia das celebrações que cada comunidade realizará no dia da sua festa.

Um dos primeiros atos dessa cerimonia consiste na bênção "dos Pães do Divino", ministrada por um padre, seguido depois por um desfile pelas ruas do centro histórico. Cada grupo acompanhado por um "Cortejo do Divino", seguido depois pelo Encontro de Bandeiras do Divino que acontece junto à Catedral Metropolitana e termina com a confraternização em frente ao edifício cede da Fundação Franklin Cascaes, na época, o Forte de Santa Bárbara.

---

[234] Fundação Cultural Franklin Cascaes, instituição cultural criada pela Câmara Municipal de Florianópolis, na década de 1980, que tem como objetivo o fomento da cultura no município.

Uma semana depois dessa cerimônia, de acordo com a lei municipal número 8010/2009, acontece oficialmente a abertura do Ciclo do Divino em Florianópolis. Em 2011, contou com o hasteamento de uma bandeira do Divino Espírito Santo e a abertura de uma exposição no edifício sede da Fundação Franklin Cascaes[235]. Uma cerimônia que segue durante os meses de festas, de junho a setembro, com eventos que lembram o período das festas e encerram com a apresentação dos festeiros escolhidos para as festas do ano seguinte.

No ano de 2011, inserido nos eventos, foram entregues ainda insígnias do Espírito Santo doadas pelo governo da Região Autônoma dos Açores. Coroa, Salva e Cetro, todos em prata, foram entregues às comunidades do Rio Vermelho e Barra da Lagoa, em Florianópolis, pela Casa dos Açores Ilha de Santa Catarina, respetivamente nos dias 21 e 28 de agosto. E o encerramento do ciclo aconteceu no dia 25 de setembro, junto da Festa do Divino na Igreja São Francisco de Paula, em Canasvieiras.

Paralelo a esses eventos oficiais, os trabalhos para a realização de cada uma das festas seguem nas respectivas comunidades, e um dos rituais mais comuns são os Peditórios que mobilizam as pessoas da comunidade com uma espécie de peregrinação das insígnias do Divino pelas ruas dos bairros, arrecadando doações e mobilizando a comunidade para o período da festa.

Em 2011, dentro das comemorações oficiais, houve uma exposição fotográfica itinerante que percorreu todas as quatorze comunidades que celebraram festas aquele ano. Teve início com a festa na capela do Bom Jesus no Rio Tavares, entre os dias 3 e 5 de junho, seguida pela festa no centro de Florianópolis, na Igreja do Divino Espírito Santo, entre os dias 9 e 12 de junho. No mesmo fim de semana, aconteceram mais três festas, uma no bairro Estreito, no Santuário de Nossa Senhora de Fatima, entre os dias 10 e 12 de junho, outra nos dias 11 e 12 de junho na Paróquia Nossa Senhora da Lapa, no Ribeirão da Ilha, e outra na Paróquia de São Francisco Xavier, em Monte Verde.

Na semana seguinte, entre 15 e 19 de junho, a festa foi na Paróquia da Santíssima Trindade, na Praça Santos Dumont, no Bairro Trindade. Ao mesmo tempo em que se realizavam as festas na Paróquia Santa Terezinha, no Bairro Prainha e no Santuário Nossa

---

[235] Cfr. Lélia Pereira da Silva Nunes, *Um Olhar Sobre o Espírito Santo em Santa Catarina*: O contributo cultural da Diáspora Açoriana.

Senhora da Imaculada Conceição na Lagoa da Conceição, entre os dias 18 e 19 de junho; termina com a Festa na Capela São Pedro, no Pântano do Sul, nos dias 24, 25 e 26 desse mesmo mês.

Em julho, aconteceu apenas a Festa na Capela de São Sebastião, na comunidade do Campeche, entre os dias 09 e 10 daquele mês, havendo outra Festa do Divino somente entre os dias 02 e 04 de setembro na Capela de São Pedro, comunidade da Barra da Lagoa. Entre os dias 07 e 11, houve festas na freguesia de Santo Antônio de Lisboa, na Igreja de Nossa Senhora das Necessidades, acompanhando a festa na Igreja de São João Batista, no Rio Vermelho, entre os dias 09 e 11, sendo a última entre os dias 23 e 25 de Setembro, na comunidade de Canasvieiras, na igreja São Francisco de Paula.

De forma geral, todas essas festas, a princípio, assemelham-se umas às outras nos seus elementos principais e estruturais, existindo, no entanto, particularidades, na forma como praticam cada um dos rituais, no calendário e nas caraterísticas específicas de cada uma destas comunidades. Da mesma forma como nos Açores, encontramos particularidades que variam de ilha para ilha ou mesmo, entre festas realizadas na mesma freguesia. Assim, como cada império tem suas particularidades, em Florianópolis, cada festa possui sua dinâmica própria, embora todas reivindiquem uma origem açoriana comum.

Jói Cletsom, Coordenador do Núcleo de Estudos Açorianos, é um dos apologistas da forte ligação entre as Festas realizadas em Santa Catarina e as realizadas nos Açores. Para ele, é inquestionável a origem açoriana das festas que se realizam ao longo do litoral catarinense, e diz tratar-se de remanescentes do passado ainda vivo no seio das comunidades mais tradicionais. Segundo ele, há uma semelhança impressionante com as festas dos Açores, e acredita que os povos do litoral catarinense conseguiram manter intactas as celebrações, perdendo apenas alguns aspectos como o bodo, por exemplo.

A Festa do Divino de Santo Antônio de Lisboa, a qual nos dedicaremos a partir de agora, talvez seja um dos momentos mais importantes daquela comunidade, não só pelo fato de mobilizar os meios de comunicação, estudiosos e parte da elite cultural do município, mas também por ser promovido substancialmente por toda a comunidade, envolvendo igreja, associações laicas ou religiosas, instituições públicas e privadas, numa cerimônia que se estende por meses ao longo do ano.

Desde que surgiram movimentos de resgate e proteção da cultura popular local, as festas do Divino passaram a representar o ponto alto desse movimento. É como uma "festa da cultura" com programações dedicadas justamente ao resgate e à preservação cultural. "A cada ano a festa apresenta uma programação cultural formatada sobre o resgate de usos e costumes da freguesia que fazem parte da memória coletiva, envolvendo de alguma forma todos os moradores do lugar"[236].

Em Santo Antônio de Lisboa, uma das coisas que nos chama a atenção, em uma primeira observação, é a realização da festa fora do calendário habitual do Espírito Santo, muito além do Domingo de Pentecostes, e isso se deve ao fato de que até meados do século XX as festas em Santo Antônio de Lisboa eram realizadas em datas móveis, que dependiam não só do calendário litúrgico, mas sim, da disponibilidade do arcebispo Dom Joaquim Domingues de Oliveira, que presidia a parte religiosa da festa[237], fazendo com que sua realização se prolongasse até quase meados de setembro.

Assim, como nas comunidades açorianas que realizam as Festas do Espírito Santo por todo mundo, em Santo Antônio de Lisboa a festa é realizada pela comunidade e, em muitos casos, por uma Confraria do Espírito Santo. Porém, no caso de Santo Antônio, a festa costuma ser organizada por uma Comissão Organizadora que fica responsável por toda a estrutura funcional e programação da Festa. É composta pela Irmandade do Divino Espírito Santo e Nossa Senhora das Necessidades, presidida pelo Vigário Paroquial, com a administração do Provedor da Irmandade e liderança do casal imperial, escolhido no final da festa do ano anterior.

A escolha desse casal imperial é feita entre um grupo de candidatos que se apresentam previamente. Dentre os requisitos está a participação nas manifestações culturais da comunidade, além de seu papel nas forças vivas da região, também contam sua reputação e conhecimento junto aos paroquianos que os selecionam. Este casal antigamente era responsáveis por muitos dos gastos necessários durante a semana da festa, o que tem vindo a mudar nos últimos anos.

---

[236] Cfr. Lélia Nunes Pereira, *Caminhos do Divino* - um olhar sobre a Festa do Espírito Santo em Santa Catarina, Florianópolis, Editora Insular, 2007.
[237] Cfr. Sergio Luiz Ferreira, *Santo Antônio de Lisboa, 310 ano*s: Sua gente, sua igreja e sua Festa do Divino, Blumenau, Nova Letra, 2008.

Outros membros importantes na organização da festa são o mordomo (de menor importância do que nos Açores), os juízes do Divino e de Nossa Senhora das Necessidades e os juízes convidados pala irmandade e pelo casal imperial, postos considerados como uma mais valia no estatuto social desses membros dentro da comunidade. E nesse caso, a tendência dos organizadores em valorizar os membros atuantes na comunidade e a participação de toda comunidade nos trabalhos fazem com que a nomeação de juízes ultrapasse as centenas, por vezes, chegando aos trezentos o número de juízes convidados para auxiliar na organização da festa.

As funções desses juízes variam de acordo com os conhecimentos de cada um, desde um papel litúrgico nas cerimônias religiosas até as funções mais práticas dentro da própria parte comercial da festa, com venda de bebidas e alimentos. São organizados em grupos de cerca de 10 elementos, orientados por um coordenador que participa das reuniões semanais onde se define cada tarefa. Esses juízes pertencem às forças vivas da comunidade, grupos jovens, pastorais da igreja, associações de moradores, associações culturais, entre outros.

A realização da festa tem início meses antes das suas principais cerimônias, que acontecem na primeira semana do mês de setembro, junto às comemorações do dia de Nossa Senhora das Necessidades, 08 de setembro, no fim de semana mais próximo dessa data. Portanto, meses depois do dia de Pentecostes, data em que normalmente se comemoram as Festas do Espírito Santo nas comunidades cristãs de influência açoriana, mas que, nem por isso, deixam de ser comparadas às festas realizadas, sobretudo, no Arquipélago dos Açores, terra de origem dos primeiros povoadores europeus da região.

Foi somente a partir de 1998 que a festa passou a ser organizada pela comissão organizadora, antes disso, esse papel era da Irmandade do Divino Espírito Santo e Nossa Senhora das Necessidades, uma irmandade criada já no século XX, com data de fundação em 25 de maio de 1927, embora já tenha sido reivindicada em 1911 pela comunidade, através de um abaixo assinado, de forma a substituir as irmandade da Santíssima Trindade, Nossa Senhora do Rosário e São Miguel e Almas que teriam sido extintas na antiga Freguesia de Nossa Senhora das Necessidades. Uma extinção que acompanhou a tendência notada em toda península Ibérica, e consequentemente, nos países sob suas influências políticas e religiosas.

Sobre as irmandades, Jói Cletsom fala da existência de três Irmandades que ainda sobrevivem em Santa Catarina, sendo todas em Florianópolis:

> Irmandade do Divino Espírito Santo, fundada em 1773, e até hoje responsável pela organização da festa da capela do Divino Espírito Santo de Florianópolis; a Irmandade do Divino Espírito Santo de Santo Antônio de Lisboa, que tem como data de sua fundação o ano de 1927 (após a fusão de outras três irmandades). Atualmente, é responsável por fazer acontecer a festa em louvor ao Divino da paróquia de Nossa Senhora das Necessidades de Santo Antônio de Lisboa; a terceira é a Irmandade do Divino Espírito Santo da Paróquia de Nossa Senhora da Lapa do Ribeirão da Ilha, que não tem uma data precisa de fundação, mas desde 1860 encontramos registros de seu funcionamento e organização das festas[238].

Nos Açores, sobretudo no Grupo Central, as irmandades ainda possuem um papel importante na organização das Festas do Espírito Santo, ao ponto de, em muitas ilhas, serem elas as únicas responsáveis pela organização das festas. Isso não acontece nos impérios estudados na Ilha de São Miguel, onde os eventos são organizados à margem da igreja ou de qualquer organização institucionalizada. Já em Portugal Continental, com raras exceções, as Festas do Espírito Santo acabaram por desaparecer, justamente por interferência de instituições como a própria igreja.

A Irmandade do Divino Espírito Santo e Nossa Senhora das Necessidade sobreviveu e, ao longo do século XX, cumpriu seu papel na organização da Festa do Divino Espírito Santo e de Nossa Senhora das Necessidades, tendo seu reconhecimento dentro e fora da comunidade à medida em que a cultura popular do litoral catarinense ganhava importância, ao longo das décadas de 1980 e 1990, no âmbito dos estudos sobre a influência açoriana na região.

Essa importância foi reconhecida quando, em 03 de julho de 2001, a Câmara de Vereadores de Florianópolis aprovou e sancionou a

---

[238] Entrevista com Jói Cletson, realizada em novembro de 2011.

lei número 6871/01, que declarava a Irmandade do Espírito Santo e Nossa Senhora das Necessidades como de Utilidade Pública, um momento importante da existência dessa irmandade. Nesse documento constava, no seu artigo primeiro, a declaração de Utilidade Pública para a referida irmandade, com sua data de fundação como 25 de Maio de 1927, com sede no município de Florianópolis e possuidora do objetivo de promover o culto ao Espírito Santo e Nossa Senhora das Necessidades, assumindo todas as atribuições própria do Conselho Administrativo Paroquial (CAP), da igreja de Santo Antônio de Lisboa, além da administração do Cemitério Paroquial. Consequentemente, atribuía-lhe também todos os benefícios e vantagens previstas na legislação, e declarava a lei em vigor na data de sua publicação em Florianópolis, no dia 03 de julho de 2001[239].

Uma outra instituição local de grande importância para a organização da Festa do Divino e outros eventos ao longo do ano, dentro do Distrito de Santo Antônio de Lisboa, é a Associação dos Moradores de Santo Antônio de Lisboa, ou simplesmente (AMSAL). Foi fundada em 18 de fevereiro de 1987, e declarada de Utilidade Pública em 20 de outubro daquele ano, um período culminante para a comunidade, que se mobilizava contra a instalação de uma Usina de Reciclagem de Lixo. Essa luta foi o principal motivo de sua fundação, e sua primeira conquista a favor dos interesses locais, um objetivo alcançado e que consolidou seu papel na comunidade.

Após impedir a instalação da usina de lixo na região, surgiram outros objetivos que deram ainda mais notoriedade àquela associação, como a busca por uma solução para os problemas de abastecimento de água e, depois, a implantação de aulas em horário pós-laboral para estudantes do segundo grau na Escola Dr. Paulo Fontes. A lista de objetivos e conquistas estende-se, com o apoio à implantação da Estação Ecológica dos Carijós, à construção de uma creche comunitária, convênio com a Universidade Federal de Santa Catarina para a produção de sementes de ostras, linhas de transporte público, revitalizarão de praças, entre muitas outras realizações ao longo dos anos.

---

[239] JusBrasil, Legislação.
Disponível em: http://www.jusbrasil.com.br/legislacao/993453/lei-5871-01-florianopolis Consultado em: 22 nov. 2011.

A associação exerce um papel importante dentro da organização da Festa do Divino, à medida que, ao fazer parte das forças vivas da comunidade, sem dúvida, a mais atuante nas organizações sociais, tem na maioria de seus componentes, indivíduos que se envolvem nos mais diversos meios dentro e fora do distrito, exercendo papel importante na dinamização e divulgação da festa e em muitos outros eventos comunitários.

Nas duas últimas décadas, as Festas do Divino Espírito Santo de Santo Antônio de Lisboa têm alcançado uma dinâmica que ultrapassa o nível municipal. Isso graças à atuação de todas as forças vivas da comunidade, mas, sobretudo, ao papel dos intelectuais e estudiosos do tema que a cada ano se envolvem mais na promoção dessas festas na região.

É comum encontrarmos pesquisadores a referirem-se à festa realizada no ano de 1998 como um divisor de águas, como a professora Lélia Nunes, que afirma que naquele ano, em especial, a festa adquiriu um nível de valorização cultural que influenciou de forma positiva a vida comunitária:

> Uma mudança cultural e social nascida do consenso, do desejo de não deixar morrer a sua memória e que buscou nas raízes o jeito certo de mantê-las fortalecidas, mesmo que tenham que (re)inventar a sua tradição para recuperá-la e transmiti-la com dignidade para as novas gerações.[240]

Pude comprovar essa dinâmica junto de muitos elementos da festa na comunidade, no orgulho que possuem em divulgar sua cultura popular e as manifestações folclóricas. Isso está presente nas lojas de artesanato, nos restaurantes locais, nas próprias casas e na forma de apresentarem os aspectos da cultura local. E sem dúvida, o maior expoente desses aspectos são encontrados durante a Festa do Divino.

Dentre muitos dos contatos que estabeleci na região, um dos meus informantes foi o senhor Fausto Agenor de Andrade, filho de Agenor José de Andrade. Sr. Fausto nasceu em julho de 1950, tem ligações familiares com a própria história de Santo Antônio de Lisboa e a Festa do Divino. Orgulha-se em falar da festa, dos rituais e da fé que

---

[240] Texto adaptado do capítulo "Santo de Santo Antônio de Lisboa". *In: Caminhos do Divino* - um olhar sobre a Festa do Espírito Santo em Santa Catarina, p. 182-194. Florianópolis: Insular, 2007.

tem à Terceira Pessoa da Santíssima Trindade, e de tudo que envolve a comunidade. É ele próprio um agente cultural, que executa sua tradição da forma como aprendeu com seus pais e avós, desde criança, envolvido nos eventos da comunidade, a princípio, rotineiros e comuns e, atualmente, destinado aos dias de festa.

Seu Fausto conta que cresceu numa época em que os moradores da comunidade viviam da agricultura e da pesca. Trabalhavam na lavoura durante o dia e, ao anoitecer, iam recolher as redes com os peixes que haviam capturado ao longo do dia. Era uma produção de subsistência, e havia uma troca direta de produtos entre toda a comunidade, algo que supria a necessidade das famílias e aumentava a coesão entre os membros de famílias diferentes.

Sobre a Festa do Divino, Sr. Fausto lembra que, nas décadas de 1960 e 1970, essas festas não se comparavam às que se realizam atualmente. Realizava-se apenas no sábado e no domingo, e contava com uma simples cerimônia, e com um pequeno cortejo que seguiam em procissão por algumas centenas de metros, composto por crianças de seis a dez anos, que se formavam de dois em dois, em casais, além de dois representantes específicos que chamavam de "espada" e "espadinha". O que contrasta com a atualidade, onde o Imperador e a Imperatriz se vestem com trajes luxuosos alugados muitas vezes nos municípios vizinhos, como Santo Amaro ou Biguaçu.

Sobre esses trajes, um dos fornecedores é Dárcio Gustavo Correia Filho, festeiro na Festa do Divino Espírito Santo do Santuário de Nossa Senhora da Imaculada Conceição da Lagoa, na Lagoa da Conceição, em 2008. Segundo ele, em início de 2012, o aluguel de dois conjuntos de trajes utilizados em uma Festa do Espírito Santo, chegava a valores equivalente a cinco mil reais:

> Os trajes são específicos às Festas do Divino Espírito Santo, somente são alugados para este fim. As roupas foram confeccionadas com base nos trajes imperiais, desde as roupas do casal imperador, quanto aos das damas e pajens. São bordados a mão e confeccionados em veludo alemão ou em tecido fino. Os aluguéis estão em torno de cinco mil reais para dois conjuntos, isto é, dois tipos de roupas que são utilizados, geralmente, no sábado e no domingo da festa.

No momento, estou colocando à venda quatro conjuntos de trajes por quinze mil reais.[241]

Nesse período, senhor Fausto lembra que a festa havia perdido importância ao ponto de ter apenas uma simples missa no domingo, com uma homília sem muito requinte e breves referências ao Divino e à festa. O que talvez tenha provocado um sentido de perda e que gerou, por sua vez, um movimento de reação e fortalecimento da festa nas últimas décadas. Isso pode ser visto ao ponto de, nos dias da festa, os padres sentirem-se, de certa forma, intimidados com a importante missão de presidir a cerimônia da festa, pedindo inclusive ajuda de populares para que expliquem o quão importante é a cerimônia para a comunidade.

Para os moradores do distrito, as festividades têm início com a saída das insígnias do Espírito Santo às ruas, o que chamam de peditório, pelos bairros de Santo Antônio de Lisboa. Levam a bandeira mais simples, que chamam de "Bandeira Pobre", com fitas coloridas amarradas ao mastro, junto a uma Pomba esculpida em madeira, no seu cimo, e mais a coroa em latão, réplica da antiga coroa original, roubada.

Essas insígnias só retornam à igreja no final da peregrinação, durante a semana da Festa do Divino. Antes disso, durante os meses de peditório, essas insígnias entram de casa em casa a pedir oferendas para a realização da festa. À noite, após a novena, as insígnias ficam na casa escolhida, onde normalmente é preparado um pequeno altar, com imagens de outros santos, velas acesas, flores e um toalha bordada ou com a melhor estampa, fazendo de forro ao pequeno altar.

Até alguns anos, esse ritual era acompanhado por uma cantoria, chamada também de Folia do Divino, menos requintada do que a dos Açores, com alguns músicos que seguem animando e criando versos de acordo com a ocasião. O que veio a desaparecer com o tempo, restando apenas uma ou duas pessoas segurando a bandeira e a coroa, além de um tambor cadenciado em um ritmo específico, que anuncia a presença do Espírito Santo ao longe.

---

[241] Entrevista realizada, em janeiro de 2012, com Dárcio Gustavo Correia Filho, festeiro da Festa de 2008, do Divino do Santuário de Nossa Senhora da Imaculada Conceição da Lagoa.

Há sempre alguém da irmandade a acompanhar o peditório, e é esse que leva consigo a Coroa do Divino, o símbolo mais valioso dentro das insígnias. Segue vestido com uma opa de cor vermelha, e fica como que responsável pelas doações da comunidade. Uma moça leva a bandeira e um auxiliar acompanha o grupo, com um tambor que toca em ritmo cadenciado, sempre que o grupo se movimenta, enquanto uma criança costuma levar o Cetro, que também pode estar junto da coroa sobre a salva.

A coroa original da Festa do Divino de Santo Antônio foi doada por Dom Pedro II, em 1845. Na época, a festa era organizada pela Irmandade da Santíssima Trindade, por isso talvez a coroa doada tivesse no seu cimo também uma Cruz, como acontecem nos Impérios da Santíssima Trindade que pude visitar nos Açores. Nessa época, Dom Pedro II também doou outras duas coroas iguais para as comunidades da Lagoa da Conceição e para o Ribeirão da Ilha, onde ainda existe um Teatro do Espírito Santo.

Em Santo Antônio de Lisboa, existem atualmente três coroas para a realização da festa, a coroa original acabou por ser roubada em 1983, o que levou os moradores da comunidade a mandar fazer uma nova coroa, em latão, semelhante à original, e é essa que segue no peditório pelas casas da comunidade. A coroa com uma Pomba surge através de uma doação, feita em 1986, pelo então governador do estado de Santa Catarina, Esperidião Amim. E, em 2004, uma outra coroa foi doada à comunidade, dessa vez pelas Câmaras Municipais da Ilha do Pico, nos Açores.

Os músicos que acompanham a peregrinação do peditório pelas casas da comunidade, ainda comparecem em determinadas ocasiões ao longo do ciclo da festa. São conhecidos como "folia" ou "foliões", e têm a mesma denominação utilizada nos Açores. Levam consigo uma rabeca, também uma viola e um pandeiro. Normalmente, atuam com três vozes, o Baixão, a Tripa e o Repentista, que cria os versos de acordo com a ocasião, com saudações, agradecimentos e licenças para a chegada e a retirada, e organiza as cerimônias através da ordem que dá aos versos que canta.

Esses elementos que ajudam na organização de alguns rituais da festa, normalmente, estão presentes em outras ocasiões, dentro de momentos culminantes da comunidade, nas celebrações no Natal, Páscoa ou outros momentos culturais. Os músicos, por exemplo, no ciclo do Espírito Santo, fazem parte do grupo de foliões, no Natal costumam Cantar os Reis, ou o Terno de Reis, sendo normalmente o repentista, também, o principal elemento dessa ocasião.

Quando o grupo chega às casas da comunidade, costuma ser bem recebido nas residências. As pessoas recebem as insígnias como se fossem o próprio Espírito Santo e, durante o momento em que as insígnias permanecem na casa, o local torna-se templo sagrado. Enquanto a coroa é colocada sobre uma mesa, a bandeira passa por todos os cantos da casa, sobre a cama do casal ou os quartos dos filhos, como se estivesse benzendo ou abençoando cada dependência.

Cada criança ou adulto beija a Pomba sobre o mastro, beijam a bandeira e as fitas; os adultos enrolam a bandeira nas crianças, passam sobre algum membro adoecido, e é comum acrescentarem uma nova fita à bandeira, normalmente comprada para a ocasião, como ex-voto, ou por doação ao Divino. Dão algumas esmolas em forma de dinheiro ou mantimentos para a festa, ovo, dinheiro, uma galinha ou frutas, e ainda há os que cortam pontas das fitas do divino para manter num oratório ou junto de alguma imagem de santos. Ainda sobre essas fitas, há relatos inclusive que falam de mães que faziam infusões com seus pedaços para dar de beber aos doentes da casa, em busca de uma cura pelo Espírito Santo.

Ao fim da tarde, costumam deixar as insígnias na última casa que visitam naquele dia. Essa casa, quase sempre, é previamente escolhida e fica responsável por uma novena naquela noite. A escolha da casa ocorre, sobretudo, pelo conhecimento que o grupo tem com os moradores do bairro e pelas condições da família em oferecer, ao fim da novena, algum tipo de lanche ou refeição, uma sopa ou café com doces e bolos, com lugar a um pequeno leilão de algumas das prendas arrecadadas naquele dia.

Realiza-se também uma novena de maior dimensão nos bairros que participam da festa, com lugar para um cortejo que segue da casa onde se encontram as insígnias até o local da novena, com os foliões e a irmandade promove um bingo no final da noite, com as prendas arrecadadas durante a semana, sempre com um princípio de distribuição de alimentos pela família anfitriã, através de um jantar ou um café oferecido aos que participam das novenas, num ritual que se repete ao longo dos meses, até o dia programado para a festa.

No fim de semana da festa, são realizadas duas coroações:

uma coroação no sábado à noite, quando se coroa a imagem de Nossa Senhora das Necessidades, e outra coroação que acontece no domingo pela manhã, quando se coroa um menino como Imperador do Divino Espírito Santo. Este menino segue em cortejo até um espaço especialmente preparado, chamado de império, levando em sua cabeça a coroa. E ali reúnem-se os fiéis a cumprimentar a criança. E veja que coroação, aqui, refere-se apenas ao ato de coroar, enquanto que Império é apenas o local onde o imperador permanece durante a festa.

A cerimônia de coroação de Nossa Senhora das Necessidades foi introduzida em 1935, e de acordo com Lélia Nunes, teria sido introduzida pelo Padre Bernardo Blasing, que, por não conhecer os rituais de coroação da Festa do Divino, resolveu proibir a coroação de um menino, coroando então a imagem de Nossa Senhora das Necessidades, criando um ritual que ainda existe. Porém, a resistência da comunidade num ritual que tradicionalmente sempre foi independente das autoridades religiosas e laicas fez com que, no ano seguinte, voltassem a coroar uma criança, sem alterar os rituais das Festas do Divino[242].

Após a coroação, realizada no Domingo, todo o séquito imperial, começando pelo casal imperial, damas e pajens, são conduzidos ao salão paroquial onde é montada uma sala imperial, com um trono, ali acontece a representação de um cerimonial de "beija-mãos", no caso, beijam a pombinha existente na coroa e na bandeira. No local, também são colocados os ex-votos em forma de massas moldadas de acordo com uma parte do corpo, ou representando as graças alcançadas. Essas massas são benzidas e vendidas, posteriormente[243].

Lélia Nunes comenta que, até 1956, ainda havia um Teatro do Espírito Santo, uma pequena construção nos arredores da Igreja onde eram guardadas as insígnias do Divino Espírito Santo, e que acabou por ser demolida. Elemento esse que nos mostra, através de sua simples existência, que até esse período havia uma separação mais nítida entre o poder religioso local e a Festa do Divino Espírito Santo, uma separação que pode até ser contestada em situações como a proibição da coroação da criança, imposta em 1935, e que deu início à coroação de Nossa Senhora das Necessidades.

---

[242] Cfr. Lélia Pereira Nunes; Irene Maria F. Blaye. *Caminhos do Divino*. Op. cit.
[243] Cfr. Lélia Pereira Nunes; Irene Maria F. Blaye. *Caminhos do Divino*. Op. cit.

A abertura da semana da festa em Santo Antônio de Lisboa, acontece normalmente uma semana antes do principal dia da festa, com a Divina Farinhada no Engenho de Farinha da Família Andrade. Uma unidade industrial especializada na fabricação de farinha de mandioca, movida a tração animal, e que reproduz a forma artesanal como era fabricada a farinha de mandioca, até há cerca de meio século.

O engenho, onde é organizada a Farinhada do Divino, é um edifício construído em 1830 e pertenceu ao pai do senhor Fausto; fica situado próximo ao Centro Histórico de Santo Antônio de Lisboa, na estrada chamada Caminho dos Açores, a cerca de mil e quinhentos metros do centro histórico de Santo Antônio e Lisboa. A farinhada é um evento onde se prima pelo resgate cultural, um culto ao passado da forma como seus intervenientes recordam ou viram quando eram crianças.

Nessa noite, reproduzem todo o cenário folclórico que envolvia a produção da farinha de mandioca. Convidam vizinhos, amigos, grupos folclóricos, representantes de instituições, meios de comunicação e estudiosos para uma verdadeira manufatura da mandioca e seus derivados, evento com direito a cantigas, danças, recital de versos, comida, bebida e outros momentos culturais.

No Domingo, os festejos continuam no engenho da família Andrade. A fabricação de farinha continua por alguns dias e, por vezes, há a necessidade de pôr outros engenhos também em funcionamento. Tudo acompanhado de músicos tradicionais, que cantam canções ligadas à terra e à cultura popular, e há um café com doces e salgados típicos da cultura local, que chamam de açoriana. Também, tem lugar um bingo onde se sorteiam oferendas recebidas por gente da comunidade, e tudo acontece naturalmente, sem que pareça estranho aos presentes.

Na semana que segue à Farinhada, os festejos se intensificam, com os restaurantes a receberem mais turistas da região, as famílias começam a se preparar e há uma maior interação entre todos os elementos envolvidos na festa. Percebe-se que o trabalho realizado nos meses anteriores chega próximo do seu auge, com uma maior movimentação nas ruas, a igreja recebendo nova pintura, maior cuidado na limpeza local, flores e decoração especial.

A festa propriamente dita é retomada na Quarta-Feira, com uma missa, que conta com a presença dos juízes da festa e mordomos.

Normalmente, celebrada pelo Arcebispo Metropolitano de Florianópolis, em 2011, Dom Murilo Sebastião Ramos Krieger, além de músicos regionais, convidados especialmente para a cerimônia, e que se esmeram para que a celebração seja o mais perfeita possível. Após a missa, costumam promover eventos, como os lançamentos de livros, exposições e outros eventos que homenageiam a cultura local.

Na Quinta e na Sexta-Feira, os festejam continuam com eventos culturais e religiosos, comidas típicas da região e músicos que preparam espetáculos, e que seguem pela noite, além de apresentações de filmes, palestras e exposições que fazem alusão ao Arquipélago dos Açores, encerrando sempre por volta da meia noite. Acontecendo, na Sexta-Feira, um desfile com a cavalaria da Polícia Militar, grupos folclóricos e artesãos.

Nesse dia, um outro evento importante que se destaca é o Desfile de Carro de Boi, que acontece nas principais ruas de Santo Antônio de Lisboa, e que traz cada vez mais participantes, mesmo de outras localidades da ilha de Santa Catarina, incluindo ainda apresentações folclóricas como o Boi de Mamão, e encerrando com a atuação de bandas, normalmente convidadas da própria região de Florianópolis.

No Sábado, acontece o ponto forte da festa comunitária, com um cortejo imperial que sai da casa do imperador em direção à igreja; seguem a Irmandade do Divino Espírito Santo, as bandeiras do Divino, do estado de Santa Catarina e do Brasil, seguidas pelo séquito real, casal de festeiros e folias, logo atrás, outros elementos e a banda musical, num verdadeiro espetáculo que chama a atenção de toda a comunidade e traz gente de toda a região para assistir a tradição que se repete a cada ano.

Chegando à igreja, acontece a coroação de Nossa Senhora das Necessidades. A igreja, decorada para a ocasião, inclui os trajes dos irmãos da Irmandade, com suas opas de cor vermelha e que ocupam os primeiros bancos, próximos ao altar a espera da missa. O cortejo entra na igreja com o casal imperial vestindo trajes que lembram uma família real, seguidos pelo seu séquito e, logo atrás, um grupo de meninas com coroas em papel dourado ou prateado, vestidas com cores lisas e vivas e asas alegóricas, a imitar anjos.

Todos se posicionam entre os bancos e o altar, em um nicho específico junto ao altar principal, próximo ao padre, sentados em cadeiras e nos degraus. As meninas vestidas de anjo posicionam-se junto aos degraus próximo à imagem de Nossa Senhora das Necessidades e ficam à espera do momento certo da cerimônia da coroação de Nossa Senhora das Necessidades.

A coroação da imagem de Nossa Senhora das Necessidades é um momento especial da cerimônia do Sábado, um verdadeiro espetáculo de luzes e som, com efeitos especiais e coreografia que culmina com a coroação da imagem de Nossa Senhora das Necessidades por uma jovem em meio a louvores e efeitos luminosos. É um momento tradicional e respeitado por todos, ao mesmo tempo que é aberto à criatividade dos organizadores, tanto na coreografia quanto nos espetáculos de som e luzes criados para a ocasião.

Após a coroação de Nossa Senhora das Necessidades, tem lugar a missa solene com participação de músicos locais e rituais especiais, seguidos por uma queima de fogos que anuncia o auge da festa. Logo após a missa, seguem-se os festejos com espetáculos de música, apresentações folclóricas, exposições, barraquinhas com jogos e brincadeiras, serviços de restaurantes e bares, bingos e rifas, trabalhos de som e locução que falam da programação da festa, num ritual que segue por toda a noite.

No Domingo, acontece o cortejo imperial, uma das cerimônias mais representativas, ao ponto de ser vista por alguns como a própria essência da festa. Consiste na busca das insígnias do Espírito Santo na casa do festeiro, encaminhando-as para a igreja, em uma procissão pelas ruas locais, conduzidas pelos irmãos da Irmandade do Divino. Todos de opa vermelha e com a cruz da irmandade à frente, seguidos pelas porta-bandeiras, com as Bandeiras do Divino, vestidas com trajes requintados e alusivos à monarquia. Primeiro as Bandeiras do Divino, depois a bandeira do estado de Santa Catarina e do Brasil, seguidas pelo pároco e os outros elementos da igreja e, por fim, a banda musical.

Seguem em procissão até a casa do casal imperial, onde esperam as insígnias do Espírito Santo, com o séquito imperial completo, entre Imperador e Imperatriz, pajens e demais elementos, todos vestidos luxuosamente, com trajes requintados, ricos em detalhes e alusivos ao poder monárquico já há muito tempo extinto no Brasil. Posicionam-se logo atrás das bandeiras, sendo seguidos depois pelo casal de Festeiros, que leva a coroa e o cetro do Espírito Santo, seguidos pelos foliões e, logo atrás, os poderes da igreja, representados pelo padre, seguidos por sua vez pela banda musical.

Nesse ponto é importante destacar a colocação da igreja quase no final do cortejo, representando seu papel secundário e seu estatuto hierarquicamente inferior aos outros elementos do cortejo, no caso, a irmandade, as insígnias do Espírito Santo, os imperadores, o séquito real e mesmo a Folia do Divino, que se posiciona à frente das autoridades eclesiásticas, num ritual secular.

Observando atentamente todo esse cerimonial, é difícil não associar os rituais da Festa do Divino com uma apologia, ou propaganda monárquica, o que nos traz mais uma vez em mente o fomento da família real às celebrações do Espírito Santo, com doações de coroas às comunidades católicas por todo o Brasil, sobretudo ao longo das últimas décadas de monarquia em território brasileiro.

Ao chegar à igreja de Nossa Senhora das Necessidades, há lugar para rituais e encenações antes mesmo de entrarem na igreja. Soltam Pombas brancas, posicionam-se para fotografias e entram na igreja em grandes honrarias em meio a uma verdadeira multidão, que cerca todos, observando os trajes e a formação dentro do cortejo ao som da banda convidada, que, em 2011, foi a Banda Nossa Senhora da Lapa. A missa de coroação teve início naquele ano ,às dez horas e trinta minutos da manhã.

Esse ritual resgata as origens míticas da Festa do Divino, por Dom Dinis e a Rainha Santa Isabel, e tem como representação um cortejo imperial, com casal de imperadores, pajens, e todo o cortejo imperial que, com os anos, passou a se vestir cada vez com mais requinte, ao ponto de atualmente vestirem trajes de alto valor comercial e rico em detalhes, numa ornamentação que beira às fantasias carnavalescas, a imitar reis e rainhas.

Após a missa de coroação, no Domingo, o casal imperial, acompanhado por toda a corte, com o Imperador e a Imperatriz à frente, são conduzidos para o salão paroquial, onde se colocam num espaço ricamente decorado, representando um Império ou Teatro do Espírito Santo, um verdadeiro altar da cultura local, repleto de elementos alusivos à arte popular, muitos deles com referência aos Açores. Esse espaço lembra a capela ou Teatro demolido, em 1956, e é nele que se reproduz uma cerimônia que pode ser comparada a um verdadeiro "Beija Mãos", neste caso, a Pombinha do Divino e a Bandeira do Divino.

Nesse espaço, também se encontram muitos dos ex-votos oferecidos no período da festa, e que se acumulam junto a esse "altar". São massas (pães) em forma de braços, pernas, mãos e outras partes do corpo que, muitas vezes, representam a cura alcançada por graça da Santíssima Trindade. Essas massas são benzidas durante a missa e, posteriormente, vendidas[244] para o público local.

No adro da igreja, a festa segue, com as barracas a venderem doces, salgados, algumas guloseimas e pequenos brinquedos, músicas e jogos que animam o público. Ao meio-dia, é servido um almoço festivo pela organização da festa, e cujo custos se assemelham aos restaurantes locais. Durante à tarde, segue programação com a apresentação de teatros infantis criados para a ocasião, atraindo gente de toda a cidade de Florianópolis e regiões vizinhas, fomentando ainda mais o comércio local.

Mais tarde, normalmente por volta das cinco horas, acontece o Cortejo Imperial que sai da casa do imperador para a igreja, sendo aberto pela Irmandade do Espírito Santo e de Nossa Senhora das Necessidades, e tendo sido acompanhado, em 2011, pela Banda Musical Amor à Arte, de Nossa Senhora da Lapa, acompanhado pelo pároco, seguindo em direção à igreja, onde foi realizada a missa de encerramento da festa, e onde também foi divulgado o novo casal imperial e os juízes do ano seguinte[245]. Uma cerimônia que se oficializa com a transmissão da Coroa, do Cetro e da Bandeira ao Casal Imperial que presidirá as festividades do próximo ano[246].

Até inícios da década de 1980, havia a necessidade de escolher um imperador que possuísse fundos econômicos suficientes para promover a festa, era um momento de afirmar hierarquias dentro da comunidade. O que acontece ainda em muitas comunidades da região. Porém, em Santo Antônio de Lisboa, na escolha do ano 1982, houve o interesse em nomear um político como imperador, o que gerou uma

---

[244] Texto adaptado do capítulo: "Santo de Santo Antônio de Lisboa". Op. cit.
[245] Cfr. Lélia Pereira Nunes; Irene Maria F. Blaye, *Caminhos do Divino*. Op. cit.
[246] Texto adaptado do capítulo: "Santo de Santo Antônio de Lisboa". Op. cit.

quebra na tradição de escolha de imperadores. Sérgio Luiz Ferreira fala desse episódio[247].

> Naquele ano, o recém-empossado provedor da Irmandade do Divino Espírito Santo e Nossa Senhora das Necessidades, Altino Dealtino Cabral (1922-1999), não permitiu que o imperador João de Deus Sartorato transmitisse a coroa a um deputado estadual. Dessa forma, seu Joca passou a coroa a seu filho Jair Sartorato. Aliás, a coroa, doada por Dom Pedro II, em 1845, caiu no chão na hora da transmissão. Foi a última festa com a coroa original, que foi furtada em 1983. Como Jair Sartorato não realizou a festa, Altino Dealtino Cabral mandou fazer uma nova coroa de latão e realizou a festa de 1984. A partir daí, os imperadores são sempre pessoas da comunidade. Não se olha mais o saldo bancário, mas o engajamento comunitário do casal imperial. Desde 1998, a festa é organizada por uma comissão organizadora, o que deu uma estrutura e organização cultural e religiosa bastante mais consistente.

As Festas do Espírito Santo de Santo Antônio de Lisboa já possuem mais de dois séculos de existência, porém, em muitas outras comunidades de Florianópolis, essas festas tiveram início em datas mais recentes. Como a realizada na localidade do Campeche, iniciada em 1954; ou no bairro Estreito, com início em 1955; no Pântano do Sul, em 1962; em Saco Grande, com início em 1973; e na Cachoeira do Rio Tavares, iniciada em 1995. E ainda mais recente, como a festa realizada na Barra da Lagoa desde 2001, ou na Prainha, onde começou a ser celebrada somente em 2005.

Diante de todos esses cerimoniais, torna-se inquestionável a devoção dos nativos de Santo Antônio de Lisboa em relação ao Divino Espírito Santo. E são muitos os estudiosos a destacar nessa dinâmica. Ana Lúcia, por exemplo, lembra que os moradores da região são fiéis à tradição da realização da festa, considerando a irmandade um elemento forte dentro da sociedade, elemento que, segundo ela, converge juntamente com a população para a realização da festa ao Divino, que atinge uma dimensão considerável dentro do município.

---

[247] Cfr. Sergio Luiz Ferreira, *Santo Antônio de Lisboa, 310 anos:* sua gente, sua igreja e sua festa do Divino, Blumenau, Nova Letra, 2008. p. 59.

Quanto ao caráter turístico da festa, Ana Lúcia acredita que foi motivado sobretudo pela chegada de famílias de outras regiões do Estado do Brasil, ao longo da década de 1980. Isso proporcionou uma autoidentificação em relação ao outro, surgiu um reconhecimento das entidades culturais e sua promoção através da festa, o que atrai a atenção de gentes locais e de outras regiões, meios de comunicação e turistas. Algo que se tornou mais intenso com o Decreto Federal nº 3.551, de 4 de agosto de 2000[248], que institui o registro dos bens culturais de natureza imaterial, o que engloba as festas como a do Divino Espírito Santo de Santo Antônio de Lisboa.

2.6 COMPARAÇÃO E INTERPRETAÇÃO

Em 2001, após uma visita ao Arquipélago dos Açores, no âmbito de um festival de folclore na Freguesia da Relva, uma das primeiras diferenças que me chamou atenção em relação ao Sul do Brasil, foi a existência, nos Açores, de festivais de folclore com intuito apenas de apresentação de danças e bailados, sem um caráter competitivo ou de premiação final. Até então, minha noção de festival incluía um caráter competitivo, onde no final seriam premiados os melhores grupos e as melhores apresentações.

Essa diferença marcou minhas primeiras interpretações comparativas entre os Açores e o Brasil, derrubando, assim, quase que instantaneamente um etnocentrismo natural existente em cada um, a medida que percebi que um festival sem caráter competitivo poderia ser algo mais interessante do que as competições que conhecia. E isso, por si só deu fruto a outras interpretações, até mesmo pelo fato de que, valorizar ou não uma forma como melhor ou pior, era fruto de meu próprio etnocentrismo.

Esse pensamento só foi detectado após algum tempo desenvolvendo teorias e formas de identificar o que seria melhor ou não. Assim imaginei que a competição poderia trazer um aprimoramento das apresentações, o que, por sua vez, poderia também gerar uma espécie de caricatura das formas adequadas de apresentar,

---

[248] Institui o Registro de Bens Culturais de Natureza Imaterial que constituem patrimônio cultural brasileiro, cria o Programa Nacional do Patrimônio Imaterial e dá outras providências.

ou simplesmente uma representação, tornando a cultura e o folclore meras caricaturas das realidades locais de cada região.

Um outro ponto que observei depois desse e de outros episódios semelhantes foi o de que a noção de melhor ou pior, de certo ou errado, depende da estrutura de pensamento de cada cultura em cada ponto de vista, e que as coisas não precisam ser necessariamente certas ou erradas, melhores ou piores, são apenas aquilo que são e que evoluíram para ser. Mesmo o conceito popular de evolução que carreguei comigo por muito tempo foi adquirindo formas mais acadêmicas e darwinianas, de que a evolução não é uma melhora ou piora de algo, mas sim uma melhor adaptação ao ambiente.

Assim, munido de uma forma de olhar mais imparcial e provavelmente menos etnocêntrica, tendo em vista ainda que, por mais imparcial que possa parecer, jamais poderia ser imparcial em pleno, busco dar significados aos rituais e símbolos que encontrei nas Festas do Divino Espírito Santo durante meus estudos de campo no Brasil e no Arquipélago dos Açores, um significado que mais ao estilo das palavras de Strauss: "Parece-me que (...) significar significa a possibilidade de qualquer tipo de informação ser traduzida numa linguagem diferente. Não me refiro a uma linguagem diferente, como o francês ou o alemão, mas a diferentes palavras num nível diferente[249].

Na prática, muito para além da semelhança nas cores utilizadas nas "Festas do Espírito Santo" nos Açores e na "Festa do Divino" no Brasil, ou das insígnias que possuem as mesmas representações em ambas as regiões, existe um conjunto de caraterísticas comuns e semelhantes entre as duas margens do Atlântico; no entanto, são caraterísticas que, apesar de terem formas e objetivos coincidentes, talvez não possam ser utilizadas para ilustrar a proveniência ou as ligações históricas entre ambas.

À primeira vista, as semelhanças são muitas, como as cores e as insígnias utilizadas. Porém, também encontramos diferenças que podem ir do superficial até o mais íntimo e intrínseco nas comunidades, e uma das primeiras que podemos encontrar ao comparar as festas nos Açores e no Brasil pode ser a forma como são referenciadas pelas populações locais. O próprio nome como são chamadas em cada uma das regiões e a maneira como essa forma de

---

[249] Cfr. Claude Lévi-Strauss, *Mito e Significado*. Lisboa: Edições 70, 2007. p. 23.

referenciar a festa torna-se adjetivo para uma grande diversidade de atividades que envolvem essas festas e o período em que são realizadas.

Enquanto nos Açores encontramos as Festas do Espírito Santo, assim chamada por seus organizadores e participantes, no Brasil elas são chamadas de Festa do Divino, e todas as atividades envolventes ou pertencentes a essas cerimônias recebem o nome que cada lugar representa. Assim, encontramos as Sopas do Espírito Santo, nos Açores; ou a Farinhada do Divino no Brasil; ou a coroa e a bandeira do Espírito Santo, nos Açores; e a coroa ou a bandeira do Divino, no Brasil. A época das Festas do Espírito Santo nos Açores e a Festa do Divino no Brasil, embora sejam todas festas dedicadas à Terceira Pessoa da Santíssima Trindade.

Apesar de essas semelhanças e diferenças parecerem superficiais, ainda há outros aspectos que podem ser comparados e que atingem níveis mais íntimos de sua realização. Tanto nos objetivos de seus organizadores quando na sua própria razão da prática, ligadas à estrutura e à dinâmica da própria festa na comunidade. E nesse sentido, notamos uma plasticidade maior nas festas realizadas no Sul do Brasil, plasticidade no sentido de ter uma dinâmica mutável, adaptando-se a cada nova edição. Enquanto nos Açores, verificamos uma vivência mais conservadora, onde a Festa do Espírito Santo torna-se algo que não deve ser alterado, algo tradicional em todos os aspectos, porém, visto como atual, onde as pessoas o fazem como algo que tem de ser feito, pela fé e pela necessidade de o fazer.

No Sul do Brasil, a festa também tem seu aspecto religioso muito vincado, a mobilização popular é em prol da Terceira Pessoa da Santíssima Trindade, com intuito declarado de preservar uma antiga tradição. Porém, a cada edição, notamos a plasticidade e a facilidade que a organização possui em modificar todo o entorno da sua realização, mantendo sim o caráter tradicional de cada cerimônia, mas inovando a cada edição, alterando formas e criando novas orientações justificadas pela busca do autêntico, como a inserção de eventos como a Farinhada do Divino ou a Carreata de Carros de Boi, na programação.

Enquanto que, na Freguesia da Relva, os impérios são organizados com o cuidado de não alterar a forma como teria sido organizado no ano anterior, e se definem pelo objetivo único de realizar o Império, no sentido assistencial e religioso, no Brasil, em

Santo Antônio de Lisboa, a Festa do Divino é organizada como momento cultural, de resgate e preservação da cultura popular local, onde, por vezes, buscam em relatos antigos, as formas e as maneiras de realizar os rituais no sentido de resgatar a forma como eram realizadas no passado distante. Porém, com mais requinte e adaptada, inconscientemente, ao presente.

Nos Açores, notamos que os rituais são vistos como algo contemporâneo, a prática se molda lentamente nos costumes e nas formas, como os trajes que são os mais sofisticados aos olhos de hoje. Óculos de sol ou outros detalhes nos cortejos, sem que isso altere os rituais. Recebem o vinho diretamente da Adega, junto ao barracão do império mesmo, mas sem deixar de praticar o ritual de Buscar o Vinho; ou repetem os rituais ligados aos criadores do gado, que hoje, por vezes, é comprado já em quartos, pronto a ser dividido pelas pensões.

Em Santo Antônio de Lisboa, a festa passou a adotar elementos identitários com o intuito de reviver, promover e divulgar os aspectos do passado da cultura local que, independente da origem, são classificados como açoriano, na busca de uma identidade cultural local. E a cada ano, pode haver novos elementos identitários inseridos na festa que, por representarem aspectos do passado, são classificados como tradicionais e autênticos.

Durante meus trabalhos de campo, pude notar que, na Relva, os mordomos possuíam a preocupação simples de organizar o império de acordo com o que havia sido organizado ao longo dos anos, sem inserção de novos rituais ou alterações profundas, apenas com intuito de reproduzir cada ritual ou cerimônia de forma perfeita, sem falhas. Enquanto que em Santo Antônio de Lisboa, a organização da festa, para além de rever os passos da festa realizada no ano anterior, busca "melhorar" a cada ano, através de novas cerimônias ou rituais que façam referências ao passado ou representem a identidade cultural local.

Esse aspecto inovador, e ao mesmo tempo tradicional, que encontramos nas festas de Santo Antônio de Lisboa, tem vindo a ser influenciado de forma decisiva por elementos açorianos. De representantes do governo e instituições até estudiosos da temática açoriana que, nas últimas duas décadas, passaram a visitar a região e a acompanhar as festas a cada ano. Esses comparam e elogiam de forma diplomática a organização e os elementos da festa de Santo Antônio de

Lisboa, comparando-os inevitavelmente com as realizadas nos Açores.

Esses aspectos podem ser reconhecidos, por exemplo, como uma "etnicidade reativa", onde a própria manifestação cultural transformou-se por conta de uma reação perante a ameaça de perda, ou de desaparecimento, da mesma forma que aconteceu ao longo do litoral catarinense com muitos outras aspectos culturais da região, e se reproduziu de uma forma intensa ao ponto de reintroduzirem aspectos que nunca chegaram a existir propriamente dito, como o caso da Festa do Divino da Paróquia de Bom Jesus de Nazaré, no município de Palhoça, onde se realiza um trabalho em conjunto com o Núcleo de Estudos Açorianos em prol da realização de um Bodo[250], semelhante em tese aos realizados nos Açores, com o argumento de que se trata de um resgate cultural.

Essa identidade cultural manifestada através das Festas do Divino, e que encontramos de forma mais intensa no Brasil, também existe nos Açores, e surgiu à medida em que as festas passaram a ser consideradas como marco identificador da "cultura açoriana" dentro de Portugal e nas comunidades açorianas nos Estados Unidos, Canadá, Bermudas ou Havaí. Essa identificação das Festas do Espírito Santo com a identidade cultural açoriana, nos Açores, atingiu seu ponto máximo com o Decreto Regional 13/80/A, de 21 de agosto, que instituiu o dia dos Açores, na Segunda-Feira do Espírito Santo, o dia seguinte ao Domingo de Pentecostes, data conhecida nos Açores como Dia da Pombinha.

Essa identificação das Festas do Divino com a identidade cultural açoriana está presente até mesmo no Brasão de Armas dos Açores, onde, entre os símbolos açorianos, figura uma Bandeira do Espírito Santo, de cor vermelha com uma Pomba branca sobre um esplendor no seu centro, ou nas obras de artistas como Antônio da Costa. E tem vindo a se manifestar sobretudo nas comunidades açorianas formadas no decorrer dos dois últimos séculos.

Um outro aspecto que podemos destacar, em relação às festas organizadas no Brasil em comparação às dos Açores, é o papel da Igreja como instituição na sua organização. Algo que pode ser explicado pela extinção das irmandades, ao longo do século XIX e início do século XX, e a resistência das Festas do Divino no litoral do

---

[250] Jói Cletson. Festas do Divino Espírito Santo. Disponível em: www.portaldodivino.com/nea/Joi.htm. Consultado em 22 nov. 2011.

estado de Santa Catarina. Enquanto nos Açores, as irmandades ou as comunidades continuaram a organizar essas festas, em Santa Catarina, a igreja passou a assumir o papel principal na sua organização, salvo em regiões como Santo Antônio de Lisboa, onde embora esteja sobre responsabilidade da comissão organizadora e da Irmandade do Divino Espírito Santo e de Nossa Senhora das Necessidades, é na igreja que se realiza a maioria dos rituais.

Sobre todos os aspectos que poderemos apresentar em comparação das festas realizadas nos Açores ou no Sul do Brasil, talvez o que poderíamos destacar de forma geral seria o fato de que, em Santo Antônio de Lisboa, a festa se caracteriza por algo do passado que se repete a cada ano, um pedaço da história a ser resgatado e lembrado, enquanto que, nos Açores, a festa, ou império, é algo atual, do presente, natural e sem caris histórico. Portanto, nos Açores não é algo organizado em prol do resgate histórico e cultural, como acontece em muitos aspectos no Brasil.

Em Florianópolis, isso se reflete ainda no fato de as Festas do Divino terem adquirido *status* de patrimônio cultural, com legislação própria. Isso fez com que surgissem regras que devem ser cumpridas para que a festa seja classificada dentro desse mesmo conceito, de patrimônio cultural, além de aprimorar o requinte e o rigor das cerimônias e dos trajes dos elementos das festas. Fatores que culturalmente podem ser considerados sinônimo de belo, o que não é propriamente sinônimo de histórico-cultural.

Para além dessas observações, ainda encontramos muitas outras que conferem diferenças menos profundas, e mais aparentes, como a coroação que, em Santo Antônio de Lisboa, envolve todo um ritual que exige trajes caros e formalizações de algum poder econômico dos seus organizadores, enquanto nos Açores, apesar dos gastos com as sopas e outros rituais do império, normalmente, a pessoa a ser coroada não necessita dispensar gastos algum.

Na Coroação ,também encontramos pontos interessantes, como o fato de que no Brasil somente são coroadas crianças, normalmente uma ou duas, enquanto, nos Açores, deparei muitas vezes com adultos a serem coroados e muitos em números superiores a três ou quatro. Inclusive, houve uma das ocasiões em que pude presenciar a presidente da Câmara de Ponta Delgada, na época Berta Cabral, ser coroada nas festas promovidas pela Câmara Municipal de

Ponta Delgada.

De forma geral, a reinvenção ou resgate de uma cultura ou de uma ligação histórica entre as Festas do Divino Espírito Santo de Santo Antônio de Lisboa e das festas realizadas nos Açores, tende a seguir uma evolução natural, cada vez mais dependente ou semelhante por conta de uma comunicação interoceânicas antes inexistentes, e que agora molda de forma decisiva o futuro dessas festas, sobretudo no Brasil, uma vez que são essas, através de instituições e agentes culturais, que buscam nas outras, justificações e explicações para sua importância como meio identitário local.

Assim, nas Festas do Divino Espírito Santo, pude presenciar seu papel na atualidade como elemento de identidade cultural dos descendentes de açorianos na diáspora, e dos próprios açorianos em território português. Muitas vezes, presenciei uma espécie de "identidade criada", o que poderia ser talvez a invenção, ou adoção, de certas manifestações ou rituais de origens diversas, criadas ou adaptadas, como pertencentes a uma mesma origem étnica ou geográfica, ou a um mesmo povo, sem a preocupação de fundamentos científicos ou estruturais, mas baseado muitas vezes na intuição e semelhanças superficiais entre o grupo em si, ou entre o grupo e sua suposta origem.

No evoluir dos trabalhos, começou a tornar-se perceptível algo que contradizia muito todas as teorias a respeito das Festas do Divino Espírito Santo no Sul do Brasil, e mesmo nos Açores. Comecei a perceber um menor número de referências sobre confrarias e as Festas do Divino Espírito Santo, no século XVIII, tanto no Brasil como nos Açores, menor do que aquilo que se imaginava, e que se tinha como certo no início de minhas investigações.

Nesse período, justamente quando chegaram ao Sul do Brasil, os açorianos que povoaram o litoral de Santa Catarinense e do Rio Grande do Sul, e mesmo antes, no século anterior, quando foram para Grão-Pará e Maranhão quase o mesmo número de emigrantes açorianos, as confrarias do Espírito Santo, ao que parece, tinham tanto destaque e importância quanto as outras confrarias como a do Santíssimo Sacramento ou das Almas do Purgatório.

E não é por coincidência que, justamente no século XIX e XX, encontramos, por exemplo, a origem da maioria dos chamados teatros ou Impérios do Divino na Ilha Terceira. Foi também nessa época, início do século XIX, que houve por quase toda a Europa, uma tendência antimonárquica, nas ondas de choques provocadas pela independência dos EUA, um reino sem rei, no olhar dos reinos europeus e da Revolução Francesa, enquanto os Açores e o Brasil serviam de abrigo e refúgio para a monarquia portuguesa, sobretudo a Ilha Terceira, marcadamente mais monárquica. Possivelmente teria nos teatros ou impérios, e nas Festas do Espírito Santo, uma espécie de afirmação monárquica, especialmente na utilização das insígnias reais.

Já no século XX, período em que a monarquia em território português acabou por desaparecer, as Festas do Divino Espírito Santo acabaram por também desaparecer no continente português, restando algumas, esporádicas e mais significativas. Nos Açores, essas manifestações adquiriram um outro *status*, mais identitário, mesmo inconsciente, um marcador da identidade açoriana, ao ponto de o dia do Espírito Santo ter sido escolhido pelo parlamento Açoriano, em 1980, como o Dia dos Açores, ou Dia da Pombinha, ligação presente inclusive no Brasão de Armas dos Açores, onde se pode ver uma bandeira do Espírito Santo, vermelha com uma pomba no centro, simbolizando a Santíssima Trindade.

A participação de crianças nas cerimônias, caraterísticas que encontramos em todos os casos aqui mencionados, é uma caraterística que tem papel fundamental dentro da sociedade, em especial na apresentação das novas gerações ao grupo, inserindo-as e integrando-as nas cerimônias religiosas, dando-lhes um lugar no meio do seu grupo, função importante num dos momentos cruciais da comunidade, fazendo com que a criança ou o jovem tenha consciência de seu lugar, de sua importância, promovendo a coesão dentro do grupo.

O papel das Festas do Espírito Santo como identificador cultural é um papel que, entre muitas outras funções, também serve como um diferenciador entre o açoriano e os não açorianos dentro das comunidades açorianas fora dos Açores. Esse aspecto pode ser demostrado explicitamente nas comunidades açorianas na América do Norte ou em algumas regiões do Brasil, onde as Festas do Divino são, na verdade, grandes festas identitárias e identificadoras dos açorianos e seus descendentes perante o restante da sociedade. Assim, as Festas do Espírito Santo, tanto nos Açores, quanto nas comunidades açorianas fora do Arquipélago, acabam por ser um marcador identitário cultural, possui relações fortes a todos os níveis dentro dessas comunidades, seja ele cultural, social, político, econômico ou religiosos.

Em Santo Antônio de Lisboa, assim como qualquer outra manifestação cultural, é realizada por razões espontâneas e locais, como ainda pude presenciar em muitas freguesias do arquipélago dos Açores. Porém, com o explorar da identidade histórica e cultural dessas regiões e suas ligações com o Arquipélago dos Açores, adotaram-se essas ligações como origem de muitas das manifestações culturais locais, mesmo aquelas que explicitamente não possuem origem externa.

Percebe-se assim, numa tendência geral para a redução do sentido *"naif"* da festa, ou dos costumes antigos numa substituição pelo contemporâneo, por uma caricatura daquilo que foi ou que teoricamente teriam sido as festas em tempos remotos. Tendência que talvez tenha lançado esse movimento de preservação quase "caricatural", daquilo que se vinha praticando, lançando justificações históricas e explicações racionais, ou colocando as práticas dos costumes em risco, como que numa reação ao sentido de perda da cultura e da identidade perante o moderno.

Numa visão *emic*, verificamos que, assim como nos Açores, essas festas podem ser consideradas as mais autênticas manifestações da cultura popular local e que, indiferentemente da origem ou das alterações notáveis nos últimos anos, ou mesmo do caminho que tendem a seguir, essas festas revelam uma importante autenticidade da cultura local, que reúne em torno de um único objetivo, gentes de todos os níveis econômicos e acadêmicos, movidas por algo talvez inexplicável que muitos chamam de fé. E a maior prova disso é o fato de que seus promotores e integrantes atuam movidos por um impulso íntimo e inexplicável de um dever por cumprir.

REFERÊNCIAS BIBLIOGRÁFICAS

_____*Arquivo dos Açores,* edição facsimilada da edição original. Ponta Delgada: Universidade dos Açores, 1980.

_____*Livro do Primeiro Congresso Açoriano que se reuniu em Lisboa de 8 a 15 de Maio de 1938. Lisboa: Grémio dos Açores,* Jornal de Cultura, 1940.

_____Portos, Escalas e Ilhéus no Relacionamento entre o Ocidente e o Oriente. *Atas do Congresso Internacional Comemorativo do Regresso de Vasco da Gama a Portugal.* Universidade dos Açores, 1999. Volume I.

ABREU, Martha. *O império do Divino: festas religiosas e cultura popular no Rio de Janeiro: 1830-1900.* Rio de Janeiro: Record, 1999.

BERGER, Paulo (coord.). *Ilha de Santa Catarina: Relatos de viajantes estrangeiros nos séculos XVIII e XIX.* Florianópolis: Ed. UFSC, 1984.

BETHENCOURT, Francisco; CHAUDHURI, Kirt, (Dir). *História da Expansão Portuguesa,* V. I. Navarra: Círculo dos Leitores e Autores, 1998.

BRITO, Paulo José Miguel de. *Memória Política sobre a Capitânia de Santa Catarina Escrita no Rio de Janeiro no ano de 1816.* Lisboa: Topografia da Academia Real de Ciências, 1829.

BURKE, Peter. *Cultura Popular na Idade Moderna,* Europa, 1500-1800. São Paulo: Companhia de Bolso, 2009.

CABRAL, Osvaldo Rodrigues. *História de Santa Catarina.* 2ª.ed., Florianópolis: Editora Laudes. 1970.

CHAGAS, Frei Diogo das. *Espelho Cristalino em Jardim de Várias Flores.* Ponta Delgada-Angra do Heroísmo: Universidade dos Açores/Direção Regional dos Assuntos Culturais, 1989.

CONSTÂNCIA, João Medeiros. *Evolução da Paisagem Humanizada da Ilha de São Miguel, Separata do Boletim do Centro de Estudos Geográficos,* vol. II, nº 20, 1963 – 1964.

CORDEIRO, Carlos & MADEIRA, Artur Boavida. A Emigração Açoriana para o Brasil (1541-1820): uma Leitura em Torno de Interesses e Vontades. *In:* Revista Arquipélago (História) 2ª Série VII, 2003.

CORDEIRO. Antônio (Pe.). *História Insulana das Ilhas a Portugal Sujeitas no Oceano Ocidental.* Lisboa: Imprensa de Antônio Pedroso Galvão, 1717.

CORRÊA, Luiz Nilton. *Festas do Espírito Santo: Dos Açores ao Brasil, um estudo comparativo.* Salamanca: (Tese de doutorado), 2012.

CORRÊA, Luiz Nilton. Emigração açoriana para Curaçao. *In*: Maria Lucinda Fonseca (Coord). *Atas da Conferência Internacional Aproximando Mundos: Emigração, imigração e Desenvolvimento em Espaços Insulares.* Lisboa, 2010.

COSTA Maria Antonieta Moreira da. *Espírito Santo: O Culto e a Festa em espaços Lusófonos* - Uma lição de História. Disponível em: www.portaldodivino.com/Textos_2008/texto1.htm. Acesso em: 20 jun., 2010.

COSTA, Susana Goulart da. *Viver e Morrer religiosamente. Ilha de S. Miguel, Século XVIII.* Ponta Delgada: Instituto Cultural de Ponta Delgada, 2007.

COUTINHO, Ana Lúcia e Catarina Rüdiger. *Grupo ARCOS, Ideia que Deu Certo.* Biguaçu: Grupo ARCOS, 2001.

DOUGLAS, Mary. *Pureza e Perigo. São* Paulo. São Paulo: Editora Perspectiva, 1976.

DURKHEIM, Émile. *As formas elementares da vida religiosa.* São Paulo: Martins Fontes, 1996.

ESPINA BARRIO, Angel Baldomero. *Manual de Antropologia Cultural.* Recife: Ed. Massangana, 2005.

ETZEL, Eduardo. *Divino: Simbolismo no Folclore e na Arte Popular.* São Paulo: Livraria Kosamos Editorial, 1995.

EVANS-PRITCHARD, Edward. *Antropologia Social da Religião.* Rio de Janeiro: Editora Campus, 1978.

FARIAS, Vilsom Francisco de. *Dos Açores Ao Brasil Meridional: Uma viagem no tempo.* Florianópolis: Ed. Do Autor, 1998.

FERREIRA, Sérgio Luiz. *Santo Antônio de Lisboa, 310 anos: sua gente, sua igreja e sua Festa do Divino.* Blumenau: Nova Letra, 2008.

FONTES, Henrique. *Corações e Pão-por-Deus.* Florianópolis: Boletim da Comissão Catarinense de Folclore II (11), 1952.

FRUTUOSO, Doutor Gaspar. *Saudades da Terra,* Ponta Delgada. Ponta Delgada: Instituto Cultural de Ponta Delgada, 1998.

GEERTZ, Clifford. *A Interpretação das Culturas.* Rio de Janeiro: LTC, 1989.

GONSALVES, José Reginaldo Santos; CONTINS, Marcia. *Entre o Divino e os Homens: A Arte Nas Festas Do Divino Espírito Santo.* Universidade Federal do Rio de Janeiro – Brasil. *In:* Horizontes Antropológicos, V.14, N° 29, Porto Alegre, 2008.

HERDER, Johanm Gottfriede Von, *Filosofia da História para a Educação da Humanidade.* Buenos Aires, Editorial Nova, 1950.

JESUS, Alvarez Gomez. *Historia de la Iglesia I – Edad Antigua.* Madrid: Biblioteca de Autores Cristianos, 2001.

JOCHEM, Toni. *Uma Caminhada de Fé: História da Paróquia Santo Amaro. Santo Amaro da Imperatriz e Águas Mornas-SC.* Santo Amaro da Imperatriz: Ed. do Autor, 2005.

LEAL, João. *As Festas do Espírito Santo nos Açores: um estudo de Antropologia Social.* Lisboa: Publicações Dom Quixote, 1994.

LEAL, João. *Açores, EUA, Brasil: Imigração e Etnicidade.* Direção Regional das Comunidades, Nova Gráfica, 2007.

LEAL, João. *Cultura e Identidade Açoriana.* Florianópolis: Editora Insular, 2007.

LEAL, João. *Cerimonial Relações Sociais e Tempo: As Festas do Espírito Santo nos Açores, Tese de Doutoramento em Antropologia Social.* Lisboa: Instituto Superior de Ciências do Trabalho e da Empresa, 1992.

LÉVI-STRAUSS, Claud. *Mito e Significado.* Lisboa: Edições 70, 2007.

LORETE, Juam Francisco Esteban. *Tratado de Iconografia.* Madri: STIMO, 1990.

LUPI, João. As Festas do Divino Espírito Santo. *In: Anais do Congresso de História e Geografia de Santa Catarina. Florianópolis:* CAPES/MEC, 1997.

MALINOWSKI, Bronislaw. *Magia, Ciência e Religião.* Barcelona: Planeta-Agostini, 1994.

MARTINS, Rui Sousa. Os Costumes Populares e a Construção Oitocentista de Identidades no Arquipélago dos Açores. *In: Patrimonia 5,* 1999.

MATTOSO, José (dir). *História de Portugal.* Lisboa: Círculo dos Leitores, 1994.

MAUSS, Marcel. *Sociologia e Antropologia.* Madrid: Editorial Tecnos, 1979.

MEDEIROS, João Soares, *Igreja Paroquial de Nossa Senhora das Neves, Freguesia da Relva: Subsídios e documentação cronológica para sua história*. (Obra não publicada).

MELLO, José de Almeida; MELO, José da Costa, (Coord.). *Monografia Da Relva, Subsídios para a Sua História*. Ponta Delgada: Relva, 2005.

MENESES, Avelino de Freitas. Os ilhéus na colonização do Brasil, o caso das gentes do Pico em 1720. *In: Arquipélago*. História. V. 3, Universidade dos Açores. Faculdade de Ciências Sociais. Departamento de História (Ponta Delgada), 1999.

MENEZES, Manuel de Sousa. Os Casais Açorianos no Povoamento de Santa Catarina". *In: Boletim do Instituto Histórico da Ilha Terceira 10*, 1952.

MORGADINHO, Carlos. *Os Impérios do Divino Espírito Santo*. Disponível em: www.venuscreations.ca. Consultado em: 05 set. 2011.

NEMÉSIO, Vitorino. O Açoriano e os Açores, 1929. *In*: GOUVEIA, M. Margarida (Ed), *Vitorino Nemésio, Estudo e Antologia*. ICALP, 1986.

NUNES, Lélia Pereira; BLAYE, Irene Maria F. *Caminhos do Divino, um olhar sobre a Festa do Divino em Santa Catarina*. Florianópolis: Editora Insular, 2007.

NUNES, Lélia. Festa do Divino Espírito Santo. Resgate de uma Tradição. *In: Boletim da Comissão Catarinense de Folclore 39-40*. 1988.

OLIVEIRA, Ernesto Veiga de. *Festividades Cíclicas em Portugal*. Lisboa: Publicações Dom Quixote, 1984.

PEREIRA, Nereu do Vale. *As Folias e a Festa do Divino Espírito Santo: Ribeirão da Ilha, Vida e Retrato: um Distrito em Destaque*. Florianópolis: Fundação Franklim Cascaes, 1990.

PIAZZA, Walter Fernando. *A Epopeia Açórico-Madeirense: 1748 – 1756*. Florianópolis: Editora UFSC e Lunardelli, 1992.

REIS, José Mendes da Costa, *Viva o S. S. Magestades Imperiaes*. Cidade do Desterro, 5 de Novembro. Typ. Provincial, 1845.

RODRIGUES, Donizete. *Sociologia da religião: Uma Introdução*. Porto: Edições Afrontamentos, 2007.

RODRIGUES, José Damião. *São Miguel no Século XVIII: Casa, elite e poder*. Ponta Delgada: Instituto Cultural de Ponta Delgada, 2003.

RODRIGUES, José Damião; ROCHA, Gilberta Pavão Nunes; MADEIRA, Artur Boavida; MONTEIRO, Albertino. O Arquipélago dos Açores como Região de Fronteira. *In: Arquipélago-história, 2ª Série*, vol. IX-X. Ponta Delgada: 2005 – 2006.

SALVADO, Maria Adelaide Neto. *O Culto do Espírito Santo em Terras da Beira Baixa* – as longínquas raízes. Cárceres: BAND, 1998.

SALVADO, Maria Adelaide Neto. *Capela do Espírito Santo de Castelo Branco:* elementos para seu conhecimento. Castelo Branco: Edição Câmara Municipal de Castelo Branco, 2005.

SHILS, Eduardo. *Centro e Periferia, Memória e Sociedade*. Lisboa: Difel, 1992.

VEIGA, Nilza Gonsalvez. *Colonização Portuguesa no Maranhão. Cap. V.* Disponível em: www.adiaspora.com/_port/educa/trabalho/esterimigracao.htm. Acesso em: 23 set. 2009.

TURNER, Vitor. *O processo do ritual*. Londres: 1974.

SITES/WEB

Adiaspora.com, junho 2010. Disponível em: www.adiaspora.com Acesso em: 13 mar. 2010.

Bíblia Sagrada Online. Disponível em: www.bibliacatolica.com.br. Acesso em: 24 out. 2010.

Festa do Divino Espírito Santo. Vale Guaporé. Disponível em: www.pakas.net. Acesso em: 18 set. 2011.